Marketing & Formação de Executivos

O novo executivo na cultura da aprendizagem

Tradução
Lenilda Lobo

Marketing & Formação de Executivos

O novo executivo na cultura **da aprendizagem**

José María Gasalla

Derechos de Edicíon en castellano
© Ediciones Pirámide (Grupo Anaya, S.A.) 2003
c/ Juan Ignacio Luca de Tena, 15 - 28027 Madrid
© ESIC Editorial, 2003
Avda. De Valdenigrales, s/n, 28223 Pozuelo de Alarcón (Madrid)

Derechos para esta Edicion en lengua portuguesa
© QUALITYMARK EDITORA LTDA
Rua Teixeira Júnior, 441, 20921-400, Rio de Janeiro, Brasil

Todos os direitos desta edição reservados à Qualitymark Editora Ltda.
É proibida a duplicação ou reprodução deste volume, ou parte do mesmo,
sob qualquer meio, sem autorização expressa da Editora.

Direção Editorial SAIDUL RAHMAN MAHOMED editor@qualitymark.com.br	Produção Editorial EQUIPE QUALITYMARK
Capa WILSON COTRIM	Editoração Eletrônica UNIONTASK

CIP-Brasil. Catalogação-na-fonte
Sindicato Nacional dos Editores de Livros, RJ

G23m

Gasalla Dapena, José María
    Marketing & formação de executivos : o novo executivo na cultura da aprendizagem / José María Gasalla. – Rio de Janeiro : Qualitymark, 2004.

    Tradução de: Marketing de la formación de directivos
    Inclui bibliografia
    ISBN 85-7303-514-5

    1. Executivos – Treinamento. 2. Administração – Estudo e ensino. 3. Capacidade executiva.
    I. Título.

04-1979.
                                                  CDD 658.407124
                                                  CDU 658.012.43

2004
IMPRESSO NO BRASIL

Qualitymark Editora Ltda.
Rua Teixeira Júnior, 441
São Cristóvão
20921-400 – Rio de Janeiro – RJ
Tel.: (0XX21) 3860-8422

Fax: (0XX21) 3860-8424
www.qualitymark.com.br
E-Mail: quality@qualitymark.com.br
QualityPhone: 0800-263311

Dedicatória

Dedicado a Clara Luz,
a pessoa que ilumina a minha vida

Agradecimentos

Não quero deixar de mencionar, aqui, e também agradecer, a inestimável ajuda com que contei para levar esse projeto a alçar vôo (espero que seja um bom vôo). Sem essa ajuda, teria sido impossível.

Primeiramente, cito Christian Massey, que desde o primeiro momento esteve ao meu lado, pesquisando sobre as fontes mais recentes do assunto e trazendo as idéias e sugestões de um entendido em *marketing*, que foram muito consideradas por mim. Paola, Elena e Isabel também lutaram comigo contra o emaranhado de informações que tínhamos que classificar, priorizar e filtrar. Toda a equipe do DO esteve empenhada no projeto, tentando conciliá-lo com a tarefa diária de consultoria. Quero mencionar a ajuda especial de Luis Fernando Rodríguez, nosso diretor-geral, bem como o esforço de Raquel, Beatriz, Yolanda, Rosa e Cecílio.

Finalmente, mas não menos importante, foi muito valiosa a colaboração de todos os profissionais que consentiram em responder o questionário que tínhamos formulado. Todos são pessoas que lutam para "liberar seu tempo", uma vez que desempenham papéis de destaque em suas empresas ou trabalham por conta própria. São contribuições muito valiosas, porque falam de sua realidade e não de modelos ou pensamentos teóricos. A princípio tinha em mente atingir um número reduzido de pessoas. Depois, achei que poderia enriquecer a obra com um número maior de contribuições. No final, quase poderia ter escrito outro livro com o conteúdo dos questionários. Por isso, fomos obrigados a recorrer às contribuições mais significativas de cada um. Muito obrigado a todos.

Prefácio

No momento em que, afortunadamente, as pessoas se descobrem o capital mais importante das empresas e da sociedade, a sua formação se torna um fator estratégico na produção de bons resultados. Naturalmente, a formação possui um valor em si mesma, além de ter um caráter instrumental, que o fundamenta, porque modela a existência pessoal – lhe dá forma – e afasta os riscos da coisificação.

No modelo de organização da sociedade ocidental de hoje, dá-se um destaque especial à formação de executivos, ou, de uma forma geral, de dirigentes. Em uma sociedade, como a atual, complexa, competitiva e exigente, em constante mudança – e por que não dizer "confusa" – torna-se imprescindível contar com pessoas capazes de avaliar situações, assinalar os rumos e conduzir os demais com segurança e firmeza, além de motivar equipes e aceitar a responsabilidade, não apenas econômica, mas também ética, das suas próprias decisões.

A formação dos executivos não implica somente aquisição de conhecimentos. Também é preciso adquirir flexibilidade mental, para compreender o mundo de hoje com suas oportunidades e ameaças. Também fazem falta uma nova capacidade racional de aceitação de riscos e a posse de habilidades diretivas, que hoje devem estar adequadas às vizinhanças globalmente competitivas.

As universidades e as escolas de negócios, cada uma com suas características peculiares, são para nós desafios de competitividade, aos quais devemos responder.

Do ponto de vista da ESIC, a formação de profissionais capazes de criar empresas ou capazes de nelas desempenhar funções executivas, em todos os níveis, é uma das linhas que definem a nossa missão.

Durante quase quarenta anos vimos fazendo isso e, por sorte, neste momento, no cumprimento dessa missão, milhares de antigos alunos ocupam postos executivos em empresas e organizações. Hoje, fazem parte de nossas realizações, nesse campo, as carreiras universitárias, a área de pós-graduação da nossa escola, a aula de formação permanente de executivos e as atividades da ESIC-Empresa.

Como o espírito e a estrutura fundamentais da ESIC têm o marketing como centro de gravidade, resulta, para mim, especialmente significativa a união dos dois conceitos que dão nome ao conteúdo deste livro – marketing e formação. Com um enfoque característico deste tipo de pesquisa – análise da procura e análise da oferta – o autor, homem de vasta experiência na formação de executivos, refere-se ao produto, ao mercado e ao cliente, utilizando conceitos, técnicas e instrumentos de marketing, sem, no entanto, perder de vista o caráter especial do produto, do mercado e dos clientes a que se refere. A exposição dos pontos de vista de consultoras, escolas de negócio, diretores de Recursos Humanos e de Formação e Desenvolvimento, desperta-me especial interesse, pois tal exposição implica dar voz aos protagonistas, ou, ao menos, aos que estão do lado dos formadores.

Ao contemplar a situação como diretor-geral da escola de negócios, julgo que devemos meditar atentamente sobre a nossa responsabilidade. A formação de executivos tem uma presença importante na sociedade: como via de melhora dos resultados das empresas, como incremento do desenvolvimento econômico e do bem-estar social, relativo ao trabalho das pessoas ou à disponibilidade de mais e melhores bens e serviços no mercado. Também é importante porque, em nosso mundo, a empresa é um referencial cultural de primeiro nível, equiparando-se a instituições tradicionais, como a universidade ou a própria Igreja, e até substituindo-as, em muitos sentidos. Os valores empresariais fazem parte, sem dúvida, do conjunto de valores que estruturam a sociedade do nosso tempo. Os executivos com seu estilo de vida e de atuação são elementos fundamentais nesse sentido. Sombart e Schumpeter, sob diferentes pontos de vista, fizeram análises já clássicas da figura e do papel social e histórico dos que criam e dirigem empresas e, naturalmente, muitos outros teóricos e práticos fizeram análise do sentido da empresa, da função do empresário e da função do executivo e também da organização e eficácia das empresas. Não vou agora me estender sobre esse assunto.

Logo, a formação pode ser vista sob muitos ângulos e, sem dúvida, o marketing tem algo a dizer sobre ela, ao menos em dois sentidos. Por um lado, porque há uma formação específica de marketing que, na Espanha, demorou a chegar à universidade, tendo sido a formação da ESIC – permitam-me dizê-lo – pioneira em nosso país. E também porque as instituições dedicadas à formação geral (e à de executivos em particular) podem e devem ter em conta uma filosofia de marketing e utilizar técnicas e instrumentos que se mostrem, a cada dia, eficazes também em outros âmbitos. Quem duvidar, que leia com atenção as páginas que seguem e poderá notar até que ponto está certa a conveniência do marketing também no setor de profissionais e instituições.

Crer na formação é, definitivamente, crer na esperança, porque se opõe a qualquer determinismo mecanicista. Uma autora citada neste livro – Graciela Aldana de Carde – refere-se à "cultura da queixa" e à "desesperança aprendida". A formação se levanta contra essa cultura inibidora da criatividade e do esforço e ameaça poderosa contra o futuro. Assim, é preciso felicitar aos que, a exemplo deste livro, elevam a sua voz para explicar como caminhar rumo ao futuro e como falar desse caminho.

SIMÓN R. MARTÍNEZ CÓRDOVA
Diretor-Geral da ESIC

Apresentação

Este não é um livro que se baseia em uma história. Um conceito não se entrelaça no outro, mas existem muitas histórias dentro dele e também realidades.

Este livro contém explicações e sínteses – quadros sinóticos – para que a partir deles possamos *embarcar* num processo de auto-reflexão.

Aqui, falamos diretamente da formação, da aprendizagem e do desenvolvimento dos executivos. Tratamos de analisar e estudar como se pode vender, interna e externamente, o seu processo de formação, como se fosse um produto. Falamos também daqueles que o vendem e que o distribuem. Em que consiste o produto realmente ou se existem diversos tipos de produtos, de pessoas que o indicam e também de clientes.

Ainda que mantenhamos a denominação *formação*, mentalmente teríamos que pensar em *aprendizagem*, entendida amplamente como processo, tanto no âmbito individual como no organizacional.

Formação, aprendizagem, mudança e inovação são conceitos relacionados e interdependentes, que aparecerão configurando de alguma forma o produto a oferecer, quer seja oferecido de fora para dentro da organização – de preferência através das escolas de negócios e empresas consultoras – quer seja oferecido apenas em âmbito interno, nesse caso a partir de uma unidade para outra, da própria empresa (geralmente as unidades de Recursos Humanos, Formação ou Desenvolvimento).

No decorrer do desenvolvimento do livro, insistiremos na necessidade de *vender e comprar* aprendizagem, em lugar de formação.

Gosto da metáfora "Você não pode fazer uma planta crescer, derrubando-a". Indubitavelmente, as palavras só têm sentido quando imersas numa linguagem determinada, numa teoria, num modelo. Talvez, ultimamente, tenhamos sido *bombardeados* por um generoso número de vocábulos, mas, em muitos casos, sem uma imediata relação com a teoria global que sustentava o sistema sobre o qual era aplicado. Isto acarretou uma falta de consistência e congruência das mesmas, o que fez com que a credibilidade dos usuários diminuísse drasticamente em pouco tempo, resultando então na ineficiência do processo.

> "A antiga idéia, segundo a qual as palavras possuem um poder mágico, era errônea, mas contém, ainda que distorcida, uma verdade importante. As palavras têm um poder mágico, efetivamente, mas não no sentido que pensavam os magos da Antiguidade, nem sobre os objetos que eles tratavam de manipular. A magia das palavras consiste na influência que elas têm sobre os cérebros de quem as utiliza."
>
> ALDOUS HUXLEY

"Nós, homens, somos filhos da palavra. Ela é nossa criação e também nossa criadora: sem ela não seríamos homens."

Octavio Paz

Não desejo que as minhas palavras sejam mágicas, nem inspirem magia. Somente quero que sejam desculpas para refletirmos sobre as realidades que nos envolvem e que são tão difíceis de descobrir. Quando diminuímos as palavras para analisá-las melhor, perdemos a identidade do conjunto, que é o que lhes dá valor. Entretanto, se tratamos de decifrá-las no conjunto, perdemos as nuances, que no final das contas são as marcas de sua diferença, ou seja, sua verdadeira identidade.

Cada vez tenho mais dúvidas. Meu espírito e meu intelecto estão cheios de incertezas. "Essa aparentemente triste realidade" é que me estimula a continuar vivendo, a continuar buscando, a continuar me perguntando.

Não estou aqui fazendo um discurso, muito menos um discurso único e incontestável, mas, sim, exatamente o contrário, se por acaso puder ser um discurso aberto, cheio de espaços e pausas, no qual cada um possa se instalar e permitir-se questionar aquilo que o rodeia, o que está dentro de si, o que está por vir.

Não se trata de criar dogmas, nem de assegurar resultados, com as idéias, exposições de idéias e modelos que aqui apresentamos e que são fruto do estudo, da pesquisa e da própria experiência no campo da consultoria e da formação, durante os últimos vinte e cinco anos.

Esse tempo me ajudou a tornar clara a idéia (ainda que, como dizia Ortega, "o que está claro é que nada está claro") de que não existem receitas nem remédios milagrosos (ainda que continuem a pedi-los, com insistência quase pueril). Por outro lado, fez-me ver que qualquer modelo que tenha funcionado bem, em algum momento, não desencadeia obrigatoriamente um resultado nem sequer parecido, quando aplicado em outro momento ou lugar. As variáveis de riscos têm muito peso em tudo que se relaciona a *management* e *marketing*.

Aprender a pensar e aprender a criar espaços para pensar são uma competência ou capacidade *transversal* que nos permite parar, ou, ao menos, diminuir o ritmo do fluir indiscriminado de *inputs*, idéias, mensagens que nos invadem e se apoderam de nossa mente, a qual aparece, paradoxalmente, em branco.

No decorrer do livro aparecem numerosos parênteses e aspas que estão recheados com os meus próprios *insights* e que cada leitor pode transformar em seus. (Fora os anglicismos, às vezes tão difíceis de traduzir.)

Como se trata de refletir, inundei o livro de frases, citações feitas por pensadores, estrategistas, consultores e executivos. Pode haver as aparentemente contraditórias, mas, sem dúvida, nos ajudam a voltar a pensar e a reencontrar aquilo que levamos dentro de nós. Aqui aparecerão muitos questionamentos que cada um se poderá fazer aplicando-os à sua realidade, em busca de caminhos a percorrer e de soluções para os seus problemas.

"Se você disser tudo ao leitor, não o deixa refletir."
R. Alvira

Porque esses não vão aparecer se previamente não nos perguntarmos nada. Na pergunta está o conhecimento tácito mais profundo, com freqüência a verdadeira sabedoria.

Por que sempre buscamos respostas fora quando, em realidade, sabemos que podem ser encontradas dentro de nós mesmos?

Sumário

Introdução	1
1. O Executivo como Cliente Final de sua Própria Aprendizagem	5
Introdução	5
1.1. O novo papel do executivo e da aprendizagem	8
1.2. O perfil do executivo como líder	11
1.3. Experiência de trabalho e o desenvolvimento do executivo	22
1.4. O executivo e seu estilo de vida	25
1.5. Metas na formação de executivos	29
1.6. Aprendizagem e competências	29
1.7. Queremos acabar com o modelo tradicional?	35
1.8. Queremos criar conhecimento?	38
1.9. Como aprendemos individualmente?	39
1.10. Aprender a parar	43
1.11. Tecnologia humanista 9R	46
Questionário de revisão	49
2. Busca de Formação e Aprendizagem de Executivos. O Produto, o Mercado e o Cliente	51
Introdução	51
2.1. A formação como valor intangível	52
2.2. Formação de executivos como produto	53
2.3. Busca da formação	55
2.4. Necessidades de formação no mercado da formação de executivos	57
2.5. O porquê e para quê da formação	61
2.5.1. Formação como elemento de destaque na estratégia da empresa	61
2.5.2. Formação como investimento	62

2.5.3. Formação para a criação de valor... 62
2.5.4. Formação para a criação de uma cultura de aprendizagem contínua 64
2.6. Alcance da formação 65
2.7. Processos de aprendizagem do executivo....................................... 67
2.8. Evolução do conceito de formação.. 68
2.9. Por que a formação é tão importante? 70
2.10. Formação e criação de valor.. 72
2.11. Efetividade da formação.. 75
2.12. Como melhorar o clima de transferência de aprendizagem 75
2.13. Qualificação e eficiência do produto de formação........................ 77
2.14. Motivação e rendimento na aprendizagem 81
2.15. Planejamento da formação 82
    2.15.1. Detecção de necessidades 84
    2.15.2. Objetivos 85
    2.15.3. Metodologia... 85
    2.15.4. Meios... 86
    2.15.5. Conteúdos.. 86
    2.15.6. Avaliação e controle de resultados....................................... 87
    2.15.7. Prazo 87
    2.15.8. Orçamento/Investimento.. 87
2.16. Metodologias para a aprendizagem executiva.............................. 88
    2.16.1. Formação-ação *(action learning)* 90
    2.16.2. Administração baseada na evidência (ABE) e sua aplicação na formação do executivo 91
    2.16.3. Aprendizagem e tecnologia (teleformação, *e-learning*, formação *on-line* etc.) 94
    2.16.4. *Outdoor learning* (ou *training*): aprendendo em ambiente natural 104
    2.16.5. *Coaching* 107
    2.16.6. *Mentoring*... 115
2.17. Avaliação da formação-aprendizagem... 123
2.18. Preço e custo da formação de executivos 127
2.19. Processo de decisão de compra da formação 134
2.20. O formador-consultor 135
2.21. Comprador, cliente, consumidor, preceptor.................................. 136
2.22. Papel e perfil do diretor de Recursos Humanos (DRH)................ 138
2.23. Papel do diretor de Formação e Desenvolvimento (F&D)............ 143

2.24. O *outsourcing* (terceirização) da gestão da formação contínua nas organizações 145
Questionário de revisão.. 148

3. Comunicação e Venda da Formação de Executivos 151
Introdução... 151
3.1. Por que as técnicas de *marketing* não são aplicadas ao mercado da FdD?... 151
3.2. Como aplicar as técnicas e metodologias de *marketing* à FdD?..... 152
3.3. O capital relacional e sua gestão. Indicadores................................... 155
    3.3.1. Base de clientes... 157
    3.3.2. Lealdade de clientes 158
    3.3.3. Intensidade da relação com clientes............................... 158
    3.3.4. Satisfação do cliente.. 159
    3.3.5. Atenção ao cliente 159
    3.3.6. Proximidade ao mercado.. 160
    3.3.7. Notoriedade de marca(s) 160
    3.3.8. Reputação/nome da empresa.. 160
    3.3.9. Alianças estratégicas 161
    3.3.10. Melhoria/recriação da base de clientes......................... 161
3.4. Estratégia e planejamento da comunicação 162
3.5. Principais objetivos da interação com os clientes 163
    3.5.1. Valor estratégico 163
    3.5.2. Captação das necessidades.. 163
    3.5.3. Satisfação e queixa dos clientes 164
3.6. Natureza e função da comunicação de *marketing* 164
3.7. A chave atual da comunicação e da venda: a rapidez..................... 170
    3.7.1. A estrutura perto do cliente 171
    3.7.2. A resposta antes da busca.. 171
    3.7.3. O começo da visão-cliente, a cada dia 171
    3.7.4. Flexibilidade 171
    3.7.5. Enfoque e abandono.. 172
    3.7.6. Questionamento contínuo.. 172
    3.7.7. O pequeno é melhor e eficiente 172
    3.7.8. Concentração é imagem.. 173
    3.7.9. Somos todos polivalentes 174
    3.7.10. Entre as diferentes prioridades, escolhemos a rapidez 174
3.8. Comunicação e qualidade 174

3.9. *Marketing* boca a boca 177
3.10. *Marketing* viral 179
3.11. A integração do cliente com a empresa: do ERP ao CRM 179
3.12. Como vender a FdD? 183
3.13. Venda pessoal (assessores-consultores-comerciais) 186
3.14. Objetivos da equipe comercial 186
        3.14.1. Em relação à sua própria empresa ou instituição 187
        3.14.2. Em relação ao produto-serviço a vender 188
        3.14.3. Em relação ao mercado (clientes) 188
        3.14.4. Em relação à concorrência 189
        3.14.5. Em relação aos objetivos e resultados 189
3.15. O cliente como o centro da venda 193
        3.15.1. As mínimas exigências do cliente 196
3.16. Como ser empático com o cliente 197
3.17. Gestão de relações 199
3.18. Permanência, fidelidade e intensificação de clientes 200
3.19. Criação de uma unidade de atendimento aos clientes 203
        3.19.1. Conselho de clientes 204
        3.19.2. Seminários abertos 204
        3.19.3. Seminários ou apresentações específicas 204
        3.19.4. Reuniões no setor do cliente 204
        3.19.5. Pesquisa de mercado (painéis de clientes) 205
        3.19.6. *Feedback* sobre aplicações 205
3.20. Como tratar clientes difíceis 205
3.21. O componente ético da ação comercial 208
3.22. O *whistle blowing* ("Pôr a boca no trombone" para denunciar) 209
3.23. Venda interna da formação 211
        3.23.1. Estratégia de comunicação impessoal 212
                3.23.1.1. Comunicação indireta 212
                3.23.1.2. Comunicação direta 213
        3.23.2. Diferenciar os clientes 213
        3.23.3. Interagir com os clientes 214
3.24. Auditoria de qualidade na relação com o cliente 215
3.25. Auditoria de *marketing* 217
Questionário de revisão 218

4. A Venda pela Confiança (VPC) 221
4.1. A gestão pela confiança (GPC) 221
4.2. Conceito de confiança 222
4.3. Variáveis da confiança 224
4.4. Fatores que geram e destroem a confiança 228
4.5. Atitudes básicas da confiança 229
    4.5.1. Atitude de serviço 230
    4.5.2. Paciência 230
    4.5.3. Afabilidade 230
    4.5.4. Humildade 231
    4.5.5. Respeito 231
    4.5.6. Generosidade 231
    4.5.7. Honradez 231
    4.5.8. Compromisso 231
4.6. A venda pela confiança (VPC) 232
Questionário de revisão 239

5. A Oferta da Formação de Executivos 241
Introdução 241
5.1. Tipos de vendedores de formação 242
    5.1.1. Universidades e institutos universitários 242
    5.1.2. Escolas de negócios (EdeN) 243
    5.1.3. Centros de formação de executivos 246
    5.1.4. Empresas consultoras 246
    5.1.5. Associações empresariais e outras instituições de desenvolvimento executivo 247
    5.1.6. Organizações internacionais de formação de executivos 248
    5.1.7. Universidades corporativas 253
Questionário de revisão 259

6. O Marketing da Formação (Aprendizagem) dos Executivos Visto pelos seus Protagonistas 261

7. Síntese e Conclusões 275
7.1. Algumas idéias-chave sobre a formação: o novo desafio do executivo 275
7.2. Decálogo do executivo 278
7.3. Conclusões sobre a formação 279

7.4. Como tornar o produto da formação-aprendizagem do executivo mais eficiente? 279
7.5. Quais os aspectos do *marketing* e quais as ferramentas mais aplicáveis para a venda da formação de executivos? 281
    7.5.1. A potencialização da marca 281
    7.5.2. Estratégia de relações 283
    7.5.3. Potencialização do valor confiança 283
    7.5.4. Conhecer a fundo as necessidades do cliente 283

Bibliografia 285

Introdução

> "Atualmente, uma empresa deve ser capaz de reinventar a sua estratégia de forma continuada, ano após ano."[1]
>
> CHARLES HANDY

Quem promove e dirige essa mudança? De que forma se deve fazê-la, se cada momento significa uma nova situação, a qual exige nova maneira de agir?

Se falamos de renovação, isto exige um processo de inovação constante, uma cultura que a favoreça e uma ferramenta como a aprendizagem, que a torne possível.

As pessoas, entre as quais se devem destacar os executivos, devem promover as mudanças, porque, pelo tamanho das suas responsabilidades, experiências, conhecimentos e atitudes, são elas que decidem, no entanto não são as únicas no processo.

Devem começar por elas mesmas, e isso talvez seja a tarefa mais difícil, uma vez que a tendência do ser humano é a de se defender e justificar todas as suas atividades, comportamentos, maneiras de pensar, de atuar, como se tudo que necessitasse de mudança estivesse nos outros.

É necessário recuperar a *humildade* da inocência, para nos permitirmos parar de nos justificar, e aprendermos que, ainda que doa, a verdade tem que aparecer. Reconhecermos que não somos sábios nos animará a continuar descobrindo o nosso próprio ser.

No final, a verdade não é para nos confortar mas, sim, para dissipar as trevas da ignorância.

---

[1] Handy, C. (2000): "Los factores E o las fuerzas motivadoras", *HDBR*, nº 100, Deusto.

Concordamos então que, para que uma empresa sobreviva, tem que estar imersa em um processo vital que lhe permita obter diferenciais a respeito de sua competência através da inovação, enfocando-a, como diz Porter[2], "em seu sentido mais amplo, que inclui tanto as normas tecnológicas, como as novas maneiras de fazer as coisas". Essa apresentação de problemas, que considera a empresa como um ser vivo, exige uma constante aprendizagem e, assim, a formação, em especial a dos executivos, exige uma importância singular.

O livro usa as palavras *executivo* ou *formador* sempre no masculino, apesar de haver uma palavra correspondente no feminino, coisa que não acontece, por exemplo, nas palavras profissional ou cliente que têm uma única forma, indicando os dois gêneros. Essa opção foi feita para evitar as contínuas repetições de *executivo/executiva*. O livro será estruturado em duas partes: a primeira mostrará os aspectos e áreas-chave do *marketing* aplicadas à formação de executivos; na segunda, aparecerá o ponto de vista dos protagonistas (consultoras, escolas de comércio, diretores de Recursos Humanos e de Formação e Desenvolvimento).

Quanto aos capítulos, no decorrer do livro vamos percorrer espaços, começando com a análise do significado de executivo, seu perfil, seu papel como cliente final da formação (Capítulo 1), estudando os três elementos-chave do *marketing mix* (preço, produto e preceptor) (Capítulo 2). No Capítulo 3, serão estudados os elementos básicos da comunicação e venda da formação dos executivos (FdD). No Capítulo 4, trataremos da venda pela confiança (VpC), para no Capítulo 5 falar da oferta da FdD (tentando ser coerente com a filosofia do *marketing*, colocamos em primeiro lugar o cliente – a demanda – e terminamos com a oferta).

"O caminho não é uma linha reta."
TAO. Sendero

O Capítulo 6 colhe as opiniões dos protagonistas (diretores de Recursos Humanos e de Formação, e dos diretores de escolas de negócios e de empresas consultoras).

No Capítulo 7, sintetizamos o que para nós é essencial no funcionamento desse mercado.

E, no decorrer do livro, aparece a *espiral*. Porque este livro é para explorar, descobrir, aprender, desaprender e seguir buscando.

---

[2] Porter, M. (1982): *Estrategia competitiva*, México: CECSA.

> A espiral é "uma curva plana que dá voltas infinitas em torno de um ponto, afastando-se dele, cada vez mais, em cada volta".
>
> DICCIONARIO DE LA LENGUA ESPAÑOLA
> RAE, 2001

Nossa espiral também se afasta da origem mas, ao mesmo tempo, não se esquece da sua essência. Quando caminhamos, em algumas ocasiões, a nossa aprendizagem nos dá a sensação de que estamos indo para trás. Nem sempre se avança, e às vezes, como bem sabe o alpinista, deve-se desviar ou inclusive retroceder, para depois avançar com mais facilidade. O importante é decidir, com clareza, para onde se quer ir.

Recordemos o que diz Alice, quando encontra o gato numa encruzilhada e lhe pergunta:

> *Alice:* Poderia dizer-me, por favor, que caminho devo seguir a partir daqui?
> *O gato:* Isso depende do lugar aonde você queira ir.
> *Alice:* Não me importa muito aonde...
> *O gato:* Então não importa por onde você vá.
>
> LEWIS CARROLL
> *Alice no País das Maravilhas*

# 1 O Executivo como Cliente Final da sua Própria Aprendizagem

Introdução

Quando se fala em executivo, cada um entende uma coisa diferente. Em uma empresa, o executivo é somente o número um. Os demais podem ser diretores, autoridades, colaboradores etc... O que significa, então, atuar como executivo? Em princípio, podemos dizer que é um profissional cujo papel de planejador se destaca de maneira significativa: tenta ver como chegar ao futuro, além de visualizar o presente; determina objetivos e prioridades; toma decisões que vão repercutir sobre ele e as outras pessoas; controla, no sentido anglo-saxônico, isto é, maneja um modelo de gestão integral.

O título executivo, como acontece com outras denominações, pode significar muito, sobretudo poder e autoridade, e pode significar pouco ou quase nada; às vezes, nem sequer indica um bom salário.

Existem empresas nas quais ser considerado executivo significa pertencer à cúpula da organização; nesse grupo, pode estar menos de 0,5% de toda a organização. Em outros casos, a designação de executivo pode-se estender até 15%, ainda mais quando nos referimos às pequenas empresas. Depende da dimensão da empresa, do setor, da intensidade das pessoas ou da tecnologia.

> "A brecha entre os que possuem bens e os que não possuem bens é muito grande mas a que existe entre os conectados e os desconectados é ainda maior."
> **Rifkin**

A denominação executivo, em princípio, está relacionada com o poder e indica principalmente a capacidade de tomar decisões; atualmente juntaremos a isso a capacidade de estar bem conectado.

Não é demais recordar a diferença entre o conceito de poder e o de autoridade, uma vez que os dois se confundem.

O conceito de poder (de "potestas") se origina sobretudo de seu posto, categoria ou função, ligados à sua capacidade de controlar, seja dinheiro, privilégios, informações, contatos etc., e da sua responsabilidade em avaliar o trabalho dos outros.

No que diz respeito à autoridade (de "autoritas"), ela vem do próprio executivo, através de seus conhecimentos e experiência; através da força de sua personalidade, de suas motivações, do estado mental relativo ao seu papel na empresa; através da sua capacidade de despertar o entusiasmo dos outros ou da atitude ao defender sua equipe.

Na prática, todos sabemos que a realidade é um conjunto de percepções; assim, conta mais o poder ou a falta de poder que se percebe no outro do que o poder que lhe é dado pela instituição.

Geralmente, nas empresas, as pessoas que ocupam níveis executivos estão imersas na síndrome do "não tenho tempo" (sentido, pensado ou expressado); por outro lado, um grande número desses profissionais *sente, pensa* ou *expressa* (SPE) que a sua formação não vai resolver nenhum dos problemas das pessoas que os estão atacando ou pressionando a cada dia. Até que ponto se pode aprender a dirigir? Tudo não é uma questão de firmeza e senso comum?

Em geral, os executivos dão a sensação de que percebem assim a questão: 1) a formação é algo à parte do trabalho, no que diz respeito à planificação do tempo e dos esforços; 2) a repercussão sobre o trabalho é mínima ("para aquele que vale, não vai acrescentar ou mudar nada, para quem não vale, também; logo, é perda de tempo" – disse-me em certa ocasião o presidente de uma empresa famosa).

Estará essa situação evoluindo em direção a outra, na qual se pensa que é importante se atualizar, e que essa atualização não se consegue naturalmente, no dia-a-dia? Creio que sim, ainda que uma decisão pessoal de se limitarem espaços para a aprendizagem seja difícil; daí o pouco desenvolvimento, até hoje, da auto-aprendizagem através do *e-learning*. "Qual será o tempo que vou reservar para a minha aprendizagem?"

Será que podemos aprender tanto os conhecimentos técnicos como as competências emocionais?

O EXECUTIVO COMO CLIENTE FINAL DA SUA PRÓPRIA APRENDIZAGEM 7

Quais são as resistências e objeções mais usuais que os diretores executivos apresentam?

> "Sem ter um mínimo é difícil ser, mas quando se tem demasiado, é muito mais difícil ser."
> Eric Fromm

Quero deixar claro que quando digo apresentam, refiro-me ao SPE, que já comentamos antes. Sem querer ser exaustivo, aqui estão algumas das possíveis desculpas, ante a possibilidade de aprendizagem:

- Se eu desaparecer três dias do trabalho, as tarefas não serão feitas e terei um acúmulo de trabalho depois.
- Se eu faltar ao trabalho, a equipe não vai funcionar e não conseguirá os resultados previstos.
- Essa formação que querem me dar não me serve para nada no meu trabalho. Para que quero saber estatística ou macroeconomia?
- Em outros cursos ou seminários só fiz perder tempo.
- A formação de executivos só serve para travar relações. Além disso, foi bom nos terem visto e termos intercambiado experiências.
- A empresa ou o meu chefe não vão permitir que eu atue ou aplique os conhecimentos adquiridos. É cada vez mais frustrante.
- Quais são meus déficits formativos? Não os encontro. Também, não os procuro, claro.
- Os outros vão se dar conta das minhas deficiências, ignorâncias e debilidades.
- Isso vai ser um custo alto na minha conta, ou na da empresa, e não está claro que se possa recuperar ou amortizar.
- E se me avaliam sem eu saber, ou mesmo sabendo? E se a avaliação não for positiva? Qual será a repercussão?
- Se, pelo contrário, me mandam fazer um cursinho complementar, e depois me pedem maior esforço e dedicação?
- Nas férias, prefiro eu mesmo escolher o momento, o lugar e a companhia.
- Contanto que os chefões não venham às aulas ao mesmo tempo.

1.1. O novo papel do executivo e da aprendizagem[1]

> "Vivemos um período de mudanças. Vemos nosso mundo cada vez menos como uma máquina e cada vez mais como um sistema vivo."
> Fritjof Capra

Tudo está se transformando. O papel que um executivo deve desempenhar em qualquer organização também. Não podemos continuar amarrados a Fayol, e isso, às vezes, nos dá a sensação de que falta imaginação para saber buscar novas formas e modelos para resolver novas situações. Tudo se torna, ou ao menos parece se tornar, mais complexo. E continuamos aplicando modelos lineares de causa e efeito.

Realmente a pergunta-chave que deve ser feita é: Qual é o meu papel como executivo? É isto que costumo fazer? É isto que a empresa me pede?

Em algumas ocasiões realizo seminários de poucos dias somente, centrado nessa questão. Não é fácil encontrar um nível de concordância entre o papel determinado pelos superiores, o papel assumido pelo executivo, o papel que é realmente desempenhado, o papel que os colegas esperam que desempenhe e o papel que as pessoas que dependem dele desejariam que desempenhasse. Dessa análise devemos extrair soluções que, como diz Paul Watzlawick, "façam a realidade mais real".

Os papéis executivos estão cada vez mais amplos, o que vai favorecer a aprendizagem e o desenvolvimento da organização, mas ao mesmo tempo criar uma desordem maior, um ruído e conflitos interpessoais. Não esperemos que, a nível executivo, nos digam o que devemos fazer ou não, e até onde vão as nossas responsabilidades e as dos outros.

Fixar o papel do executivo poderia significar a cristalização da organização.

Então, basicamente, em que consiste o papel de um executivo?

Ser executivo significa, fundamentalmente, tomar decisões no que diz respeito a:

- Problemas ou mudanças que surgem na empresa e no seu entorno.
- Planejamento e visão do futuro.

---

[1] Baseado nas idéias contidas em artigo de mesmo título, que escrevi e foi publicado em *Economía Gallega*, em novembro de 1999.

- Fixação de objetivos.
- Políticas que vão marcar os "comos" e os "porquês" da organização.
- Informação ou comunicações que recebe.
- Prioridades que foram determinadas ou decidir suas mudanças.
- Distribuição dos papéis entre os colaboradores.
- Destinação, seleção e otimização de recursos financeiros, tecnológicos etc.
- Direção e desenvolvimento das pessoas da equipe.
- Criação de um clima que facilite a automotivação.
- Expansão, crescimento eficiente e sustentável da organização.

Essas atividades podem se enquadrar em diferentes áreas:

Papel e planejamento
- Tenho claro o que se espera de mim como executivo?
- Estou consciente de que a importância do planejamento não é poder acertar, mas, sim, parar para pensar o que pode acontecer e o que queremos que aconteça?

Organização
- Estamos atentos para a necessidade de uma contínua organização, tentando evitar a rigidez ante uma constante mudança?
- Sabemos onde encontrar as principais contribuições de valor, e agimos em função disso?
- Manejamos adequadamente nossas alianças e coalizões?

Coordenação
- Trabalhamos por processos, em vez de trabalharmos por departamentos ou funções?
- Tentamos intensificar as relações transversais, como facilitadoras de sinergias?
- Conhecemos as chaves de como coordenar redes de inteligência internas e externas?

Controle

- Sabemos que a maior descentralização na tomada de decisões deve intensificar o controle central?
- Sabemos da conveniência e apoiamos, cada vez mais, o autocontrole?
- Possuímos um sistema integrado de gestão?

Facilitação da automotivação

- Facilitamos os elementos "higiênicos", de forma que possibilitem que todos também estejam empenhados e condicionados à sua existência?
- Estamos, cada vez mais, permitindo a auto-responsabilidade, a autonomia e a criatividade, como bases para o compromisso, a vinculação e a automotivação?

Liderança e autoridade

> "Não diga às pessoas como fazer as coisas, e você vai se surpreender."
> General Patton

- Sabemos manejar adequadamente a distância de intervenção, de maneira que nos permita nos aproximarmos ou nos afastarmos dos nossos funcionários?
- Conseguimos que os nossos colaboradores nos outorguem a liderança? Em que se baseia essa liderança?
- Conhecemos, em todos os momentos, o nosso nível de persuasão e credibilidade na organização?

Aprendizagem e organização

- Somos os verdadeiros agentes de mudança, que aplicam o aprendido e instigam o desenvolvimento de toda a equipe?
- Conseguimos que a formação seja parte das funções que cada um tem, tanto em nível de docente como de discente?
- Conseguimos que a aprendizagem seja parte do trabalho e o trabalho seja parte da aprendizagem?

Gestão do conhecimento e inovação

- Somos continuamente questionadores da nossa realidade e buscamos uma permanente inovação?
- Administramos os conflitos e obtemos aprendizagem disso?
- Facilitamos, instigamos e incentivamos a transmissão de conhecimento tácito?

A aprendizagem é reflexão e questionamento para atuar de forma inovadora. É o sangue que nutre e leva o alimento para a nova empresa orgânica.

1.2. O perfil do executivo como líder

No último Fórum de Líderes Futuros, que teve lugar em Davos em meados de fevereiro de 2002, discutiu-se o perfil do líder de 2010, registrando-se o seguinte:

- Comunicador.
- Visionário.
- Confiável.
- Capaz de escolher a equipe adequada.
- Modelo a seguir.
- Amante da arte.
- Perito em tecnologias.
- Versátil.
- Criativo.
- Multicultural.
- Preocupado com os problemas de fora de seu âmbito de ação.

Sem dúvida, perfis tão amplos e exigentes têm problema para encontrar quem possa vestir essa camisa. É demasiado perfeito, como sempre que buscamos um líder ideal.

Seguramente, podemos ressaltar a necessidade de encontrar executivos:

- Gestores de riscos – toda mudança implica um risco.
- Estrategistas – a sustentação implica imaginar um futuro.
- Comunicadores – a gestão é cada vez mais uma relação.

Nesse mesmo fórum, Paul Evans, um dos mais famosos professores de INSEAD, destacou a necessidade de "desenvolver-se através dos desafios, crer e apaixonar-se pelas pessoas que fazem isso, não ser prisioneiro do êxito e rodear-se de pessoas mais inteligentes que eles".

Foi interessante a contribuição de Cathy Kopp, diretora de Recursos Humanos de LVMH, que ressaltou que para chegar a ser um bom líder é preciso que:

- Deixe o ego de lado.
- Personalize os valores da companhia.
- Seja ético.

> O líder sabe tirar o melhor de cada um e fazê-lo ver que a sua atuação é indispensável ao trabalho de todos.

O executivo, como líder, centra o seu papel principal em facilitar–assessorar–mediar–treinar.

Encontramos, muitas vezes, papéis executivos mais centrados na competência pessoal e organizacional, do que na especialidade que trazem de sua carreira universitária.

Em geral, podemos destacar capacidades como:

- Criar a intenção, a direção, o propósito de todas as atividades, sobretudo as estratégias.
- Permitir a autonomia das equipes, fomentando a auto-organização, o que exige partir de uma confiança incondicional nas pessoas.
- Tolerar a ambigüidade, a diversidade, a redundância nas equipes.
- Incitar o questionamento do *status quo*, buscando uma atitude crítica positiva que gere inovação.

- Facilitar a criação de tempo e espaço, para a criação do conhecimento.
- Animar e recompensar a auto-responsabilidade, ao mesmo tempo em que contribui com conhecimentos para outros.
- Utilizar a credibilidade, a confiança e o compromisso como base do alinhamento de energias na empresa.
- Cultivar condições, segundo as quais a organização e seus integrantes possam evoluir e mudar.

Segundo Roberto Carballo[2], um executivo é alguém que:

> "Fiz isso porque não sabia que era impossível."
> José M. Gil Vegas

- Não pode olhar só para o alto.
- É comprometido com a empresa, não com os dirigentes da empresa.
- Tem como objetivo a rentabilidade e a sobrevivência da empresa, mas sabe que isso não pode ser à custa do cliente, nem dos seus empregados.
- Sabe que o vento que faz a companhia navegar tranqüila é o mercado e o seu entorno – deve dedicar muito tempo a isso.
- Deve estar em constante adaptação ao seu posto.
- Deve manter uma certa distância das coisas.
- Sabe que a velocidade dificulta o sentir, o assentar e o aprender.

Desde que Gardner expôs a necessidade de buscar outras inteligências em cada pessoa, chegou a distinguir oito tipos de inteligência: lógica, espacial, naturalista, musical, abstrata, lingüística, intrapessoal e interpessoal, ficou destacada a importância daquilo que pode acompanhar a lógica, no momento de se relacionar consigo mesmo e com os outros, até que Goleman apareceu com a sua "inteligência emocional". Mais recentemente nos encontramos com Donah Zohar e sua "inteligência espiritual"[3].

---

[2] Carballo, R. (1999): *Innovando en la empresa*. Barcelona: Gestión 2000.
[3] Zohar, D. (2001): *Inteligencia espiritual*. Barcelona: Plaza & Janés.

> "Nosso mundo está cheio de problemas; para termos alguma possibilidade de resolvê-los, devemos fazer o melhor uso das inteligências que possuímos. Reconhecer a pluralidade de inteligências e as múltiplas maneiras pelas quais os homens podem manifestá-las talvez seja um passo importante."
>
> HOWARD GARDNER

A inteligência espiritual está vinculada à necessidade de o ser humano encontrar um sentido para a vida. É uma capacidade de aplicar, nas ações do dia-a-dia, princípios e valores espirituais com o objetivo de encontrar paz, tranqüilidade e equilíbrio.

Algumas marcas, sintomas ou chaves relacionados com a inteligência espiritual são:

- Capacidade de ser flexível.
- Alto grau de autoconhecimento.
- Capacidade de estar frente a frente com a dor.
- Capacidade de aprender com o sofrimento.
- Capacidade de se inspirar em ideais e valores.
- Recusa em causar dano aos outros.
- Capacidade de ver as conexões entre realidades diferentes.
- Tendência a se perguntar pelas suas ações e desejos.
- Capacidade para seguir os ideais próprios e ir contra o convencional.

Integrando esses componentes da inteligência, podemos definir algumas competências (S).

(S)egurança – Conhecer as próprias emoções, aceitá-las e reconhecer-se nelas. A autoconfiança guia as ações.

(S)erenidade – Administrar as próprias emoções. Equilíbrio, quando puser energia no compromisso.

(S)uperação – Motivar-se a si mesmo. Saber até onde se pode chegar. Ser inconformista.

(S)erviço – Reconhecer as emoções dos outros. Captar o que o outro necessita e sente. Desfrutar, servindo ao outro.

(S)inergia – Administrar as relações pessoais. Contar com os outros para complementar o próprio saber.

> "Os executivos de amanhã serão como os exploradores do Renascimento. Terão que explorar novos territórios sem contar com mapas apropriados. Serão obrigados a exercitar novas competências e redescobrir os valores de liderança e a intuição. Mas, como então, ver-se-ão presos a uma fase de forte expansão, propiciada pelo aumento do comércio internacional – que poderá dobrar a cada oito anos – e à aparição de novos mercados desconhecidos. Na nova sociedade do conhecimento, as aplicações de capitais estrangeiros – e a tecnologia que as acompanha – somente se colocarão onde existam conhecimentos acumulados e capacidade de gestão pública e privada. Não será uma sociedade para pessoas sem valor e sem valores."[4]

"A inteligência é como uma cabeça bem-feita, ao passo que o conhecimento é uma cabeça cheia."
M. E. Montaigne

Segundo Hamel y Prahalad, é preciso agitar os pensamentos e a forma de atuação dos executivos.

Segundo eles, os executivos estão cegos e teriam que ter:

– "Uma inocência infantil em relação ao que poderia e teria que ser:

- Uma curiosidade profunda e ilimitada.
- Uma predisposição para refletir sobre os temas nos quais não é um especialista.
- Uma obstinação inerente a ele.
- O propósito de satisfazer o cliente.
- Um autêntico interesse em satisfazer as necessidades humanas"[5].

---
[4] Robert Tornabell no trabalho da ESADE e Andersen Consulting sobre o executivo do futuro. Deusto, 1995.
[5] Hamel, G. e Prahalad, C. K. (1994): *Competing for the future*. Boston: Harvard Business School Press.

As organizações atuais são menos estruturadas, ou melhor, têm estruturas mais flexíveis, menos normatizadas, mais complexas; necessitam de executivos intra-empreendedores, que impulsionem projetos, que encaminhem e façam fluir a energia alinhada com a missão da empresa.

Existem numerosos perfis de executivos, cada qual mais exigente que o outro e, em muitos casos, utópicos. Talvez existam – e com certeza há – pessoas extraordinárias, que diante do dilema comum – nasceram já sendo, ou nasceram e chegaram a ser – poderemos afirmar que nasceram sendo, mas continuaram a busca, para chegarem a ser por si mesmas.

Tive a sorte de conviver muitos anos com uma dessas pessoas especiais, e sempre me perguntei se o modelo poderia ser estendido a outras pessoas que dele tirassem proveito. Se tivesse que ressaltar alguma atitude-chave, vital, dessa pessoa, falecida há cinco anos, diria que foi a *paixão pela aprendizagem*, uma contínua curiosidade. Mas falemos de suas circunstâncias, como dizia Ortega; pode ser que por acaso nos dêem alguma pista.

Essa pessoa nasceu em uma pequena aldeia, no interior da província de Pontevedra, de pais analfabetos. Todo dia, até fazer 14 anos, tinha que percorrer a pé sete quilômetros duas vezes, ida e volta, para ir à escola. Nessa época resolveu ir ao México, como muitos outros civis da sua época, pedindo dinheiro emprestado para o navio. Voltou com 22 anos, sem ter feito fortuna, e se pôs a trabalhar de balconista numa loja de comestíveis de Pontevedra, "La Abundancia". A partir daí, toda a sua obsessão foi estudar para esmerar-se... e concorreu aos cargos que existiam na época, no Ministério da Fazenda, começando por auxiliar de Inspetor Geral de Serviços. Mas... nunca teve tempo para ir à universidade, até a aposentadoria, quando então, cheio de júbilo, matriculou-se aos setenta anos no CEU–San Pablo para começar o curso de Direito. Depois de freqüentá-lo diariamente, durante cinco anos, formou-se. A partir daí, começou a estudar ainda mais a sério, sempre mirando o futuro. Após o curso de Direito, conseguiu um feito extraordinário, tornando-se Fiscal de Contas, e se dedicou a estudar, a fundo, inglês e informática, pois, conforme suas próprias palavras, "aí está o futuro".

Aos 87 anos de idade, começou a estudar Teologia. Assistia às aulas com uma regularidade espartana, até um mês antes de falecer, aos 90 anos, em plena juventude. Esse era, e é, o meu pai. De onde podia vir essa ânsia de aprender, de descobrír, de buscar? Isso pode ser estimulado nas pessoas? São necessários genes distintos e específicos? São as circunstâncias a chave do mistério?

Imagino que seja uma fórmula que exista. O que comprovei foi que a ânsia de conhecimento e aprendizagem estava diretamente correlacionada à automotivação. Podiam-se notar os seus olhos, quando ele falava sobre um novo projeto. Brilhavam como brilham os olhos de um menino, diante de um presente-surpresa.

No início, comentei que este livro não contava uma história, entretanto caí na tentação de contar uma história real e muito próxima de mim. Peço desculpas.

Mas neste livro estamos falando de aprendizagem, de mudanças e, além disso, é dirigido a uma população significativa de profissionais, não para as exceções.

Para essa maioria de executivos, escolhemos o modelo de Bennis, que nos oferece grandes oportunidades de desenvolvimento e trabalho. Apresentaremos o problema em dois níveis: em nível global, como estratégia, e em nível de competência; com isso vamos poder avançar em aprendizagem e desenvolvimento.

Bennis[6] considera que as características básicas de um líder são:

> "O bom líder se prepara, estuda, pesquisa, aprende e entende o que tem em mãos."
>
> Rudolph (Rudy) Giuliani
> (ex-prefeito de Nova Iorque)

- Sentido de propósito fortemente definido – sentido de visão, gestão do seu significado.
- Capacidade de transmitir claramente essa visão, gestão da atenção.
- Viver e fazer viver a visão a cada dia, gestão da autenticidade.
- Gerar confiança, gestão da confiança.

Quanto às atitudes, traços de personalidade e competências, Bennis ressalta o que encontrou durante as pesquisas:

---

[6] Bennis, W. (2000): "Las cualidades del líder del futuro", *Global Perspectives*, primavera.

Conhecem-se a si mesmos.

- Sabem quais são seus talentos, bem como as suas fraquezas.

Têm uma atitude aberta diante da retroalimentação.

- Aproveitam as pessoas que o rodeiam e com elas aprendem e melhoram.

Mostram ânsia por aprender e melhorar.

- São grandes questionadores de si mesmos.
- Mantêm uma atitude desperta e alerta.

São curiosos e estão dispostos a assumir riscos.

- Deleitam-se, descobrindo e abrindo a realidade.
- Gostam de ser considerados curiosos.

Atuam com um alto grau de concentração no trabalho.

- São capazes de visualizar diversos objetivos e atividades, e estar atentos a eles; ao mesmo tempo, conseguem uma microconcentração, isolando-se dos outros quando focalizam algo de concreto.

> "Os autênticos líderes se preocupam com tudo que as pessoas pensam."
> William E. Halal

Aprendem com as adversidades.

- São conscientes de cada realidade e assumem os fracassos; quedas e derrotas fazem parte do processo e do progresso profissionais.

Sabem equilibrar tradição e mudança.

- Não aceitam a mudança pela mudança e sabem que há objetivos difíceis e anteriores, que podem ser os mesmos num futuro distante.

Implantam um estilo de gestão aberta.

- Contam com as contribuições dos demais e tratam de redistribuir o poder, pela organização.

Sabem trabalhar bem com o sistema.

- São conscientes de que a boa vontade não é suficiente; necessitam de sistemas para administrar o que é complexo.
- Sabem valorizar a contribuição dada pela tecnologia como um meio, sem perder de vista os verdadeiros fins.

Servem como modelos e mentores.

- Sentem um grande orgulho, e se deliciam ao facilitar o progresso dos demais.
- Apóiam os outros, usando suas experiência e competências.

O líder eficaz tem que dominar os dois extremos da dispersão das tarefas organizacionais: desde as idéias com o alto nível de abstração até atividades bastante minuciosas, cheias de detalhes. O líder que, com a sua atuação, formula e reforça os valores da aceitação e da difusão dessas idéias, preocupa-se com as idéias elevadas capazes de despertar o interesse e o entusiasmo de seus colaboradores, que poderão trabalhar o dia-a-dia com mais entusiasmo. Além disso, parece que a única maneira de inculcá-lo é mediante um grande número de acontecimentos diários nos quais esse executivo-líder e pensador de revele um executivo eficiente e eficaz. Será reconhecido pelas suas ações, porque as palavras, discursos e aclamações não são suficientes. É preciso realizações que beneficiem a todos e o reconhecimento desses feitos. Trata-se, então, de centrar, simultaneamente, a atenção nas idéias e nos detalhes. Percebe-se que, pelas idéias, o líder está longe, mas pelos detalhes está ao lado de seus colaboradores. Esse é o jogo! Não se nomeia um líder porque ele sabe tudo e assim pode tomar todas as decisões, mas para que tenha uma visão de conjunto da empresa e, a partir daí, facilite os processos, políticas e relações que possibilitem fazer o trabalho de forma eficiente. É necessário sentir o executivo, tocá-lo e, ao mesmo tempo, respeitar a sua autoridade, aquilo que faz com que apeteça trabalhar com ele. A administração da distância de intervenção possibilita essa dupla presença. O mesmo acontece na administração dos filhos: brincar com eles no chão e afastar-se até lembrá-los de seus deveres, quando necessário.

Existe outro tipo de bicefalia como assinala Carlos Llano[7], e se trata da "reconciliação entre o mundo vital (cotidiano, pessoal e simples) e a crescente complexidade da tecnoestrutura".

A capacidade para entender, dirigir e dar direção à mudança se faz imprescindível, já que agora não se caminha sobre terra firme, mas estamos caminhando sobre as ondas do mar, e esperamos que ao menos não haja petróleo derramado nele.

O executivo atual é responsável por criar ambientes dentro da organização que apóiem e propiciem a inovação e a flexibilidade. É cada vez mais necessário que seja uma pessoa emocionalmente expressiva, pois, para o contrário, já temos as máquinas cada vez mais presentes no dia-a-dia.

> "O recurso mais escasso no mundo atual é o talento da liderança capaz de transformar as organizações continuamente para ganharem no mundo do amanhã."
> Noel Tichy

O executivo deve estar aberto aos seus clientes internos e externos, escuta os clientes porque são eles que sabem as respostas.

O executivo necessita ser um sincronizador de energias, um integrador de conhecimentos e realidades.

Então, quais são as possibilidades do executivo progredir em conhecimentos e competências?

A palavra educação vem do latim *educare*, esta, por sua vez, vem de *e-ducere*.

Educação implica qualquer atividade através da qual uma pessoa adquire um novo conhecimento que implica mudança de comportamento, e que, em princípio, se torna benéfico para essa pessoa.

A palavra ensinar vem de *insignare*, e significa pôr uma marca, um sinal em algo ou em alguém. O assinalado foi ensinado.

Durante muitos anos cuidou-se de ensinar ao que não sabia, mas, freqüentemente, quase sem contar com ele.

Segundo Maturana[8], educar é o processo pelo qual uma pessoa convive com a outra, e, ao conviver com a outra, se transforma espontaneamente de maneira que o seu modo de viver torna mais harmoniosa a convivência com a outra.

Que atitudes e comportamentos os executivos precisam mudar?

---

[7] Llano, C.: "Caracterología del directivo al inicio del siglo XXI", *Empresa y Humanismo*, vol. V, nº 2/02, Universidad de Navarra.
[8] Maturana, H. (1990): *Emociones y lenguajes en educación y política*. Chile: Dolmen.

Talvez algo tão básico como a consideração pelo outro legítimo, como uma pessoa. Respeitar a identidade dessa pessoa como tal, muito além do papel que lhe compete desempenhar ou representar na organização.

Existe ainda o chefe responsável de equipe que:

> "Quando uma companhia começa a ser impessoal chegou o momento de desagregá-la."
>
> Richard Branson

- Trata seu pessoal de forma indiferente ou não lhe dá atenção?
- Acha que o seu pessoal não pode ter uma idéia original?
- Considera o seu pessoal como um simples recurso para usar, abusar e depois descartá-lo?
- Tem pouca habilidade para escutar e dar feedback?
- Não é capaz de manter relações de segurança com ninguém?
- Não sabe, não se atreve, ou não quer delegar?
- Não se atreve a desenvolver processos de desenvolvimento pessoais nem de avaliação do desenvolvimento das mesmas?
- Cria, à sua volta, um ambiente de medo ou paranóia?
- Parece que procura criar adivinhos e deles exige conhecer objetivos, prioridades, urgências?
- Exige as tarefas completas para ontem?
- Protege uns em detrimento de outros, com base em critérios subjetivos, e muitas vezes desconhecidos, pouco alinhados com os fins da organização?
- Não se preocupa com a auto-estima dos empregados e, com freqüência, em vez de criticar os fatos, dirige as críticas às pessoas?
- E, que mais?

Esperamos que não exista mais esse tipo de executivo...

Vamos definir e tentar conseguir os perfis ideais de executivos. Assim sabemos para onde teremos que avançar. Mas, saindo do mundo ideal e aterrissando no mundo real, que encontramos?

Sem dúvida, é impossível generalizar, uma vez que, além das culturas, histórias e estratégias de cada empresa, também influem as atitudes e comportamentos dos executivos, mas na minha realidade de trabalho com as organizações encontrei, durante os últimos trinta anos, com muita ou talvez demasiada freqüência, executivos que:

- Não respeitam a diversidade, quer dizer buscam, pretendem e exigem a maior uniformidade possível.
- Temem a imaginação e as mudanças, sentem que podem ser fatores de desequilíbrio.
- Tendem para o fácil, seguem com o que já sabem fazer, não complicam a vida.
- Buscam a regra como base da relação, porque isso os torna mais seguros.
- São hiperativos, é muito difícil encontrar espaços para o pensar e menos ainda para o sentir ou dividir.
- Têm a auto-estima diminuída e aparecem mecanismos de defesa que podem terminar em autoritarismo ou prepotência.
- Temem o risco e com isso sua missão, muitas vezes, limita-se à permanência do *status quo*.
- Todas as desgraças e males o rodeiam.

> "Chegamos a configurar socialmente a cultura da queixa que nos mantém impotentes, amargurados, deprimidos no que os psicólogos sociais chamam de desesperança aprendida, a qual conduz ao imobilismo, a transformar os problemas simples em crônicos e à morte psicológica."
>
> GRACIELA ALDANA DE CARDE

1.3. Experiência de trabalho e o desenvolvimento do executivo

> "Somente temos experiência quando damos um sentido interpretativo ao que vivemos. Não é quem passa por muitas coisas que tem experiência, sim que lhe dá um sentido interpretativo, um valor.
>
> No sentido mais kantiano possível, ele diz que a experiência é o que fazemos com o que nos acontece não o que nos acontece. A experiência então é uma cultura, uma construção."
>
> SANTIAGO KOVADLOFF

> "O entusiasmo do novato não pode remediar a falta de experiência."
> Miguel Rivas

Cada vez que alguém me apresenta, antes de eu começar uma conferência ou seminário, fico intranqüilo se ela tem a idéia de ler o meu *curriculum vitae*. Recordo o passado e sinto que somente uma parte muito pequena e, seguramente, não foi a parte mais significativa, que se refletiu nele. Além disso, quanto mais a pessoa lê, mais parece que está botando um peso em cima de mim, que me impossibilite de estar aqui e agora e, mais ainda no futuro. Há muitos anos peço aos apresentadores que não o façam. Quase todos aceitam a proposta e isso me deixa mais tranqüilo.

Quando o tema é cultura da organização, costumo comentar que a cultura salva ou a cultura mata. Quero dizer com isso que, dependendo de quão firme esteja uma cultura ou alienada com as demandas de seu entorno, pode ser uma cultura que propicie grande fluidez na organização, ou, pelo contrário, pode ser uma grande pedra na organização, difícil de mover.

Em 1992, a IBM tinha 460.000 trabalhadores e se encontrou diante de uma situação que tinha que mudar seu encargo do negócio, estratégia e cultura. Quanto se pode atrasar em mudar uma cultura? Vai ser muito tarde quando o conseguir? Posso mudar as pessoas já tão identificadas com a cultura anterior? Em 1996, a IBM tinha 250.000 trabalhadores, dos quais nem 50.000 estavam há mais de dez anos na empresa.

> Faça, aprenda, mude.

A experiência nos serve? É um capital a valorizar? Pode ser um freio ou impedimento para aprender hoje?

O líder aprende coisas novas quando faz coisas novas.

O haver feito o que já não precisa fazer implica um processo de aprendizagem antes de voltar a aprender. Essa é uma primeira aprendizagem para aprender e praticar – o estar continuamente aprendendo e desaprendendo.

Cada um de nós tem o seu próprio estilo de aprendizagem, ou desaprendizagem, mas, de qualquer forma, existem metodologias mais potentes que outras e, segundo vários estudos, o aprender sobre o seu próprio papel, com a ajuda de professores, companheiros ou políticas que estimulem o movimento são as mais eficientes para desenvolvimento pessoal.[9]

---

[9] Santesmases, M. (1991): *Marketing: Conceptos y estrategias*. Madri: Pirâmide.

Das diversas pesquisas sobre a formação de executivos podemos tirar várias conclusões, tanto em nível nacional, como internacional:

- Os programas de formação profissional não produzem grandes mudanças, exceto na aprendizagem ativa, baseada em trabalhar nas aulas sobre situações reais e também da formação inicial em determinadas habilidades executivas.
- *Feedback, mentoring* e *coaching* são trabalhos de aprendizagem personalizados que têm peso e eficiência cada vez maiores.
- O reconhecimento do papel da experiência profissional como motor do conhecimento, porém não se pode confundir antiguidade com experiência.
- Para a potencialização e o desenvolvimento dos jovens executivos é essencial:
  - Que o executivo disponha de liberdade, autonomia e responsabilidade.
  - Que possa passar por diferentes papéis que lhe tragam desafios constantes.
  - Que nesses papéis ele tenha diferentes chefes, em diferentes lugares ou países, em diferentes funções.
  - Que tenha chefes e companheiros com mais experiência dispostos a repassar-lhe o seu conhecimento tácito.

- Fazer do desenvolvimento a parte fundamental no desenho da organização: no desenvolvimento de executivos, a influência mais importante é a maneira de se estruturarem os cargos.
- É importante exonerar os "Peters", quer dizer, substituir os medíocres que ocupam postos-chave e que estão influenciando negativamente os executivos de amanhã.

Além disso, o processo de *aprendizagem por experiência* ou no posto de trabalho tem que passar pelas seguintes fases:

1. Confiança, quando se perdem os medos ou reservas diante do novo.

> Formar é ajudar a refletir.

2. Imersão, quando se aprofunda no saber.
3. Reorganização a partir da naturalidade, quando se modificam os hábitos e formas de atuação.
4. Consolidação, quando, através da nova prática, ganha-se em experiência.
5. Refinamento, quando se aprimoram os matizes e variedades. Somos expertos no novo fazer.

E volta a desaprender para aprender novamente.

1.4. O executivo e seu estilo de vida

Uma vez que tratamos dos perfis executivos vamos agora analisar os resultados da pesquisa de Popcorn[10] sobre as dez tendências no estilo de vida para tirar dela razões para se voltar para a aprendizagem.

> "Os grandes líderes reservaram um tempo para refletir sobre quem são, quais são seus valores, como podem ser melhores."
>
> Hilarie Owen

Vamos descrever aqui as tendências assinaladas por Popcorn, algumas delas vão se tornar realidade dentro de dez anos e continuam se reforçando, e outras, pelo contrário, não chegaram a se estabelecer na sociedade. É claro que não estamos falando aqui de umas tendências em nível mundial, mas, sim, especificamente em nível de Ocidente, e de forma mais marcada nos Estados Unidos. Entretanto, são facilmente adotadas na Europa, e na Espanha em particular, uma vez que, em nível empresarial, o que se refere a *management* tem uma influência muito forte neste país.

Depois de todas descritas, faremos um questionário referente a esse tema, da formação-aprendizagem.

Tendências

1. *Liberação:* É o impulso de mudar o ritmo de vida próprio por outro mais lento e gratificante. Existe uma espécie de retorno nostálgico aos valores simples: natureza, vizinhança, família...

---

[10] Popcorn, F. (1992): *The Popcorn report*. Nova York: Harper Business.

- Para que tirar horas de onde já não existe? Para continuar a minha formação ainda que perca o desfrute de pequenas coisas mais próximas? Vale a pena? Onde quero chegar? Quando começarei a desfrutar?

2. *Encapsulamento:* É o impulso de fechar-se quando o mundo exterior se torna demasiado hostil e alarmante. A autopreservação é o tema subjacente..
- Para que correr riscos? Onde vou chegar indo de um lugar para outro, mesmo que aprenda muito? Que segurança terei abrindo frentes? Realmente, em quem posso confiar?

3. *Regressão:* É a tendência a agir e sentir-se mais jovem do que realmente é. Busca-se o lúdico.
- Até que ponto me encher de responsabilidades que podem me amargurar? Quando vou ter tempo para o ócio? E para cuidar de mim?

> "Quase todo absurdo no comportamento surge da imitação dos que não podemos parecer-nos."
>
> Sir Alec Guiness

4. *Individualismo:* É o desejo das pessoas de desenvolver uma individualidade para ser vista e tratada como diferentes de todos os outros.
- Para que me serve algo que oferecem a todos? Vão tratar-me apenas como mais um? Como poderia aprender de maneira diferente da dos outros? Que assuntos seriam interessantes?

5. *Fantasia de aventura:* A aventura é uma evasão emocional que busca gente para sair da sua rotina diária.
- Como a aprendizagem poderia ser mais emocionante? Como aproveitar os processos de aprendizagem para poder sentir mais intensamente? Como poderia descobrir algo nos outros que no trabalho é impossível?

6. *Noventa e nove vidas:* É o estado das pessoas que têm que assumir muitos papéis e responsabilidades.
- Como aprender e trabalhar ao mesmo tempo? Como relaxar, aprender e conhecer gente? Como matar vários coelhos com uma cajadada só?

> "O homem deste tempo vive diante do que acontece no mundo inteiro."
>
> Ernesto Sábato

7. *SOS (salvemos o organismo social):* É a tendência para fazer com que a nossa sociedade seja mais responsável no que diz respeito ao meio ambiente, à educação e à ética.
- Estamos tentando ser éticos ou só parecendo ser? As mensagens que lançamos nas palestras, nas conferências e nos cursos de formação estão de acordo com as políticas e formas que depois são aplicadas?

8. *Tendência a pequenas indulgências:* Os consumidores estressados necessitam de compensações ocasionais.
- Até que ponto, para mim, a disciplina contínua vale a pena? Cada dia é um dia diferente.

9. *Sobrevivência:* É a tendência de se viver mais e melhor.
- Como posso me cuidar mais? É esta a vida que vale a pena viver?

10. *O consumidor vigilante:* Esse indivíduo não tolera os produtos de má qualidade, nem o serviço inadequado.
- Até que ponto o produto vale o que me cobram? Onde está o valor agregado, se não estou satisfeito? Que garantias me dão de ser um bom negócio?

Como podemos observar, geralmente há uma certa tendência em buscar essas linhas de ação, ainda que, em alguns momentos de recessão, psicose e terrorismo, como os que temos agora, talvez ressurjam motivações relacionadas à segurança. De fato, já existe pesquisa que aponta um desejo maior dos jovens por trabalharem em empresas mais seguras, do que o desejo que existia três anos atrás.

A nosso ver, já se estão transformando, evoluindo, as expectativas e exigências dos novos executivos, sejam homens ou mulheres, entre 25 e 38 anos, na geração X. Entretanto, em algumas ocasiões o discurso não coincide com a realidade desses executivos, uma vez que as empresas oferecem suficiente compensação para que esqueçam o que de fato desejam.[11]

---

[11] A "geração X" é a das pessoas nascidas entre 1962 e 1977; a "geração Y" a das que nasceram entre 1978 e 1994. Os *baby boomers*, entre 1950 e 1961.

> A lógica do capital social é a reciprocidade.

- Autonomia, capacidade de decisão e liberdade.
- Aprendizagem contínua.
- Equilíbrio entre trabalho e família.
- Correlação entre o seu papel e os resultados. Reconhecimento por isso.
- Personalização do contrato e contrato psicológico.

A busca dessa nova identidade executiva provocará uma mudança no significado da aprendizagem, que passará de algo circunstancial para algo necessário e desejável.

A geração Y não está disposta a realizar tarefas de rotina, sem valor agregado, mesmo que seja no começo da sua vida profissional; além disso, fala diretamente. Está acostumada a conseguir o que quer.

As gerações X e Y buscam – praticamente exigem – o reconhecimento imediato de seus êxitos, e não estão dispostas a pagar pedágio para tal.

A geração Y cresceu num ambiente de múltiplas tarefas e aproveita ao máximo cada minuto, dando muita importância a como se deve gastar o tempo. Por exemplo, não está disposta a ficar, no escritório, um tempo além do necessário.

Dá muito valor às oportunidades de comunicação direta com os superiores, esperando ser consultada na hora da tomada de decisões que lhes possam afetar.

Os *baby boomers* – agora entre 38 e 50 anos – priorizavam o êxito e o dinheiro, quase que à custa de qualquer outro fator de motivação. Buscavam e esperavam alcançá-lo rapidamente.

De qualquer forma, a reflexão sobre essas tendências pode nos servir para captar as necessidades, expectativas e desejos daqueles que pretendemos que sejam nossos clientes no processo de aprendizagem e, sobretudo, para que entendam o nosso empenho na busca de alternativas para a aprendizagem contínua .

Ángel Arboníes[12] pergunta: "De que conhecimento em gestão os executivos necessitam? A resposta é complicada, já que o conhecimento em gestão se apresenta numa vasta gama de embalagens, tais como: conceitos, esquemas, diagramas, palavras, histórias, casos, declarações,

---

[12] Arboníes, A. (2001): *Cómo evitar la monotonía en la gestíon del conocimiento*. Madri: Díaz de Santos.

manifestos, e, tudo isso, num contexto de intercâmbio de idéias com a comunidade dos agentes do conhecimento em gestão".

1.5. Metas na formação de executivos

La lámpara mágica[13] baseia-se na pesquisa realizada nos anos 20, para descobrir a relação entre a inteligência e os sucessos posteriores na vida de 1.500 crianças superdotadas. Os resultados revelaram que, tão importante como a perseverança e a confiança em si mesmo, o traço fundamental para alcançar o êxito era a tendência a ter metas determinadas.

Este livro propõe um modelo de quatro etapas:

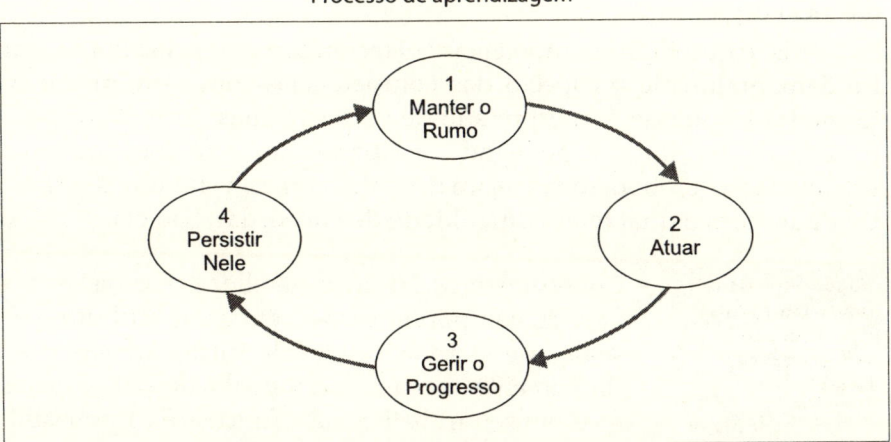

FIGURA 1.1
Processo de aprendizagem

```
        1
     Manter o
      Rumo

4                    2
Persistir           Atuar
  Nele

        3
      Gerir o
     Progresso
```

1.6. Aprendizagem e competências

Da rotina à ruína. O desenvolvimento das competências acontece através de múltiplos processos de aprendizagem. Estes costumam mesclar conhecimentos e experiências que incorporam conhecimentos.

---
[13] Ellis, K. (2001): "La lámpara mágica", *Empresa Activa*.

Através da educação formal e continuada, vão sendo transmitidos ou adquiridos, pela pessoa, os conhecimentos teóricos, as informações e os conhecimentos sobre procedimentos. A experiência profissional e a experiência social convertem esses conhecimentos, através da prática organizacional, em um processo de aprendizagem no qual o conhecimento se transforma em competência.

Em uma organização, o processo de aprendizagem envolve não somente a elaboração de novos mapas cognitivos que sirvam para compreender o que ocorre tanto dentro como nas proximidades da organização; também envolve a definição de novos comportamentos que confirmem e validem a eficácia do que foi aprendido.

A gestão do conhecimento, em uma organização, está interligada ao processo de aprendizagem; entretanto, sua eficiência vai depender da cultura organizacional que exista, e das políticas de direção e desenvolvimento de pessoas (PDDP) que operacionalizem as ações decididas pela organização.

Mas, o que é uma competência? O termo competência aborda aqui fundamentalmente o aspecto das competências-chave ou críticas. O termo foi traduzido e interpretado de várias formas. Vou expor algumas delas, que, como se pode induzir, apresentam diferenças quanto à sua aplicação, embora todas sejam descritas com um enfoque de transitividade, com o qual tenho dificuldade de concordar. São elas:

> "Algumas pessoas sabem tantas coisas difíceis, que se esqueceram das fáceis."
> R. Alvira

- Conhecimentos, atitudes, habilidades, capacidades, valores, comportamentos e, em geral, atributos pessoais que se relacionam, de forma causal, mais diretamente com um desempenho de êxito das pessoas em seu trabalho, suas funções e responsabilidades.

- Características-chave pessoais que promovem e mantêm a eficácia em uma empresa de alto desempenho. Definem o que é a pessoa e se refletem em tudo o que essa pessoa faz.

- Conhecimentos, habilidades e destrezas, observáveis e mensuráveis, assim como características associadas a um desempenho excelente em um cargo, organização ou cultura específica.

- Características pessoais que diferenciam o desempenho adequado do excelente em um cargo, em uma organização ou em uma cultura específica.

Tem que ser, então, um elemento descritível, de forma que se possa buscar a homogeneidade ou distinguir as diferenças; um elemento observável, de forma que exista uma objetividade, mensurável, para poder ser medido pelas normas da PDDP e, finalmente, moldável, ou seja, que possa ser mudado através de projetos de melhoria e desenvolvimento.

Sabemos, entretanto, que os comportamentos é que afloram, é que são visíveis, mas são conseqüências de outra série de elementos (Figura 1.2.)

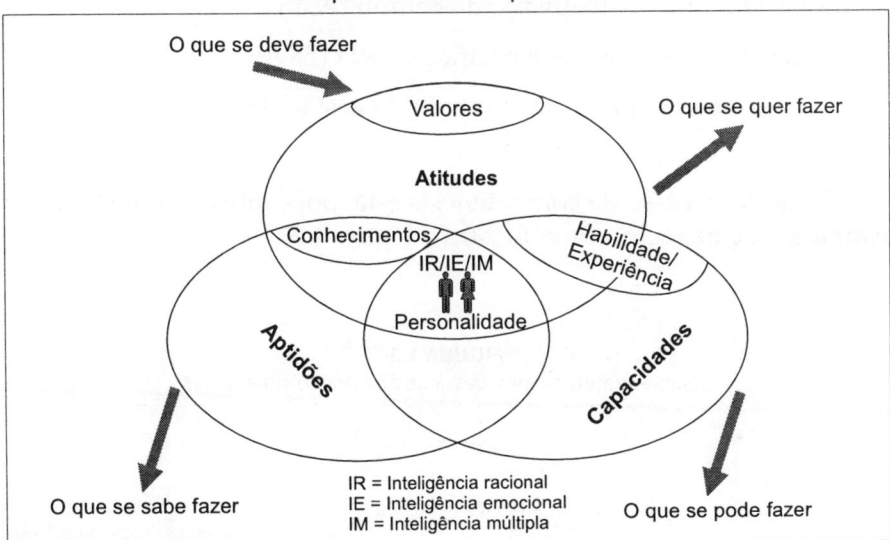

FIGURA 1.2
Componentes das competências

- O que se deve fazer
- O que se quer fazer
- Valores
- Atitudes
- Conhecimentos
- Habilidade/Experiência
- IR/IE/IM
- Personalidade
- Aptidões
- Capacidades
- O que se sabe fazer
- O que se pode fazer

IR = Inteligência racional
IE = Inteligência emocional
IM = Inteligência múltipla

> "O primeiro princípio de gestão é que a força impulsora para o desenvolvimento de novos produtos não é a tecnologia, nem o dinheiro, mas, sim, a imaginação das pessoas."
> David Packard

A competência também pode ser considerada como uma mentalidade de trabalho, cuja filosofia é melhorar os processos, serviços e produtos, mediante melhor adequação ao posto. É sentir-se bem ao aceitar os desafios. Através deles, vai-se criando uma mentalidade de flexibilidade, adaptabilidade às exigências do entorno e do *intorno*[14], ou seja, das exigências externas e internas, assim como uma men-

---

[14] Gasalla, J. M. (2001): *La nueva dirección de personas*, 5ª ed. Madri: Pirámide.

talidade de regular as expectativas pessoais e os recursos próprios. As competências e sua gestão propiciam uma série de contribuições e benefícios, em nível organizacional, além das contribuições em nível pessoal:

- Permitir uma resposta mais alinhada com o entorno.
- Ser um elemento integrador.
- Proporcionar um guia em nível de filosofia ou em nível de mentalidade.
- Servir como instrumento de comunicação.
- Ser uma ferramenta específica de RH (DDP).
- Utilizar-se como procedimento de gestão de negócio.

Todo o processo de competências está, pois, intimamente ligado à estratégia de negócio, como mostra a Figura 1.3.

FIGURA 1.3
Visão, estratégia e pessoas: a gestão por competências

Quase sempre, quando falamos de postos de trabalho, falamos de:

- Funções.
- Responsabilidade.
- Tarefas e atividades.

Entretanto, ao falar de competências, falamos fundamentalmente de comportamento de êxito.

Para as organizações, o desafio é o alinhamento das competências pessoais com as competências essenciais da organização, as quais possibilitem uma maior eficiência, aprendizagem e inovação.

Desta forma, o processo para se estruturar o modelo de competências da empresa aparece na Figura 1.4.

FIGURA 1.4
Processo para estruturar o modelo de competências

1. Capacidades Organizacionais
2. Identificação de Necessidades
3. Definição de Competência
4. Grupamento por Áreas
5. Definição de Níveis
6. Elaboração de Dicionário de Indicadores
7. Perfil de Competências

No âmbito genérico – incluindo-se o centro de estímulo, as políticas de direção e desenvolvimento de pessoas (PDDP) ou de RH – podem aparecer no diagrama do modelo linear de competências (Figura 1.5), o qual responde a quatro perguntas:

- Qual é o plano?
- Que fazer para cumprir, com êxito, as tarefas planejadas?
- Como as pessoas vão colaborar?
- Como podemos ajudá-las?

FIGURA 1.5
Modelo linear das competências

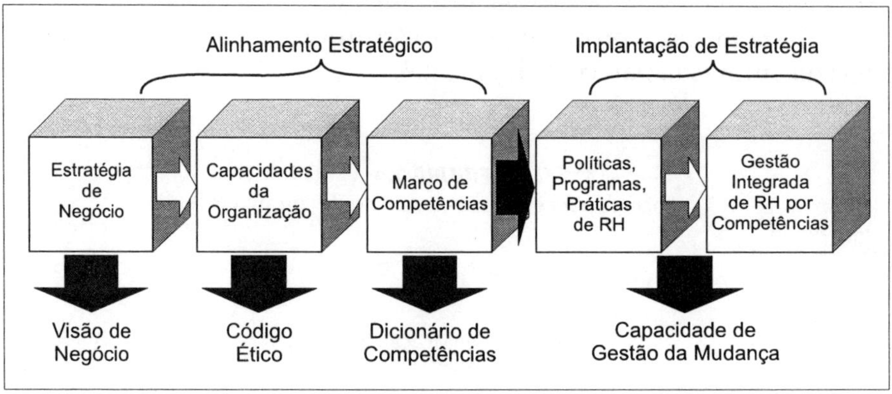

Alinhamento Estratégico			Implantação de Estratégia	
Estratégia de Negócio	Capacidades da Organização	Marco de Competências	Políticas, Programas, Práticas de RH	Gestão Integrada de RH por Competências
Visão de Negócio	Código Ético	Dicionário de Competências	Capacidade de Gestão da Mudança	

Consegue-se o alinhamento através das capacidades organizacionais necessárias à execução da estratégia de negócio.

As quatro fases do processo de ajuste de competências são:

Fase 1: Avaliação

- Avaliar o processo.
- Avaliar os trabalhadores.
- Estabelecer as tarefas necessárias.
- Estabelecer as técnicas, habilidades e competências necessárias.
- Elaborar um modelo para a análise de deficiências.

Fase 2: Distribuição do trabalho

- Elaborar perfis técnicos de habilidade e competência.
- Guiar-se por esses perfis, ao nomear os trabalhadores para os postos reestruturados, ao mudá-los para outros postos, ou, ainda, ao abrir mão desses trabalhadores.

Fase 3: Formação

- Traçar planos de formação e capacitação para os empregados.
- Pesquisar como são utilizados os diferentes enfoques e métodos de formação.
- Delegar a colaboradores externos as funções não fundamentais.

Fase 4: Ajuste

- Ajustar os sistemas de RH, inclusive os incentivos e reconhecimentos.
- Realizar provas-piloto.
- Replanejar, avaliar e revisar o que convenha.

1.7. Queremos acabar com o modelo tradicional?

Trabalhemos as competências que nos levem à criatividade. Na Figura 1.6, aparece um modelo, de nove variáveis sobre as quais atuar, potencializador da criatividade. Se pensarmos em organizações tradicionais, essas variáveis serão vistas como desagregadoras ou desestabilizadoras do sistema. A maioria delas podem ser vistas como variáveis *soft*, que pouco têm a ver com as conseqüências de produtividade, rentabilidade, margem, benefício etc.

Entretanto, essas nove competências também podem ser treinadas e potencializadas a nível executivo e, em qualquer caso, aparecem complementando outras de caráter lógico-racional.

> "Uma idéia que não seja perigosa é indigna de chamar-se idéia."
> Oscar Wilde

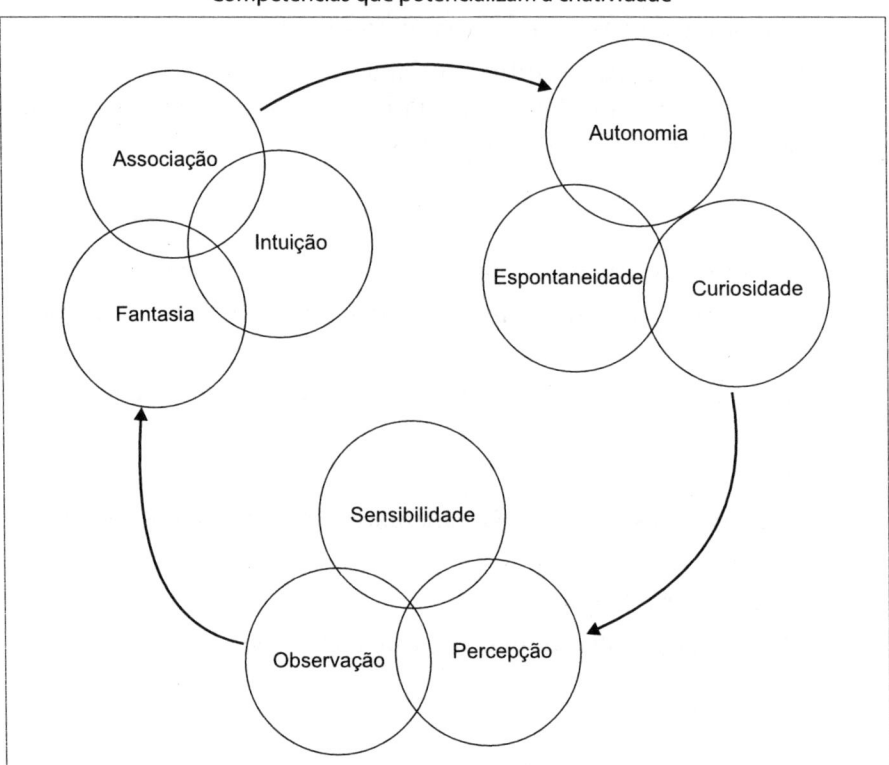

FIGURA 1.6
Competências que potencializam a criatividade

- Associação
- Intuição
- Fantasia
- Autonomia
- Espontaneidade
- Curiosidade
- Sensibilidade
- Observação
- Percepção

Os principais entraves ao despertar da criatividade são *os medos*. Durante muitos anos, o funcionamento cultural das empresas baseou-se na utilização do medo como apoio à produtividade, obediência e eficiência.

> "Obrigamos as crianças a passarem o dia sentadas em suas carteiras escolares, fazendo tediosos e repetitivos trabalhos, e depois nos surpreendemos e nos perguntamos por que essa geração tem tão pouca criatividade! Mais tarde, certamente, as principais empresas vão gastar milhões, ensinando os seus executivos a brincar, para que possam pensar criativamente."
>
> CAROL PEARSON

Há medos inatos, que nos ajudam a sobreviver, e outros que nos impedem de viver. Seguramente, muitos desses últimos são aprendidos através de normas de conduta, paradigmas, dogmas e também pela própria experiência.

Desde o medo de si próprio, medo de se descobrir, de não se encontrar, de não se gostar, de ser surpreendido negativamente, até... o medo de não ser aceito, de não gostar, de não sentir, de não desempenhar suas funções a contento, de se equivocar, de importunar, de ser rejeitado, de ter que mudar, de não ser livre, de cometer fraude, de não ser digno, de ser dominado,... até o medo da perda, o medo de morrer, o medo de viver...

Ainda que cada um seja livre em seus medos, talvez os principais sejam, consciente ou inconscientemente, o medo da perda, o medo de morrer e o medo de viver.

Para possibilitar a criatividade, a ruptura e o questionamento do tradicional, há que se facilitar a superação desses medos, criando-se um clima e condições, no seu entorno, que minimizem riscos e potencializem possibilidades, como dizíamos ao resolver as equações matemáticas.

- *Liberdade* para poder definir uma alta porcentagem do próprio trabalho e dispor da informação necessária.
- *Confiança e abertura* como base de um ambiente emocional seguro.
- *Tempo para pensar*, possibilitando espaços livres de tensões de prazos temporais, nos quais se possa pensar e dizer disparates.
- *Alegria e humor*, a partir de uma atmosfera relaxada e espontânea. Para ser sério, não é preciso estar sério.
- *Debate* que propicie encontros e intercâmbios de experiências; que estimule projetos multifuncionais e transversais e que reforce as atividades participativas e integrativas.
- *Aceitação e risco*, através da gestão da ambigüidade e do paradoxo.

"A criatividade, como característica individual, não é iniciativa (uma essência) ou categoria (a pessoa é ou não criativa), mas é a mescla de uma série de características que contribuem para isso, e, quando analisadas, incluem: a pesquisa, a estética, a detecção de problemas, a mobilidade, a capacidade para o improviso, a objetividade e a motivação intrínseca."

DAVID PERKINS

1.8. Queremos criar conhecimento?

Não basta apenas fazer as coisas melhor do que o concorrente, e, sim, mais rapidamente. Isso nos leva a desenvolver idéias, produtos, soluções, de uma forma contínua e diferenciada, no que diz respeito à rapidez com que podem ser criados. O problema fundamental está em achar que, se todos utilizarem um modelo de pensamento dedutivo e racional, seguramente chegarão às mesmas idéias, produtos e soluções.

A chave estaria em usar um modelo de pensamento lateral: o pensamento criativo, sustentado por elementos emocionais, que causam interrupção e também surpresa. A empresa deve sentir que a necessidade de inovar é um requisito imprescindível, hoje em dia, e que seguramente é uma maneira de se adaptar e se adiantar aos outros.

Chegar a um pensamento criativo não é tão simples. Primeiro, é necessário que esse tipo de pensamento seja não somente dos tranqüilos especialistas que se dedicam à pesquisa de novas idéias, mas também de qualquer funcionário da empresa, que esteja em contato com o cliente ou com o mercado.

Por que não somos criativos?

No decorrer da minha experiência como consultor, tendo vivido diversas situações, em diferentes empresas, em diferentes momentos econômicos, tanto bons como maus, encontrei fatores que limitavam a criatividade:

- A obsessão pelo poder e pelo controle.
- O novo que pode levar à desestabilização.
- Todos os medos, especialmente o medo de errar.
- A comodidade, a inércia, saber onde queremos chegar, como estamos fazendo agora.
- O prazer, a satisfação com o já conhecido, com o já feito pelo "especialista".
- O desejo de não surpreender, apenas fazer o que os outros esperam dele.

- A necessidade de segurança, que só existe com a manutenção da ordem atual, do *status quo*.
- O medo de ficar isolado. Somente existe o individual, quando há uma oposição aos outros. É preciso estar atento.
- A criação de categorias para tudo: o pequeno, o sutil, o detalhe, não são importantes para a empresa, que é uma instituição muito séria e também importante.

Além disso, os hábitos contraídos sob o modelo funcional tornam difícil recuperar alguns aspectos, nos quais a diversidade pode estar mais presente. Trata-se, usando as palavras de Kurt Lewin, de descongelar, para voltar a congelar, quer dizer, de desaprender para tornar a aprender. Nesse sentido, ter acesso às camadas mais profundas no nosso cérebro.

O cérebro humano é como uma cebola, composto por milhares de camadas. As camadas internas são as mais primitivas, e seguramente recolhem aspectos do conhecimento de mais de cem mil anos, como a parte afetiva. O problema de aprender não é cognitivo, mas preferencialmente afetivo.

1.9. Como aprendemos individualmente?

A partir do modelo de Kolb, ficam determinados quatro estilos de aprendizagem, os quais deveriam ser levados em conta no momento de estruturar ferramentas e metodologias para os processos de aprendizagem dos executivos (Figura 1.7).

"A época que começa tem a responsabilidade de tornar real, em nível coletivo e político, aquilo que cada vida singular cumpre no transcorrer do tempo: passa de uma heterodeterminação a uma autodeterminação, da menoridade à maioridade, de ser governada a governar. O povo cobra das pessoas uma existência efetiva. Entretanto, isso tropeça no medo de nós mesmos e nos interesses de domínio vigentes, que apresentam esse processo como a imersão no caos, entoando os elogios do controle."[15]

---
[15] Escohotado, A. (1999): *Caos y orden*. Madri: Espasa Ensayo.

FIGURA 1.7
Estilos individuais de aprendizagem

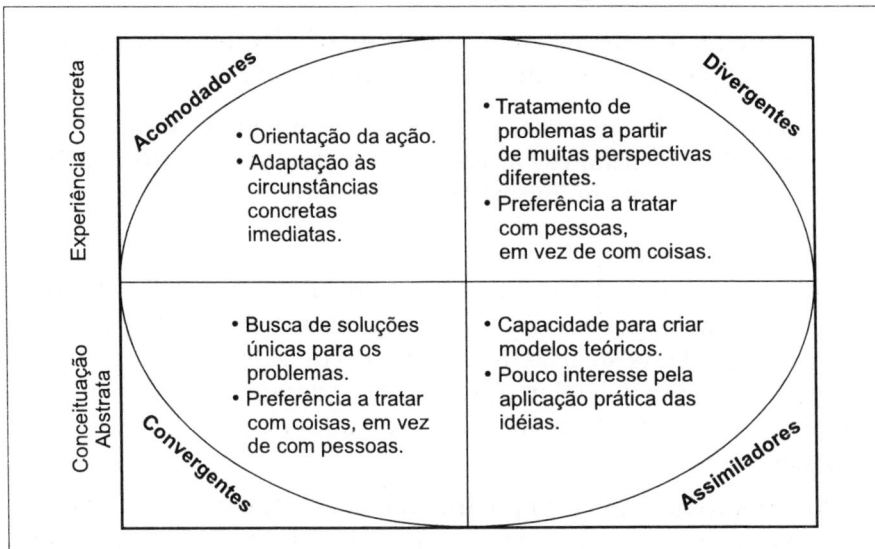

	Acomodadores	Divergentes
Experiência Concreta	• Orientação da ação. • Adaptação às circunstâncias concretas imediatas.	• Tratamento de problemas a partir de muitas perspectivas diferentes. • Preferência a tratar com pessoas, em vez de com coisas.
Conceituação Abstrata	• Busca de soluções únicas para os problemas. • Preferência a tratar com coisas, em vez de com pessoas.	• Capacidade para criar modelos teóricos. • Pouco interesse pela aplicação prática das idéias.
	Convergentes	Assimiladores

> "Quem quiser viver bem, terá que reunir duas condições: um alto nível de educação e uma grande adaptabilidade pessoal. Uma educação geral, não muito técnica, que é a que se pode reprogramar, é a que olha por onde vai e a que se baseia na capacidade de combinação simbólica de: filosofia, matemática, história e geografia, língua e literatura, quer dizer, baseia-se na educação tradicional."[16]

"Existe uma relação direta entre o seu nível de auto-estima pessoal e a sua personalidade saudável. Quanto mais você se gostar e se respeitar, mais estimará e respeitará os outros. Quanto mais você estiver convencido de que é uma pessoa valiosa e digna, mais convencido estará de que os outros também o são. Quanto mais você se aceitar como é, mais aceitará os outros como são. Quanto mais você estiver interessado no outro, maiores serão as possibilidades de que ele se interesse por você."[17]

Por que muitos executivos questionam a formação na empresa?

---

[16] Castells, M. (1998): *La era de la información: economía, sociedad y cultura*, vol. 3. Madri: Alianza.
[17] Brian, T. (1996): *Caminos hacia el progreso personal*. Barcelona: Paidós.

Como em qualquer atividade ou processo, a sua aceitação, ou não, vai estar relacionada com o seu nível de eficiência, no que diz respeito aos objetivos que tenham sido propostos; além disso, podemos ressaltar outros valores intrínsecos e extrínsecos que influem, negativamente, na percepção que se tem da formação na empresa:

1. A débil implicação e relação entre a formação e os processos vitais da empresa.
2. O enfoque de objetivos que dificilmente se podem conseguir através da formação.
3. A não-implicação dos executivos, que são os destinatários, no planejamento e na instrumentalização da formação.
4. A não-correlação entre a formação e os resultados da empresa.
5. A inadequada escolha do processo formativo, ou do momento ideal, numa crise significativa, por exemplo.
6. Os problemas na escolha dos facilitadores internos ou externos, dependendo dos conteúdos e das oportunidades.
7. A inadequada transferência do que se aprende em aula, ou do que se aprende à distância, para as situações de trabalho.
8. O enfoque e a operacionalidade da formação, como algo adicional ao trabalho e não como parte dele.

Se quisermos resolver esses problemas, teremos que mudar não só a estrutura, o planejamento e a implantação de certos processos formativos, como também a filosofia e as bases de atuação, onde estão fundamentadas as unidades encarregadas da formação na empresa.

A cada ano que passa, fico mais próximo da Faculdade de Psicologia de minha universidade. Dou uma ou duas conferências aos alunos que estão quase terminando o curso e escolheram trabalhar na empresa como psicólogos, geralmente subordinados ao departamento de Recursos Humanos.

A primeira coisa que lhes questiono é se sabem o que é uma empresa. Depois, se conhecem os objetivos da empresa e suas preocupações básicas. Em seguida, se distinguem os diferentes parâmetros, variáveis e metas empresariais, tais como a eficiência, a produtividade, a margem, a rentabilidade, o benefício, o fluxo de caixa, o ROI etc. Somente depois, começamos a falar da aplicação da psicologia à empresa, do papel das pessoas etc.

No caso que estamos tratando – formação e negócio – é necessário criar o que os brasileiros chamam de uma parceria entre ambos, quer dizer, uma associação que busque, fundamentalmente, a integração dos objetivos a perseguir.

Logicamente, esse enfoque associativo deve estar imerso numa estratégia da unidade DDP, focalizada em dar maior valor aos resultados da organização.

Também, a incorporação dos *executivos como formadores*, estimuladores e facilitadores de aprendizagem é uma peça-chave dessa associação interna, cuja influência estará não somente na fase em que se ministrar a formação, mas sobretudo na fase de transferência do que foi aprendido para a sua função e sua conseqüente avaliação e continuação.

Chega de fragmentação! Enquanto não integrarmos o sistema de aprendizagem ao sistema produtivo não poderemos avançar na concepção e no funcionamento de organizações de aprendizagem, que, definitivamente, são organizações que vivem mudando e inovando.

Freqüentemente, busca-se a fragmentação, com o fim de delimitar e centrar a responsabilidade de cada um, mas esse modelo só é válido em lugares com poucas mudanças, uma vez que as fronteiras da responsabilidade vão permanecer inalteradas. A constante mudança faz com que apareçam novos desafios, objetivos e atividades, quase que diariamente, o que faz com que o papel do executivo seja expansível[18] seguramente criando tensões com os papéis dos vizinhos, às vezes nem tão vizinhos.

> Deve-se aprender a funcionar como amebas, mais do que como relógios.

Uma das chaves do êxito desse tipo de organização, que funciona *como um ser vivo*, são as interfaces, que facilitam a coordenação e a integração de atividades. É importante que nela se trabalhe por processos, e não especificamente por funções ou linhas de produtos. O cliente é o destinatário final dos processos fundamentais da empresa, e a formação, como aprendizagem contínua, tem um peso cada vez maior e mais importante nesses processos.

Paradoxalmente, entretanto, a forma de incorporar o conhecimento tem que buscar um método simples, tangível, e não um método perturbador do processo principal. Por isso, cada vez mais, a formação se faz em módulos com pequenas unidades. Há uma sensação maior de

---

[18] Gasalla, J. M. (2001): *La nueva dirección de personas*, 5ª ed. Madri: Pirámide.

integração no processo e na duração da formação também, permitindo um maior acompanhamento e reforço do mesmo.

1.10. Aprender a parar

Talvez, para alguns, possa ser algo insignificante, enquanto que para outros será "estar na onda". Há inclusive os que acham que signifique um suicídio, do ponto de vista profissional ou empresarial.

É necessário tomar decisões com rapidez, ser mais rápido do que o competidor. O importante é fazer e fazer, crescer e crescer, correr e correr.

Até quando vamos continuar correndo e acelerando? Para onde vamos? De que corrida participamos? Quando é que o dinâmico, o diligente e o rápido se transformam em atordoamento, precipitação e loucura?

> "Quando o Pai criou o mundo, imagem nascida dos deuses eternos, compreendeu que ele se movia, alegrou-se com isso, e, em sua alegria, pensou na maneira de fazê-lo ainda mais semelhante a Ele mesmo. E, da mesma maneira que esse modelo é um Ser Vivente eterno, esforçou-se, na medida do possível, para fazer eterno esse mesmo todo. Então, o que em realidade era eterno, como vimos, era a substância, o modelo Vivente, e era inteiramente impossível adaptar essa eternidade a um Mundo gerado. Por essa razão, o Autor se preocupou em fazer uma espécie de adaptação móvel, essa imagem eterna que progride segundo as leis dos Números, à qual chamamos de Tempo. Em verdade, os dias e as noites, os meses e as estações não existiam de forma alguma, antes do nascimento do Céu, mas foi feito ao mesmo tempo que a sua construção. Tudo isso é, efetivamente, divisão do Tempo."
>
> PLATÓN (TIMEO)

"Vivemos uma bolha de artificialidade na qual o mundo dispara pela loucura da pressa, pela necessidade de chegar antes de sair."
José Saramago

Até que ponto a pessoa, como artífice máximo de qualquer ato empresarial, pode estar consciente de seu ser, quando a mensagem é: "Não pare para pensar, atue!"? Não se trata de não fazer nada e aproveitar para dizer que estamos entrando na sociedade do ócio. Também não é isso, uma vez que a palavra ócio vem de *otium*, que se refere a uma atividade superior orientada, não para a criação, mas para a transação.

Às vezes, não existe sequer esse tipo de ócio que serve para enriquecer a própria sensibilidade, o espírito, para ajudar a se conhecer, como dizia a máxima socrática, mas sim um ócio passivo, tendo muitas vezes como eixo central o ócio da televisão.

Depois de passarmos o dia inteiro correndo, nós nos jogamos na poltrona, diante da televisão.

E como diz Sábato: "[...] age-se como uma multidão massificada, olhando isolado a televisão; [...]o fato de estar monotonamente sentado diante da televisão anestesia a sensibilidade, lentifica a mente, prejudica a alma".

A reflexão – aparente simplicidade do pensamento – está hoje em dia se transformando em uma atividade rara. É uma sorte muito grande ou uma grande sabedoria a abertura de espaços para pensar sobre o viver de cada um, sobre a própria essência.

Marina, poeticamente, nos ilumina: "Os olhos se confundem pela pressa. Começamos a depreciar tudo que nos exige tempo. Como poderemos administrar eficientemente nossos encontros com os outros, de nós mesmos com a comunidade, se nem nos damos tempo para um mínimo de conhecimento?".

Será que o tempo é tão inacessível? Poucos executivos encontram tempo para se perguntar qual é o propósito de uma vida. Qual é o seu projeto? Qual é o sentido do que faz? As próprias perguntas já são um tipo de resposta. O importante é fazer a você mesmo as perguntas adequadas. Se nos fizermos grandes perguntas, já estaremos próximos à nossa essência espiritual.

No nosso dia-a-dia acelerado, cheio de *e-mails*, de respostas imediatas, de contínuas mudanças de rumo, a sensação de sobrecarga nos enche e dificulta sentirmo-nos bem e equilibrados; é como se estivéssemos com excesso de mudanças abruptas, como se tudo fosse demasiado; um excessivo impulso não controlado, oportunidades por toda parte para seguir fazendo coisas, para seguir sem parar. É como se tivéssemos medo de que nosso coração parasse, se parássemos de agir assim.

> "O homem moderno é, desgraçadamente, presa de uma grande tensão nervosa, a qual o impede de permanecer calmo. Se desejar entrar em si mesmo, terá que se esforçar previamente para ficar tranqüilo, para sossegar as suas tensões. Devemos buscar a verdade em nosso próprio interior."
>
> IOSU CABODEVILLA

> "Não procuro, acho."
> Picasso

Para solucionar essa busca do seu tempo, tentamos mudar a dimensão do mesmo, contanto que ele nos dê mais possibilidades.

No entanto, é cada vez pior, porque estamos tratando com *cronos*, que para os gregos significava o tempo que passa rapidamente.

Ainda não descobrimos *kairos*, o tempo que usamos para fazer algo escolhido.

Kairos é determinado pelo espírito e o espírito é simples. Transformar *cronos* em *kairos* é transformá-lo em simples na complexidade, abrir os horizontes com mais luz, e ar para respirar.

Para quem busca um pouco mais, será bom saber que as horas estão em *kronos* e as oportunidades estão em *kairos*.

Nosso *kairos* está aí, perto de cada um de nós, à espera de que estejamos conscientes da sua existência.

Temos que pegá-lo, e assim dirigiremos a nossa vida, antes que nos fuja.

Mais do que impulsionar nossa atividade, devemos nos colocar frente às situações que possibilitem acontecer algo de novo.

"O que há em comum entre o princípio de Arquimedes, a lei da Gravidade de Newton, a dinamite, a penicilina, o náilon e os pergaminhos de Qumram, descobertos junto ao Mar Morto? Todas essas coisas foram descobertas por acidente, por serendipidade[19]."

Essa competência ou capacidade usa o *kairos*.

Atitudes ou características que são necessárias para uma educação voltada para a serendipidade[20].

- Capacidade de assombro e admiração.
- Capacidade de silêncio interior.
- Capacidade de atenção corporal.
- Capacidade de descobrir o gratuito.

---

[19] Alemany, C. (ed.) (1996): "Relatos para el crecimiento personal", *Serendipity*. Bilbao: Desclée de Brouwer. [N.T.: Serendipidade, do inglês *serendipity*, é o dom de descobrir ou atrair coisas felizes ou úteis.]

[20] Alemany, C., ob. cit.

Ela dá a sensação de uma "volta a si próprio, à essência das coisas", ao natural. Talvez pareça infantil, mas será melhor se interpretarmos como um sentir mais pleno do ser humano, um viver em estreita relação e inter-relação, um viver confiante.

> "Mas se o espaço e o tempo não são mais que propriedades aparentes dos corpos em movimento criados pelas necessidades intelectuais do observador, sua relativização, mediante as condições psíquicas, deixa de ser algo assombroso para entrar nos limites da possibilidade.
> Essa possibilidade se apresenta quando a psique observa a si mesma, não aos corpos estranhos."
>
> CARL G. JUNG

1.11. Tecnologia humanista 9R

Recordo que, quando era menino, existia a qualificação de 3R, correspondendo aos filmes perigosos. Aqui, vamos falar de 9R, que são três vezes mais perigosos, mas necessários a um viver singular e aos vôos da imaginação (Figura 1.8).

Denominamos 9R este modelo da Tecnologia Humanista, porque se baseia numa atuação livre e autônoma do executivo, de quem exigiremos (ou, melhor, ele próprio se exigirá):

> A mudança em si é um caminho para a vida organizacional.

1. *Rebeldia* – Tem que ser uma pessoa que se atreva a questionar o *status quo*, que seja inconformista, que não se tenha acomodado à idéia de que a situação atual é a adequada (até amanhã pela manhã?).

2. *Renovação* – Que esteja convencido disso. Que seja autocrítico e exigente. Que tenha medo da complacência e da inércia. Que revise rotinas e procedimentos aparentemente eficientes.

3. *Repto* – Que haja um repto diante dele, um desafio, algo a superar, começando por sua atuação.

4. *Rumo* – Que tenha um rumo para seguir, em direção ao repto, e tenha cuidado para não cair nos buracos do dia-a-dia, pois impedem que se veja o horizonte.

FIGURA 1.8
Tecnologia 9R

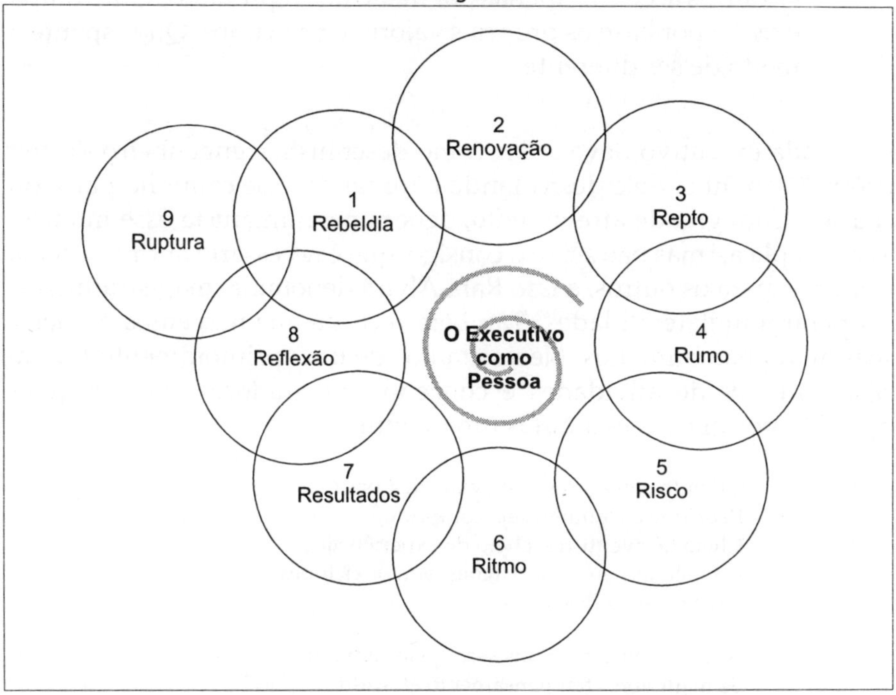

[Figura: diagrama com nove círculos ao redor de "O Executivo como Pessoa": 1 Rebeldia, 2 Renovação, 3 Repto, 4 Rumo, 5 Risco, 6 Ritmo, 7 Resultados, 8 Reflexão, 9 Ruptura]

5. *Risco* – Que aceite que a busca de uma realidade melhor para todos não pode ser feita partindo-se de uma certeza; é preciso arriscar.

6. *Ritmo* – Que saiba harmonizar atividades e tempo, conseguindo um ritmo, para que o fluir organizacional não seja algo descontrolado, mas harmônico.

7. *Resultados* – Que esteja consciente de que, mesmo que os "comos" do caminho sejam muito importantes, é vital conseguir resultados que possibilitem a sustentação do sistema.

8. *Reflexão* – Que, ao atingir os resultados, pare e pergunte se, para ele, o importante são os resultados que o fazem se sentir bem, ou os impedimentos para chegar até esses resultados. Que se pergunte: Dirijo a minha atuação, ou é ela que me dirige?

9. *Ruptura* – Que tenha a coragem para romper e não aceitar o que os outros aceitam, apenas por medo das represálias. Que rompa e tenha por base os próprios valores e princípios. Que espante o medo de ser diferente.

Cada executivo deve atuar como desenhista e engenheiro do seu próprio caminho, dele desfrutando e tornando esse caminho parte do seu ser. Com grande atrevimento, denominei humanista esse modelo. Tento explicar, mas não sei se o consigo, que é necessário abrir o sistema e se abrir para os outros; a isso Rafa Alvira denomina, magistralmente, "superar a unilateralidade". Também recorda que nascemos homens, mas ainda não humanos. Necessitamos de um aprimoramento humanista, através de atividades e conceitos integradores com os quais aprendamos que necessitamos um do outro.

> Quando começares a tua viagem a Ítaca
> Pede que o caminho seja comprido,
> Cheio de aventuras, cheio de experiências.
> Não temas nem os lestrigões nem os ciclopes
> Ou o colérico Poseidon.
>
> Não vais encontrar tais seres pelo caminho,
> Se mantiveres teu pensamento elevado
> E é extraordinária a emoção
> Que toca o teu espírito e teu corpo.
>
> Nem os lestrigões, nem os ciclopes
> Nem ao feroz Poseidon encontrarás
> Se não os levares dentro do coração,
> Se não os puseres diante de teu coração.
>
> Pede que o caminho seja comprido,
> Que sejam muitas as manhãs de verão
> Nas quais – com que prazer e alegria! –
> Entres em portos antes nunca vistos.
>
> Pára nos mercados fenícios
> para comprar finas mercadorias,
> madrepérola, coral, âmbar e ébano,
> e voluptuosos perfumes de todo tipo,
> tantos perfumes quanto possas.
>
> Vê muitas cidades egípcias
> Para que aprendas e aprendas com os sábios.

Tem sempre Ítaca em teus pensamentos.
Tua chegada ali é teu destino.
Mas não que a viagem não te angustie.
É melhor que dure muitos anos
E que já velho chegues à ilha,
Enriquecido com o que ganhaste no caminho,
Sem esperar que Ítaca te enriqueça.

Ítaca te brindou com tão grandiosa viagem!
Sem ela não haverias empreendido o caminho.
Pareceria não ter mais nada para te dar
E, ainda que creias que és pobre, Ítaca não te enganou.
Assim, sábio como te tornaste
Com tantas experiências,
Haverás compreendido o que significam as Ítacas.

Cavafis.

Questionário de revisão

- O que significa, hoje em dia, ser um executivo em uma empresa?
- Quais podem ser as necessidades de aprendizagem de um executivo?
- Que dificuldades um executivo pode ter, para participar de um programa de formação?
- Como o executivo pode harmonizar, na empresa, o lado profissional com o lado pessoal?
- Quais são as objeções que um executivo pode fazer aos programas de formação?
- Qual é o papel do executivo?
- Como atrair o executivo para assistir a um programa de formação?
- Quais são os pontos fracos, mais freqüentes, de um executivo?
- Como equilibrar a organização e a autonomia?
- Quais são as competências básicas executivas? Como alinhá-las com a cultura organizacional?
- Quais são as dificuldades para agir da forma que sabemos ser correta, ou que sabemos ser conveniente?

- Podemos nos dar ao luxo de sermos diferentes dos outros?
- Podemos mostrar aos outros que temos medo?
- Alguém, sendo um executivo, pode ser, no trabalho, uma pessoa autêntica?
- Quem dirige a minha vida?
- Vale a pena ser executivo nas empresas, atualmente?
- Que faço com o meu tempo?

2 Busca de Formação e Aprendizagem de Executivos. O Produto, o Mercado e o Cliente

Introdução

Não é fácil adaptar o conceito clássico de produto, nem sequer o de serviço, à formação-aprendizagem de executivos.

Por um lado, existe a dificuldade em limitar para o destinatário – que é o executivo do qual já tratamos no capítulo anterior – o produto-serviço.

Por outro lado, existe a dificuldade em delimitar o produto. Estamos falando de programas de formação que podem ser apresentados em formatos de jornadas, seminários, cursinhos, cursos, pós-graduação etc., além de formas mais definidas, como apresentações, conferências, colóquios etc.

Também incluímos processos de formação, de aprendizagem ou desenvolvimento, onde possa haver sessões de formação e também a implantação de modelos organizativos.

Incluímos na FdD os tratamentos individualizados, como treinamento (*coaching*) e aconselhamento (*mentoring* e *conselling*).

Além disso, incluímos tudo que signifique auto-aprendizagem, e que possa estar sustentado por ferramentas de informática ou em papel; também incluímos processos feitos à distância, além dos processos mistos, com presença-distância.

Encontramos, pois, um multiproduto-serviço-solução que, cada vez mais, faz parte do papel que o executivo tem desempenhado. Um papel expansível, como já assinalamos, no qual adquire importância o seu lado de impulsor e facilitador da aprendizagem dele mesmo, dos outros e da organização. O executivo, como impulsor dessa aprendizagem, tem que conjugar suas facetas de formador e aprendiz, sabendo que esse processo de ensinar-aprender é parte fundamental do seu trabalho.

Isso nos leva à necessidade imperiosa da conexão do ensinado-aprendido com a realidade sentida no posto de trabalho e a atividade diária na empresa.

Essa é uma das maiores dificuldades com a qual nos deparamos.

A aprendizagem é algo que se percebe muitas vezes como intocável, difícil de "apreender", de coisificar, de quantificar e objetivar; entretanto, é algo que permite distinguir uma pessoa da outra, ou diferenciar os estágios diferentes de uma mesma pessoa.

Neste capítulo, vamos aprofundar o conceito da formação-aprendizagem como produto, sua eficiência e evolução, bem como os diferentes componentes do produto, como as metodologias, o preço do produto, sua distribuição e também o papel dos compradores-aplicadores do mesmo.

2.1. A formação como valor intangível

Recordo quando Itamar Rogovsky dizia a um pequeno grupo de nove pessoas, do qual eu fazia parte, além de Ceferí Soler, Doménech Canal, Joan Roma, Salvador Sala e outros: "O desenvolvimento organizacional é um processo que trata do etéreo e intangível na organização".

A primeira coisa que lhe perguntamos, e por isso nos chamou de animais curiosos, foi: – Como se vende isso?

O etéreo e o intangível todos sabemos não ser fácil de vender. Trata-se de fazer o cliente ver uma realidade da qual estamos convencidos, mas que é posterior ao processo.

Qual é, então, a diferença entre o tangível e o intangível?

Desmaterializa-se a produção.

Os valores intangíveis possuem uma série de propriedades[1].

---

[1] José Luis Ripoll no prefácio do Proyecto Meritum, janeiro de 2002.

1. Os valores intangíveis, fundamentalmente as capacidades, são construídos e acumulados no decorrer do tempo, a partir da experiência da empresa.
2. São bens suscetíveis de uso, sem perda de seu valor pela empresa, que teve a habilidade e a previsão de acumulá-los.
3. São valores pouco transparentes, cujos custos podem ser elevados.
4. São recursos de aquisição complexa e pouco exeqüível no mercado.
5. Geram importantes exteriorizações e sinergias (cooperações).

2.2. Formação de executivos como produto

Poderíamos dizer que a formação de executivos consiste em contribuir para a atualização e o melhoramento da qualidade dos conhecimentos e experiências anteriores dos mesmos, com a finalidade de que possam se desenvolver num ambiente pleno de mudanças e possam antecipar as diretrizes, para a hora de tomar decisões e dirigir uma equipe.

Entretanto, surgem muitas dúvidas sobre o conceito de formação. Por exemplo: Como fazer para que essa formação seja efetiva e aplicável ao dia-a-dia da empresa? Como conseguir criar um valor agregado a ela? Como fazer para evitar que as pessoas que formamos mudem de empresa? E, sobretudo: Como lucrar com essa formação, dentro das empresas? Será que estamos gastando ou investindo?

Sabemos que um dos principais pilares das empresas hoje em dia é o *know-how*, quer dizer, o saber fazer, tanto em nível de produto ou serviço, como de todas as atividades relatadas. Isto acarreta brindar o cliente final com esse produto ou serviço, mantendo-o por longo prazo.

Para saber fazer algo, deve haver uma estrutura prévia, que consiste em apreender uma série de conhecimentos, aplicando-os imediatamente para que, por ensaio e erro, o executivo vá adquirindo uma experiência tal que lhe permita desenvolver-se em uma determinada atividade, até chegar a ser especialista.

Podemos dizer que o conhecimento é a capacidade de ação concreta, eficaz, que se demonstra na ação, de acordo com os critérios de um observador, possivelmente de um especialista nessa área do conhecimento.

A aprendizagem seria então o aumento da dita capacidade de ação eficaz.

Hoje em dia, muitas empresas tratam de fazer propaganda de uma determinada atividade a que se dedicam, para atrair uma maior quantidade de clientes, mas não ensinam suas equipes a executar essa atividade internamente. Então, seus clientes começam a perceber uma disparidade entre o que esperam dessa companhia e o que seus empregados, que são o cartão de visita da empresa, sabem fazer.

É nesse momento que a formação desempenha um papel primordial nas organizações. Se os nossos executivos e colaboradores souberem fazer o que devem, quer dizer, se houver coerência entre o que lhes foi ensinado e o que precisam fazer, então poderemos começar a notar a efetividade de lhes haver ensinado como fazer; poderemos estar criando um valor agregado à nossa empresa, já que um empregado satisfeito resultará num cliente também satisfeito. Essa pessoa não sentirá a necessidade de se mudar para outra empresa, porque pode desenvolver-se onde já está, mas alcançará efetivamente uma rentabilidade de suas atividades e do que lhe foi ensinado.

Considero que, antes de criar uma imagem e de atrair clientes para vender-lhes algo, devemos estar conscientes, para sabermos se estamos preparados, e, sobretudo, se sabemos como fazê-lo. Nesse caso, a formação seria inquestionável e estritamente necessária.

No decorrer deste livro, temos mencionado ferramentas de *marketing* para serem usadas na formação do executivo, e também uma série de estratégias e possíveis formas de como atingir o público-alvo. Entretanto, apesar de haver muitas formas de fazê-lo, esse público resiste ao produto, no caso a formação, usando os mesmos argumentos de há muitos anos. Gostaria de comentar que, muitas vezes, a forma mais eficiente de vender algo não está numa determinada campanha, mas no produto em si. Então, valeria a pena saber se o que oferecemos é realmente o que esse determinado público busca, do que ele necessita, porque isso facilitaria de forma substancial encontrar os meios de *marketing* a serem usados.

No *Libro Blanco sobre Crecimiento, Competitividad y Empleo*[2], publicado há dez anos, há recomendações que ainda hoje não parecem ter sido adotadas por todas as empresas. Quero ressaltar, aqui, alguns parágrafos que reforçam idéias das quais já tratamos:

- "Em uma sociedade baseada na produção, na transmissão e na divisão de conhecimentos, muito mais do que no intercâmbio de mercadorias, o acesso ao saber teórico e prático deverá ocupar uma posição central" (pág. 141).
- "A dimensão da formação deveria unir-se aos programas estratégicos das empresas" (pág. 145).
- "Abrem-se novos caminhos para acoplar a organização do tempo de trabalho e o desenvolvimento da formação" (pág. 145).

2.3. Busca da formação

A formação de executivos pode ser abordada sob três perspectivas ou pontos de vista.

Primeiro, existe a perspectiva da direção geral ou do comitê de direção. Sob esse ponto de vista, a formação tem uma dimensão estratégica, uma vez que se converte em um instrumento, tanto de adaptação a novos mercados, como de introdução de novas tecnologias e de processos de produção, processos de gestão ou processos culturais. Nesse sentido, a formação é uma das atividades ou processos fundamentais que, a partir de um departamento ou unidade de Recursos Humanos, pode iniciar-se com o objetivo de alinhar a organização com a sua própria missão e estratégia. Sob esse ponto de vista, entende-se a formação como um subsistema dentro da organização.

No segundo nível, pode-se analisar a formação, tomando como referência o próprio departamento de formação. Nesse nível, é preciso ter em conta aspectos como planejamento, gestão e avaliação dos programas ou atividades formativas.

Por último, está o nível da ação ou processo formativo ou aprendizagem concreta.

---

[2] Comisión Europea (1994): *Libro Blanco sobre Crecimiento, Competitividad y Empleo*, Bruxelas.

> "A verdadeira aprendizagem chega ao coração do que significa ser humano."
> P. Senge

Trata-se de preencher uma lacuna existente entre o que as pessoas realmente fazem e o que poderiam fazer se dessem o melhor de si, alinhados com os objetivos da organização à qual pertencem.

Num contexto em que o todo está em constante mudança, as empresas enfrentam uma questão fundamental, frente a seus processos de transformação e inovação: de que maneira cultivar a inteligência das pessoas, aplicando-a ao desenvolvimento das competências críticas, para obtenção do potencial produtivo e competitivo da organização.

Entretanto, a maior ou menor facilidade para preencher essa lacuna vai estar muito ligada à cultura existente na organização.

Quando se produz uma transfusão entre os membros de uma organização, eles geram condições sinérgicas que economizam tempo e recursos às empresas. Essa transfusão compartilhada é produzida por um permanente emaranhado de conversações. A partir dessa transfusão, a identidade pessoal do funcionário se confunde com a identidade da empresa.

Isto é o que se conhece como a cultura da empresa. Essa cultura permite o desenvolvimento de práticas sociais, próprias da organização e de modelos sociais comuns, a partir dos quais cada membro individual emite pareceres de formas compartilhadas de agir frente às circunstâncias, para produzir resultados. Essas práticas sociais chegam, inclusive, a ser executadas de forma transparente, como um conjunto de hábitos, pelas pessoas que estão imersas nelas[3].

> "A aprendizagem é um simples apêndice de nós mesmos; onde quer que estejamos, também está a nossa aprendizagem."
> Shakespeare

Uma cultura de aprendizagem contínua implica flexibilidade, questionamento do *status quo*, inconformismo. Tais implicações seguramente podem chegar a ser um fator de automotivação de primeira ordem, ainda que também possam ser percebidas como fator de desequilíbrio.

No decorrer de meus trinta anos no campo de formação de executivos, muitas vezes me perguntei por que ainda continuavam me chamando para agir como facilitador do processo de aprendizagem, quando uma parte importante do meu trabalho é despertar a consciência. Trata-se de remo-

---

[3] Echeverría, R. (1998): *Ontología del lenguaje*. Santiago do Chile: Dolmen.

ver, de buscar novos estímulos e possibilidades nas pessoas e nas organizações. Isso significa ser inconformista, estar alerta diante dos costumes, rotinas, preconceitos e hábitos.

Aprendizagem é buscar, descobrir, surpreender-se. É viver. Aquela pessoa que já não busca aprender, seguramente está perdendo sua juventude e conformando-se com o que sabe, com o que é. Sua vida acabou.

No âmbito organizativo, a aprendizagem acontece quando as pessoas interagem, mudando os paradigmas ou modelos mentais de que até então compartilhavam.

Como conseguir introduzir uma cultura de aprendizagem contínua, através da formação de executivos?

A base em que a aprendizagem se sustenta, *versus* a formação, diz que, em um programa de aprendizagem, são os participantes que decidem o que devem aprender, isto é, decidem qual vai ser o *conteúdo da aprendizagem*. O aplicador do processo será, seguramente, aquele que vai assinalar a direção da aprendizagem, quer dizer, assinalar o objeto da aprendizagem, formulado positivamente, apresentando o problema real sem apresentar a solução do mesmo.

Contrariando o *marketing* tradicional, vamos considerar o produto, fundamentalmente, sob o ponto de vista do cliente, ainda que afirmemos ser o que o aplicador considera, (seja uma empresa consultora, seja uma escola de negócios etc.).

O produto se extrai da análise das necessidades específicas de cada organização e, por isso, encontramos infinitas possibilidades, na hora de planejá-lo.

2.4. Necessidades de formação no mercado da formação de executivos

Se no mercado aparecer uma busca de um produto-serviço de formação que seja dirigida ao âmbito executivo, as primeiras coisas que se devem entender são o porquê e o para quê dessa aparente necessidade explícita.

Quem oferece a formação não pode ou não deve aplicar um pacote, com o fim de ocultar o objetivo formativo que certamente nem sempre está definido. O objetivo de qualquer processo formativo na empresa tem que se refletir em alguma mudança aplicável na organização. Por isso, é importante saber que repercussão possível tem o processo de aprendizagem na estratégia da empresa. É claro que estou me referindo aos processos formativos desenvolvidos na própria empresa (*in company*). Não seria o caso dos programas *Executive Masters* ou dos seminários de direção, nos quais os participantes provêm de diferentes organizações.

Ainda que cada empresa tenha sua própria estratégia, o mercado atual, tal como já o descrevemos anteriormente, exige práticas ganhadoras, como mostra Philip Kotler[4], talvez o grande guru do *marketing*. Kotler sustenta que nenhuma prática ganhadora, *a priori*, é suficiente. Vamos questionar essas estratégias, aplicadas ao *marketing* da formação de executivos:

1. *Ganhar através da mais alta qualidade:* Talvez hoje em dia se esteja solicitando rapidez de resposta, de inovação, mais do que qualidade, considerando-se que esta já esteja assegurada e subentendida. Não está claro que essa realidade ratifique a premissa.

É importante entender que a qualidade costuma ter um alto componente subjetivo, uma vez que cada cliente espera e deseja algo diferente, e disso necessita.

Além disso, não se trata de maximizar a qualidade. Seguramente, isso seria de pouca ou nenhuma rentabilidade e não levaria a empresa a parte alguma. Qual seria o seu custo?

A percepção da qualidade é diferente no consumidor e no cliente, pessoas distintas nesse momento; existe também um componente dinâmico, que faz com que essa percepção igualmente varie, dependendo do momento do qual falamos.

Continuamente, teremos que ir comprovando até que ponto as expectativas do cliente estão sendo atendidas.

2. *Ganhar através do serviço superior:* O problema dessa estratégia ganhadora é que cada serviço é dotado de uma série de atributos, como rapidez, novidade, amabilidade, capacidade de resolver um problema, tradição, segurança etc., e cada pessoa, fundamentada em sua realida-

---

[4] Kotler, P. (2000): *El marketing según Kotler*. Barcelona: Paidós.

de, passada ou presente, determina uma prioridade diferente a cada atributo.

3. *Ganhar, tendo os preços mais baixos:* Cada mercado tem preços de referência que geralmente estão relacionados com a imagem, a qualidade e o serviço.

Um menor preço tem suas possibilidades, mas é preciso cuidar dos outros atributos; isso também vai depender do setor no qual esteja. Quando se fala na formação de executivos, vê-se que essa estratégia não é necessariamente ganhadora. O cliente segue uma estratégia de minimização de custos, o que leva algumas empresas, no que nos concerne, a grandes riscos e a situações com baixo nível de reversibilidade. Sabemos como é difícil que um executivo aceite participar de um novo programa de formação, se ele teve há pouco tempo uma experiência desastrosa.

4. *Ganhar através da mais alta participação no mercado:* Não resta dúvida de que dominar o mercado nos permite obter economias em larga escala e uma popularidade na marca, o que torna difícil que os concorrentes ultrapassem.

Em alguns setores, o fato de ser uma empresa multinacional, com sede em outro país, pode trazer vantagens, embora em determinados momentos outros fatores possam fazer acontecer o contrário, havendo estímulo para a preferência de empresas locais.

5. *Ganhar através da adaptação e da personalização:* É desejável que o produto e o serviço se adaptem, para atender às expectativas específicas dos clientes. Nesse caso, o problema implica o custo gerado por essa adaptação.

As escolas de negócio demoraram a se dar conta dessa necessidade dos clientes. Até cerca de oito ou dez anos atrás, abordavam muito pouco a denominada formação *in company;* e, quando abordavam, o faziam praticamente comunicando o mesmo modelo que comunicavam em aberto.

Na última década, houve uma grande evolução, com relação ao modelo correspondente. A formação *in company* já costuma representar mais de 50% do faturamento das escolas de negócio.

6. *Ganhar através do melhoramento sustentado do produto:* Trata-se de aproveitar a imagem de um produto e ir, aos poucos, melhorando-a, sem variar substancialmente sua essência. Entretanto, devemos estar alertas, para sabermos a hora de abandonar o produto e lançarmos um novo, antes que o antigo decline.

Em âmbito executivo, referimo-nos a aspectos como liderança, comunicação, motivação etc., e tudo isso já chama a atenção, ainda que a realidade mostre que não se pratica.

7. *Ganhar através da inovação do produto – inovar ou morrer:* Nem sempre está claro, porém, se nos referimos à inovação do produto. Em algumas ocasiões, o investimento é muito alto e exige, além disso, outros elementos complementares de *marketing*.

8. *Ganhar através do acesso aos mercados em alto crescimento:* É uma oportunidade de alto risco. A entrada está muito aberta, mas nem todo mundo foi aceito nesses mercados, ainda mais quando começam a surgir problemas com os produtos de alguma dessas empresas.

9. *Ganhar através da superação das expectativas do consumidor:* Prever o que o consumidor possa solicitar ou esperar vai permitir satisfazê-lo amplamente. O problema está em calcular até quando e até onde se poderá chegar. Quanto mais se dê, mais ele vai esperar receber!

Cada empresa, em cada mercado, em cada momento, terá que escolher a sua estratégia ganhadora e ser melhor do que seus competidores.

O mundo da formação, na empresa, está sofrendo atualmente uma transformação substancial. Até há pouco tempo era considerada como um custo necessário, dentro da verba do departamento de RH das empresas.

Hoje em dia, o conceito de formação está mudando, dentro das organizações. Essa mudança se deve basicamente a duas razões: primeiro, ao fato de se considerar a formação como um investimento e elemento destacado na estratégia da empresa; segundo, devido às novas tendências empresariais que, devido entre outras circunstâncias à revolução tecnológica, estão colocando as pessoas e seu conhecimento como o valor principal e a chave do êxito da empresa. A formação torna-se, portanto, um processo catalisador e ao mesmo tempo potencializador da empregabilidade de cada profissional.

> "[...] Para se adaptar realmente às necessidades das sociedades modernas, a educação permanente não se pode definir em referência a um período particular da vida ou a uma finalidade demasiado circunscrita, quando se distingue, por exemplo, a formação profissional da formação geral. Sucessivamente, o período de aprendizagem se estende por toda a vida e cada tipo de conhecimento invade o âmbito dos demais e os enriquece."[5]

2.5. O porquê e para quê da formação

Não é fácil responder a esse problema, já que existem muitos tipos de formação, levando-se em conta conteúdos, metodologia, destinatários, objetivos etc.

Como nos limitamos à formação-aprendizagem, dirigida ao âmbito executivo, destacaremos algumas razões que nos justificam e respondem aos porquês e para quês.

2.5.1. Formação como elemento de destaque na estratégia da empresa

O mercado muda, as estratégias também; assim sendo, os executivos vão ter que pôr em ação diferentes competências e ferramentas de gestão, das quais seguramente não precisavam e que nem existiam em outro momento da vida da empresa. Também vão usar essas competências quando aplicarem uma estratégia diferente ou, ainda, quando agirem em outros mercados.

Como exemplo, um giro radical da empresa em direção ao cliente exigirá uma formação-sensibilização para o novo significado de cliente. Exigirá também conhecer as ferramentas do *marketing* baseado na coleta de dados ou do *marketing* relacional. Além disso, deverá potencializar não somente as competências reais de comunicação e negociação com os clientes, como as competências potenciais.

Se, na empresa, a estratégia a seguir é a linha de internacionalização, o novo executivo deverá ser capaz não apenas de se expressar fluentemente em outros idiomas, mas também deverá conhecer as diferenças culturais, de legislação, de política etc.

---

[5] Informe da Unesco, dirigido por Jacques Delors (1996): *La educación*. Madri: Santillana.

2.5.2. Formação como investimento

Anteriormente, já comentamos sobre o investimento humano. Em qualquer pesquisa sobre atratividade laboral, ou seja, sobre as empresas consideradas como as mais atrativas para as pessoas trabalharem, primeiramente são citados três fatores de escolha[6]: a possibilidade, a facilidade e a aplicação na aprendizagem dos profissionais (Tabelas 2.1 e 2.2). É uma aplicação a curto e a longo prazos, tanto no âmbito organizacional como no âmbito particular de cada executivo.

> "Não posso ensinar-lhes nada; somente posso ajudar-lhes a buscar o conhecimento dentro de si mesmos, o que é muito melhor do que transferi-los de minha pouca sabedoria."
>
> Sócrates

Existem vários altos executivos que ainda são bastante descrentes no que diz respeito ao que lhes podem ensinar ou ao que eles poderiam mudar.

Indubitavelmente, há pouco a ensinar, mas muito a aprender. Em qualquer caso, é imprescindível partir da disposição de aprender, e talvez aí resida o verdadeiro problema. Os que se crêem detentores do poder da organização são pouco humildes. Têm medo de que possam descobrir a sua incompetência. Ela os levou a estar onde nunca deveriam ter estado.

2.5.3. Formação para a criação de valor

> "A década do valor está sobre nós. Se você não pode vender um produto de qualidade superior, com o preço mais baixo do mundo, estará fora do jogo [...] A melhor maneira de conservar seus clientes é imaginar constantemente como lhes dar mais, por menos."
>
> Philip Kotler

Já não basta alcançar resultados. O valor econômico é necessário, mas não suficiente, se aspiramos levar adiante uma organização que se mantenha no tempo e que valha cada vez mais.

É preciso que você valorize sua equipe através de uma inovação contínua, incluindo a inovação de sua tecnologia.

Para tudo isso é importante a busca da melhoria dos "comos" e dos processos nos quais se conjugam pessoas, idéias, tecnologias e produtos.

---

[6] *Fonte:* Otto Walter España. Citado no artigo escrito por Mónica Andrade e citado no suplemento *Negocios*, seção Gestión y Formación. *El País*, de 10 de dezembro de 2000.

BUSCA DE FORMAÇÃO E APRENDIZAGEM DE EXECUTIVOS   63

TABELA 2.1
O que querem os profissionais?

	Mulheres	Ranking das mulheres	Ranking dos homens	Homens	Ranking de AD
Aprendizagem e formação	184	1	5	149	8
Qualidade da relação com o chefe imediato	182	2	2	153	1
Possibilidade de desenvolvimento	176	3	1	159	2
Credibilidade no projeto da empresa	163	4	7	140	5
Reconhecimento	163	5	4	151	4
Qualidade da alta direção	151	6	6	145	7
Salário fixo	150	7	3	152	3
Eqüidade entre o combinado e o pagamento	141	8	10	129	6
Ambiente de trabalho entre companheiros	132	9	8	139	9
Sensação diária de descontrole e agonia	123	10	11	125	12
Comunicação interna	117	11	14	100	13
Estabilidade no posto	115	12	9	130	14
Prestígio da empresa	113	13	13	109	11
Programas de incentivos	95	14	12	122	10
Respeito aos horários e às férias	91	15	16	38	16
Salário variável	32	16	15	81	15

De 141 a 200 = Fatores determinantes   De 75 a 100 = Influiria pouco
De 101 a 140 = Influiria bastante   Menor que 75 = Não importa

Fonte: Otto Walter España. Citado no artigo escrito por Mónica Andrade e citado no suplemento *Negocios*, seção Gestión y Formación. *El País*, de 10 de dezembro de 2000.

TABELA 2.2
Qual é a motivação?

Em que medida os seguintes aspectos são um fator de motivação para você?	Muito motivador
1. Aprendizagem contínua	8,8
2. Compartilhar tarefas	8,7
3. Desenvolvimento na profissão	8,3
4. Equilíbrio entre a vida pessoal e a profissional	8,2
5. Trabalhar com pessoas que aprecio	8,1
6. Salário atrativo	7,6
7. Trabalhar em uma organização de prestígio	7,5
8. Utilizar tecnologias avançadas	7,0
9. Reconhecimento social	6,9
10. Segurança no cargo	5,8

Fonte: APD e Hay Group, 2000.

Estamos conscientes de nossas contribuições, para agregar valor a cada um dos processos? Quais são as nossas contribuições? Como elas se convertem em valor?

> Como disse Arie de Geus, "na economia atual, onde existe um excesso de oferta de capital, o fator determinante, para o êxito das organizações, apóia-se na capacidade que elas tenham de gerar idéias, de aprender, de inovar, de criar, e das possibilidades de transformação e utilização desse conhecimento".

Como criamos valor através da formação do executivo?

2.5.4. *Formação para a criação de uma cultura de aprendizagem contínua*

Como já comentamos anteriormente, a aprendizagem organizacional equivale a mudanças. Antes, como resposta a uma mudança determinada, se fazia formação. Agora, é a formação – a aprendizagem – que nos facilitará e possibilitará mudanças.

2.6. Alcance da formação

Muitas vezes temos queixa sobre a eficiência de um processo formativo, ainda que aparentemente tenha funcionado da forma prevista, incluindo-se aí a satisfação dos participantes com a experiência.

Por que nos empenhamos em dizer que a formação serve para... quase tudo? A essa altura, como é possível, em algumas empresas, continuar acreditando que basta contar a alguém como se deve agir, para que daí em diante já se vá agir dessa forma?

Para a análise das causas reais de qualquer problema de desempenho (que costuma ser o ponto de partida de uma grande quantidade de processos formativos), é preciso que se tenha em conta as seguintes variáveis, apresentadas como questionamentos e expondo o possível alcance da formação:

- A falta de rendimento se deve à escassa preparação da pessoa para essa função ou para alguma das atividades ligadas a ela? Parece claro que a formação pode ajudar.

- A falta de rendimento está ligada aos procedimentos e especificações do processo produtivo, que dificultam a execução das atividades e repercutem na sua qualidade? Deve-se atuar fundamentalmente sobre a reestruturação do processo? Seguramente, a formação será uma ferramenta colateral.

- A falta de rendimento se deve fundamentalmente à escassez de meios, sejam eles tecnologias, logística, coleta de dados? Invistamos em meios.

- A falta de rendimento se deve a pressões dos colegas, sobrecarga de atividade, má distribuição do trabalho, ineficiência dos chefes que não assistem à formação? Seguramente, a formação poderá criar mais frustrações que benefícios.

- A falta de rendimento se deve à desmotivação da pessoa por numerosas razões? Mandá-la a um cursinho não vai solucionar o problema.

- A formação vale para tudo? Não é uma panacéia. Não cura tudo. Não é água benta. Não é desculpa para não se defrontar com os problemas. Nem é a forma de ganhar tempo. Mas, por desgraça, muitas vezes se quis utilizar assim. E assim foi. A realidade é que, em âmbito executivo, existe muito ceticismo a respeito do alcance da formação e sua possível eficiência.

Falamos neste livro de um produto que poderíamos enquadrar no que Malcoln Knowles chama de andragogia (andros = homem e agogia = dirigir) *versus* pedagogia (paid = criança)[7].

> "Por um lado, o homem atual foi persuadido de que é um ser independente, dono de seu destino, capaz de costurar para sua vida um projeto pessoal sob medida. Por outro lado, entretanto, o presenteiam com ajudas exteriores, isto é, vendem-lhe medicamentos, dessensibilizações, condicionamentos ou programas terapêuticos, encaminhados para conseguir sua realização como ser livre, como um indivíduo autônomo, capaz de dar-se a si mesmo um destino pessoal, no qual, ao final, a autonomia é um bem de consumo ao alcance do cartão de crédito."
>
> JOSÉ LUIS PINILLOS

Por que a formação tradicional não funciona nas novas organizações?

Segundo Roberto Álvarez Roldán[8] existem cinco razões fundamentais, às quais acrescentaremos outras, conforme nossa experiência.

1. As habilidades requeridas em nossos dias não são as mesmas de tempos atrás.
2. A formação tradicional não contempla o potencial do cérebro humano.
3. A formação tradicional também não leva em conta o estilo de aprendizagem peculiar de cada um.

---

[7] Knowles, M. (1970): *The modern practices of adult education*. Nova York. Association Press.
[8] Álvarez, R. (2000): *E-Change*. Barcelona: Granica.

4. Ela também não considera os três fatores incluídos na aprendizagem: armazenar, recuperar e utilizar a informação.
5. A formação tradicional não mostra coerência entre a oferta e a busca de conhecimento.
6. Ela também não está consciente de que é preciso desaprender, antes de aprender o novo.
7. A formação tradicional não determina a mudança como objetivo da aprendizagem.

2.7. Processos de aprendizagem do executivo

Depois de certas atividades formativas, costumam repetir as frases: "Com tudo se aprende" ou "Sempre se aprende". Não podemos duvidar de que essas expressões estejam corretas, mas não é esse o problema. A questão fundamental é qual poderia ter sido a alternativa, para o investimento realizado, em tempo, dinheiro, oportunidades etc.

Considerando-se que a aprendizagem é um processo crítico, porque está diretamente relacionada às transformações da empresa, antes de iniciar qualquer processo teremos que fazer uma série de pequenas indagações.

- Esse é o melhor momento para iniciar um processo de aprendizagem dirigido ao nível executivo?
- Estamos pensando em um, ou vários níveis?
- Quais são as ligações do processo com a estratégia da empresa?
- Quais serão os participantes do processo?
- Qual será a duração do processo?
- Esse processo é compatível com outros?
- É integralmente considerado pelos outros processos?
- Quais são os objetivos transformadores que a empresa persegue?
- Que objetivos se pretende alcançar no âmbito individual?
- Que metodologias serão as mais eficientes?
- Que tipos de facilitadores necessitam?
- Que prioridades terão o processo?

- Quem será o líder?
- Como serão resolvidos os possíveis problemas de rejeição?
- Que conteúdos o processo terá?
- Como se garantirá a confiabilidade e a validade dos resultados?
- Quais serão os envolvidos na avaliação dos resultados?
- Quem vai dispor dos resultados da avaliação da aprendizagem?
- Qual será a repercussão?
- De quem serão as responsabilidades?
- Quem fará a continuação?

2.8. Evolução do conceito de formação

Há vinte anos estão ocorrendo mudanças significativas; ainda que venham sendo feitas gradualmente, indicam tendências e dão novo significado ao conceito de formação[9] (Tabela 2.3).

TABELA 2.3
Evolução do conceito da formação

De	Para
– Catequização e adestramento.	– Treinamento, aprendizagem e desenvolvimento.
– Soluções a curto prazo.	– Soluções a curto e longo prazos.
– Ênfase na produtividade imediata.	– Ênfase na qualidade integral (pessoas e sistemas).
– Orientação individual.	– Orientações individual, grupal e organizacional.
– Participação de poucos.	– Participação de muitos.
– Formação obrigatória.	– Aprendizagem voluntária.
– Ações isoladas de formação.	– Projeto integral de formação, ligado à estratégia da empresa.
– Executivos como apresentadores de ações.	– Executivos como formadores e como aprendizes.
– Metodologia única.	– Múltiplas metodologias.
– Conteúdo: capacidades técnicas.	– Conteúdo: capacidade técnica, competências básicas e atitudes.
– Formação como custo.	– Aprendizagem como aplicação para a sobrevivência e a competitividade.

---

[9] Gasalla, J. M. (2001), ob. cit.

Por outro lado, no conceito evolutivo da formação, podemos observar que, agora, a aprendizagem se apresenta como estimuladora, impulsora e provocadora da mudança necessária à evolução, convertendo-se por isso no fator crítico da inovação empresarial (Figura 2.1).

FIGURA 2.1
Evolução da formação, aprendizagem e mudança

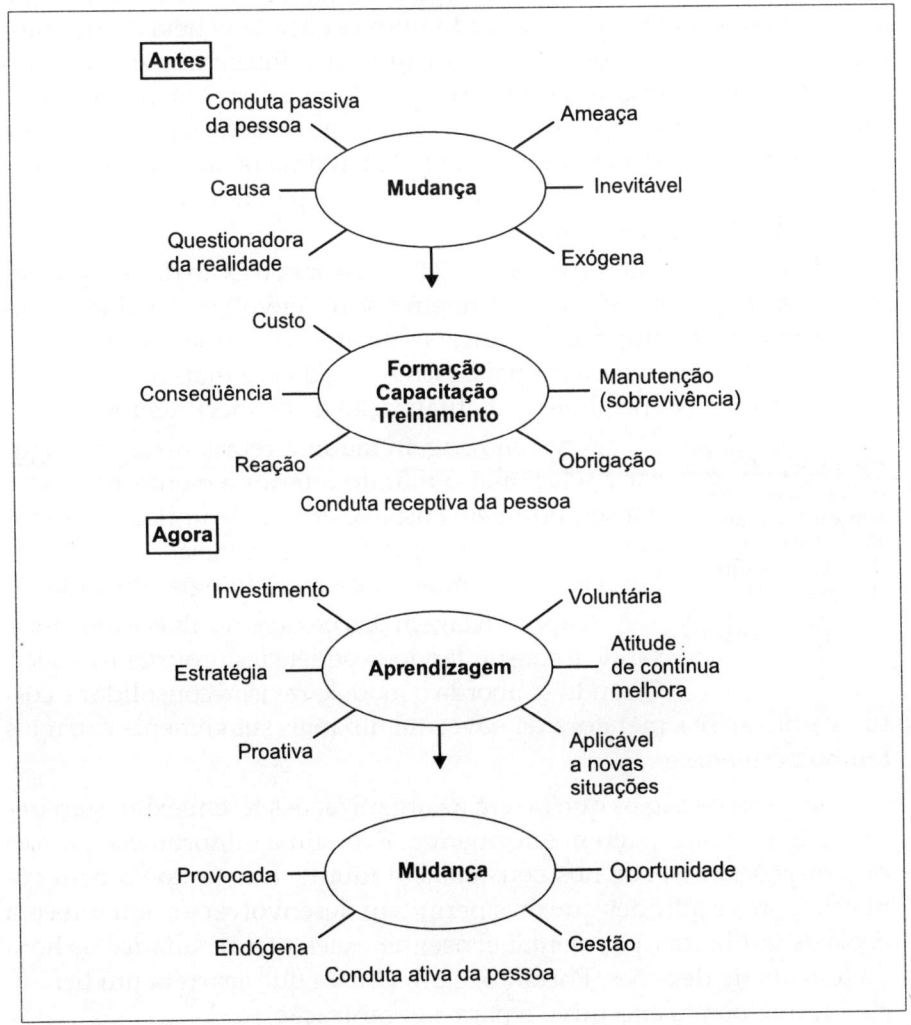

Antes

Mudança
- Conduta passiva da pessoa
- Causa
- Questionadora da realidade
- Ameaça
- Inevitável
- Exógena

Formação Capacitação Treinamento
- Custo
- Conseqüência
- Reação
- Manutenção (sobrevivência)
- Obrigação

Conduta receptiva da pessoa

Agora

Aprendizagem
- Investimento
- Estratégia
- Proativa
- Voluntária
- Atitude de contínua melhora
- Aplicável a novas situações

Mudança
- Provocada
- Endógena
- Oportunidade
- Gestão

Conduta ativa da pessoa

2.9. Por que a formação é tão importante?

Atualmente as pessoas são consideradas cada vez mais como o capital intelectual das organizações; pelo menos dizem que é assim que deveria ser. São a face que os clientes vêem no primeiro momento. Tomam as decisões e ações que fazem da organização ser o que é, e o que deseja ser. Esse discurso é comum. Até onde ele pode ser generalizado?

As pessoas necessitam estar continuamente em contato com o que acontece no seu entorno, sobretudo numa época tão cheia de mudanças, como a que estamos vivendo. Identificar e antecipar o que os concorrentes e os outros diferentes setores de interesse estão fazendo é uma forma de se assegurar de que sua organização esteja um passo à frente das outras. Para ajudar a mantê-la em uma posição de alta competitividade na nova economia, deve-se ir preparando, e não somente esperando, a chegada do amanhã.

Para o cumprimento desses objetivos, e para o êxito das empresas, é necessário que as pessoas continuem a se desenvolver e melhorar suas capacidades e competências, através de uma formação contínua dentro de suas carreiras profissionais, carreiras cada vez mais incertas, mas condicionadas essencialmente à atualização de conhecimentos.

> "Você não pode ensinar nada a um homem; somente pode ajudá-lo a descobrir-se dentro de si mesmo."
> Galileu

A aprendizagem ajuda a reorganizar, configurar e relacionar o mundo interior e o entorno. Isso é conseguido pelo ensaio e erro, pela imitação de modelos, pelas analogias das experiências, pela descoberta etc., dependendo da metodologia utilizada.

A aprendizagem das pessoas adultas é feita revisando e consolidando experiências próprias e alheias.

Quando se aborda o modelo revisar-consolidar é costume utilizar-se a metáfora da neve: quanto mais suavemente cai, mais tempo permanece.

As pessoas são as que fazem as organizações terem êxito, sem importar o setor ou o país em que operam. É de suma importância, para as organizações, investir nos seus colaboradores, treinando-os com conhecimentos e atitudes que lhes permitam desenvolver-se, em uma era cheia de mudanças, para tentar conseguir excelentes resultados na hora da tomada de decisões. Portanto, é uma busca que acarreta um benefício mútuo: para o executivo e para a organização.

Seguramente, ninguém é contra essas afirmativas. A questão é formar, mas, quanto? Quando? A que custo? Que se pode deixar de fazer? Somente através de uma formação continuada e profissional o executivo pode alcançar:

- Aumento de competência de direção.
- Manutenção de pessoas-chave talentosas na organização.
- Desenvolvimento de habilidades de direção e liderança.
- Aumento da base de conhecimentos.
- Facilitação de comportamentos de mudança.
- Alinhamento de objetivos pessoais com as estratégias corporativas.
- Coesão e reforço de atitudes e valores.

Pode-se conseguir incrementar a efetividade dos negócios, através da formação com:

- O desenvolvimento e alinhamento das pessoas em direção à estratégia corporativa.
- A capitalização do treinamento e desenvolvimento de soluções de formação, aplicadas às necessidades específicas do processo.
- A implantação de um plano de treinamento e desenvolvimento constantes, nas diferentes áreas da organização[10].

Portanto, a aprendizagem pode ser traduzida em efetividade e eficácia ou resultados.

Podemos observar no modelo (Figura 2.2) os elementos básicos que compõem o processo da aprendizagem dos executivos:

Entendimento da estratégia: Revisão da missão, dos valores e da cultura da organização; para onde se quer ir e os objetivos básicos.

Identificação do "gap" de rendimento: Diferença entre a realidade atual e aquilo que deveria estar acontecendo para se alcançar o nível de negócio.

---

[10] *Study of the emerging workforce*. Saratoga Institute, Interim Services, Ine, 1997.

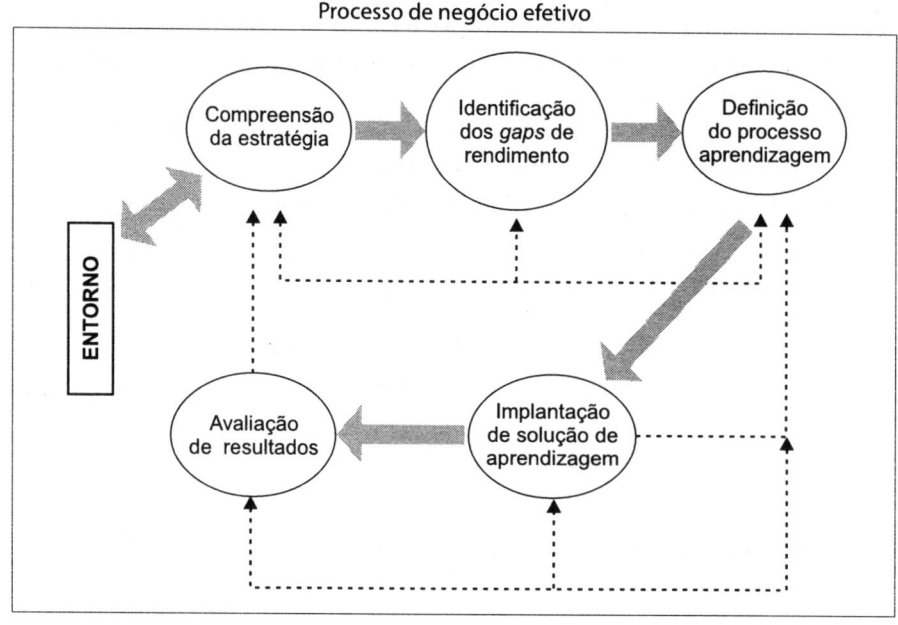

FIGURA 2.2
Processo de negócio efetivo

[Figura: Diagrama cíclico com os elementos "Compreensão da estratégia" → "Identificação dos *gaps* de rendimento" → "Definição do processo aprendizagem" → "Implantação de solução de aprendizagem" → "Avaliação de resultados", envolvidos pelo ENTORNO.]

Fonte: MCE e elaboração própria.

Definição do processo de formação: Abrange as áreas de conhecimentos, atitudes, habilidades e comportamentos.

Implantação de soluções de aprendizagem: Baseia-se nas prioridades do negócio.

Avaliação de resultados: Antes, durante e depois da implantação do programa, para avaliar a efetividade da solução de formação.

O mais importante é que esse modelo deve sofrer contínua revisão, com base nos resultados conseguidos e nas variações que podem ir aparecendo no entorno, com a repercussão do negócio.

2.10. Formação e criação de valor

Nesses últimos anos, um dos aspectos mais tratados em qualquer conferência de *management,* no âmbito internacional, é o da necessidade de buscar indicadores e ferramentas de gestão que meçam a contribuição de valor à empresa.

Nesse sentido, surgiram diferentes modelos aplicados à gestão de pessoas e queremos aqui destacar o *Balanced Scorecard*[11], já que para ele a aprendizagem e a gestão das mudanças (Figura 2.3) são de grande importância.

A importância do modelo se apóia no seu funcionamento, o qual exige a participação de todos e também leva em conta os objetivos da organização e os de cada participante. Além disso, é um modelo de aprendizagem contínua, baseado em uma transparência e coerência que possibilitam uma credibilidade na implantação do mesmo.

O enfoque e a gestão do modelo se baseiam em indicadores de caráter financeiro, de maneira que possamos quantificar a contribuição de valor a partir dos três eixos fundamentais de atuação que são: clientes, processos e desenvolvimento de pessoas, com base fundamentalmente na aprendizagem.

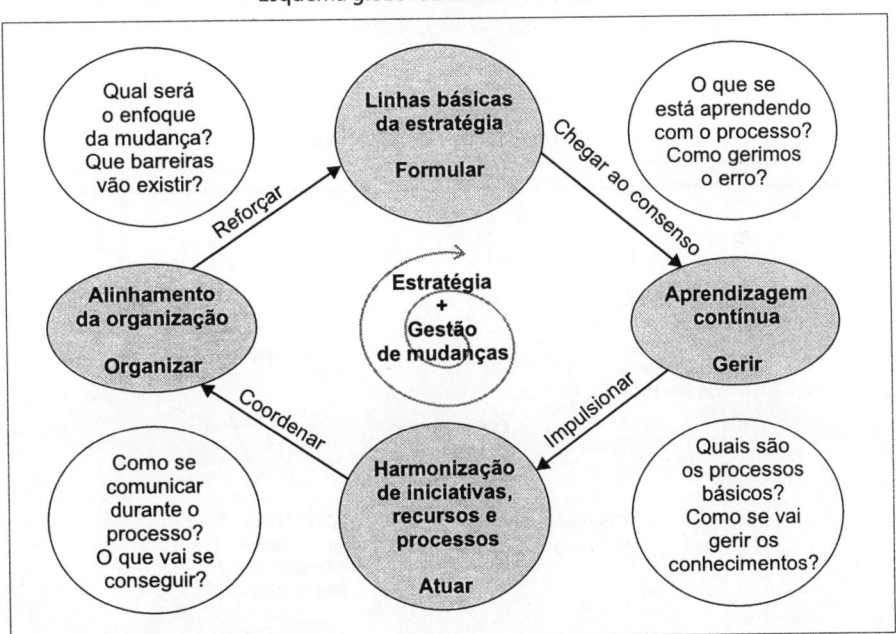

FIGURA 2.3
Esquema global de *Balanced Scorecard*

- Qual será o enfoque da mudança? Que barreiras vão existir?
- Linhas básicas da estratégia — Formular
- O que se está aprendendo com o processo? Como gerimos o erro?
- Alinhamento da organização — Organizar
- Estratégia + Gestão de mudanças
- Aprendizagem contínua — Gerir
- Como se comunicar durante o processo? O que vai se conseguir?
- Harmonização de iniciativas, recursos e processos — Atuar
- Quais são os processos básicos? Como se vai gerir os conhecimentos?

Setas: Reforçar, Chegar ao consenso, Coordenar, Impulsionar.

Fonte: Kaplan/Norton e adaptação própria.

---

[11] Kaplan, R. e Norton, D. (1996): *Cuadro de mando integral*. Barcelona: Gestión 2000.

A criação de valor é, portanto, o resultado de se conseguir uma eficiente gestão do capital humano, as pessoas, e do capital relacional, os clientes, majoritariamente através de processos inter-relacionados.

A agregação de valor, em suas diversas modalidades e destinatários, pode-se constituir então em um superindicador que cada profissional tenha que ter diante de si a todo momento.

Atualmente, quando se trata de empresas (matrizes ou filiais) localizadas nos Estados Unidos, o valor para o acionista prevalece de tal forma que para cada presidente de uma grande empresa a cotação de Wall Street é a sua referência de êxito ou continuidade.

Poderíamos estruturar o papel do executivo, diante dessa possível agregação de valor, como mostra a Figura 2.4.

Os objetivos estratégicos do executivo vai se estruturar sob uma ótica global de valor, no que diz respeito às seis perspectivas, assinalando os indicadores correspondentes a cada uma delas.

A finalidade da empresa, contrariamente ao que mantém Quinn, não pode estar focalizada prioritariamente nos acionistas. É importante o equilíbrio entre os diferentes *stakeholders*.

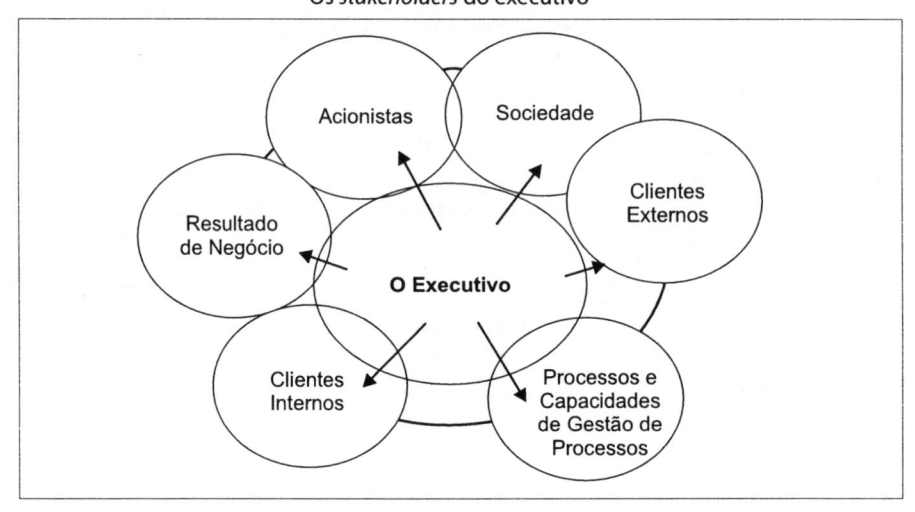

FIGURA 2.4
Os *stakeholders* do executivo[12]

Fonte: Quinn e adaptação própria.

---

[12] Quinn, J. B. (1996): *Making the most of the best*, HBR, março-abril.

2.11. Efetividade da formação

Por que é tão difícil que a formação se traduza em resultados concretos no trabalho?
Do que se necessitaria, para tornar a formação mais efetiva?
Que barreiras impedem que se produza a transferência da aprendizagem, do aluno-executivo em aula, para o executivo no seu posto de trabalho?

> "Os feitos fortuitos afortunados acontecem aos que estão mentalmente preparados."
>
> Sir Peter Medawar

Começaremos pela última questão, para irmos mais adiante no processo de transferência e formação efetiva.

Em minha experiência, observei que aparecem barreiras como:

- Clima organizacional não favorável – potencializa-se o continuísmo, os erros não são aceitos, ridicularizam-se as tentativas de mudanças etc.
- Falta de reforço no posto de trabalho – dicotomia entre aprendizagem e trabalho, o importante é o quê, não o como etc.
- Interferência do entorno no trabalho imediato – chefe disposto a que nada mude, colaboradores que continuam escutando a mesma coisa, companheiros que pensam que disputam outra corrida etc.
- Falta de estímulos à mudança – não se reconhece uma possível mudança.

2.12. Como melhorar o clima de transferência de aprendizagem[13]

Um dos problemas básicos que encontramos é a dificuldade que existe em considerar a formação ou a aprendizagem como um processo

---

[13] Garavaglia, P. L. (1999): "Los mandos como agentes de la transferencia de aprendizaje", *Cuadernos de mejora del rendimiento profesional*. Centro de Estudios Ramón Areces, fevereiro.

e não como uma ação simples. Assim, uma das fases mais descuidadas desse processo reside no tempo que é necessário se dedicar, para transferir a aprendizagem à ação correspondente.

Como vimos, necessita-se de um clima favorável e de uma série de atuações, sobretudo a partir do chefe que aprende – é um aprendiz? Mas não é só isso; os chefes têm que facilitar a aplicação do que foi teoricamente aprendido:

- Estimular a aplicação, mediante reconhecimento e incentivo, quando serão usados os conhecimentos, as habilidades ou destrezas aprendidas.

- Estar atentos e reforçar positivamente, quando se observarem as aplicações do aprendido.

- Fazer um acompanhamento do rendimento, a partir do momento da aplicação.

- Agir sobre o processo de trabalho, flexibilizando-o, para facilitar as mudanças de atuação quando isso for benéfico ao processo.

- Facilitar os recursos e as ferramentas que possibilitem a aplicação.

- Aproveitar para melhorar as condições do entorno do trabalho.

- Organizar reuniões, do formador-consultor com o aprendiz e seu chefe, para avaliar os possíveis desvios entre o conteúdo da formação proposto e o conteúdo aplicado.

- Apoiar o reforço entre companheiros de aprendizagem, fazendo comparações entre o conteúdo da formação aprendido e o aplicado.

- Dividir a responsabilidade do *transfer* entre o aprendiz, o formador-consultor, o seu chefe direto principalmente; em alguns casos, também seriam responsáveis as funções de RH.

Então, o que é necessário para que a formação, em nível executivo, apareça nos resultados concretos?

BUSCA DE FORMAÇÃO E APRENDIZAGEM DE EXECUTIVOS 77

> "A desejada eficácia da formação exige rigor e acerto na formulação das necessidades e também na determinação das soluções coletivas ou individualizadas. Depende, por conseguinte, do antes das ações formativas, mas depende, obviamente, do durante e também do depois. As ações formativas, conforme as expectativas, vão se desenvolver pelas que foram escolhidas ou concebidas, cuidando permanentemente de alinhá-las com os objetivos perseguidos, e reagindo em seu caso, devidamente, diante de desvios não desejáveis. Há que se assegurar, posteriormente, que as competências adquiridas serão postas em prática no momento certo, no desempenho cotidiano, coisa fundamental."
>
> JOSÉ ENEBRAL

2.13. Qualificação e eficiência do produto de formação

A eficiência de um produto de formação não se baseia somente na qualidade do conteúdo do mesmo, mas, sim, em outros fatores que vão influir nos resultados que esperamos conseguir dele.

Entre os mais significativos, destacamos:

> "Se você dá a alguém um conselho que não segue, vai culpá-lo de imediato. Se você dá um conselho que segue, só vai culpá-lo mais tarde."
>
> Maurice Domay

- O processo formativo de aprendizagem deve ser vendido aos seus principais protagonistas, que são os participantes do processo e seus chefes correspondentes.
- É preciso integrar o processo formativo dentro das PDDP (políticas de direção e desenvolvimento das pessoas), as quais, por sua vez, procederão da direção estratégica na qual está envolvida a empresa.
- O conteúdo do produto formativo é pensado e estruturado tendo em conta sua aplicação para os respectivos postos de trabalho ou papéis.
  - As pessoas escolhidas para receberem a formação devem ser realmente as que precisam dela, o que parece óbvio, mas na prática não acontece.
  - O "matar muitos coelhos com uma cajadada só" não costuma ser tão interessante, como às vezes parece. Melhor será juntarmos

pessoas que se vêem pouco, levá-las para um lugar especial para relaxarem, aparecer o Diretor-geral para assinalar as linhas básicas do negócio para o ano, mostrarmos os objetivos do negócio a cada uma, levá-las para visitar uma adega... e lhes darmos um seminário sobre liderança holística. Como esses dois dias serão rentáveis!

- O momento do desenvolvimento do processo formativo de aprendizagem é muito importante. Tanto o momento em âmbito organizacional (quando se fala de uma possível fusão, envolta em regulamentação de emprego), como no âmbito de cada participante do processo, tanto por questões pessoais como profissionais. Não é raro encontrar executivos no processo de formação, os quais, ao final de dois meses, estão se aposentando.

- A atividade formativa deve ser considerada como uma fase do trabalho de cada um. Não é algo à parte; portanto, é necessário que se apresentem os meios para que a aplicação corresponda à importância do trabalho de cada um.

- O sistema de avaliação do processo formativo não deve acabar em aula, mas tem que ser válido fundamentalmente no posto de trabalho.

- O processo de formação tem que estar imerso em uma filosofia-cultura da empresa, que assuma o reconhecimento dos erros e incompetências que podem ser sanados pelo processo.

- Para obter maior eficiência, é importante levar em conta que cada pessoa tem um estilo diferente de aprendizagem.

- É necessário considerar quais serão os recursos e quais serão os gastos necessários para alcançar os objetivos propostos em cada processo de formação. Não é questão de se aproveitar para fazer grupos de 70 pessoas na aula, se é que se pretende a interação e a participação de todas.

Como alcançar que a eficiência seja continuada, quando tratamos do processo de direção executiva?

Como distinguir se um produto-serviço alcança o objetivo de conseguir uma aprendizagem que mais tarde vai ser transferida para a prática executiva?

Ainda que um dos comentários mais usuais seja o de que "sempre se aprende algo", sem dúvida temos que tentar conseguir muito mais do que essa aprendizagem vaga e indeterminada.

Depois de muitos anos de experiência (espero que não seja só de antigüidade) e de trabalhar intensamente em sala de aula, atrevo-me a apontar algumas características desse trabalho que, creio, possibilitam a eficiência do processo formativo, ou melhor, da aprendizagem.

São elas:

1. *Foco concreto* – Trabalha-se e aprende-se sobre um fenômeno, produto, *problema concreto*, metodologia de formação-ação e similares.

2. *Metodologia ativa participativa* – Na aula, ou fora dela, *aprende-se fazendo*; se for sobre problemas que podem ser associados mentalmente à realidade, melhor ainda. *Participação* com o componente *lúdico*, a brincadeira estimula a ação.

3. *Processo progressivo* – Ir fixando cada elemento da aprendizagem, antes de passar para o seguinte.

4. *Repetição* – Voltar a insistir sobre o conceito, ainda que o considerando sob outra perspectiva. Mudar a metodologia, para que não se torne chato, ou pareça já ser muito conhecido.

5. *Individualização da aprendizagem* – Se não podemos chegar até a individualização, e, sim, à maior homogeneização da aprendizagem, o treinamento *(coaching)* individual ou de pequenos grupos pode ser uma ferramenta eficiente.

6. *Auto-aprendizagem* – Sempre apela para que o responsável pela aprendizagem seja, em última instância, a própria pessoa. O formador instrutor somente estará facilitando o processo.

Às vezes, interpretam mal as características 3 e 4. Querem ir mais depressa e aprender várias coisas ao mesmo tempo, e não apenas uma de cada vez, para certamente não repetirem como se fossem crianças pequenas.

Custa, sobretudo para quem "compra" a formação, reconhecer de que algumas aprendizagens precisam ser feitas uma por uma. Aqui costumam aparecer problemas de custos e de defesas individuais.

> "As universidades não ensinam tudo, em absoluto[...]. Temos que descobrir, por nós mesmos, o que serve à ciência, viajar, viver muitas aventuras e reter tudo o que pode ser útil durante o caminho[...].
>
> Minhas viagens me permitiram me desenvolver, pois nenhum homem se torna mestre em sua casa. Não é atrás do fogão que vai encontrar quem o instrua, porque o conhecimento não está fechado, mas se aprende no mundo inteiro. É necessário ir em sua busca, capturá-lo onde quer que esteja."[14]
>
> P. Rivière

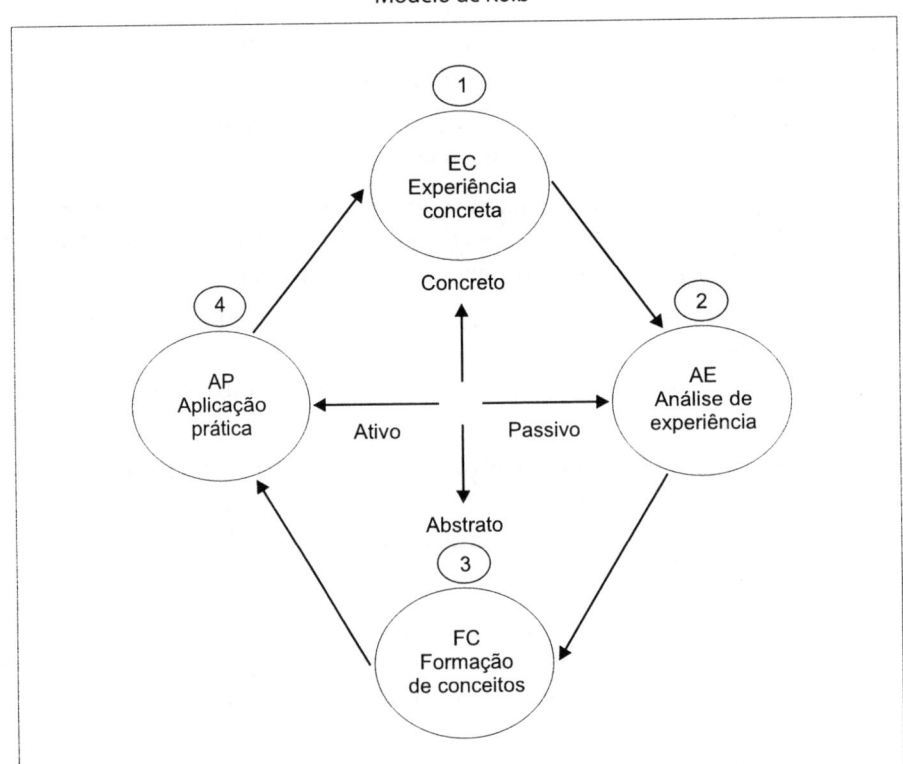

FIGURA 2.5
Modelo de Kolb

```
                    ( 1 )
                     EC
                 Experiência
                   concreta

                   Concreto
      ( 4 )                           ( 2 )
       AP                              AE
    Aplicação   Ativo      Passivo   Análise de
     prática                         experiência

                   Abstrato
                    ( 3 )
                     FC
                  Formação
                 de conceitos
```

---

[14] Rivière, P. (2001): *Paracelso. Médico-alquimista.* De Vecchi.

Há mais de vinte anos utilizam-se metodologias ativas participativas, seguindo o modelo Kolb (Figura 2.5), do qual derivam, como vimos anteriormente, os estilos de aprendizagem de cada um.

Segundo este modelo, na fase 1 costuma-se considerar casos, exercícios, filmes, *role playings*, situações etc.; na fase 2, passa-se a analisá-los através de observação e reflexão. Na fase 3, elabora-se um modelo teórico, ou mais conceitos, para, finalmente, na fase 4, testarem-se os conceitos em novas situações, de acordo com a realidade de cada um.

No ensino tradicional, o professor expunha o conceito e, depois, tentava transferi-lo para a prática, e sempre ouvia a típica objeção de que a realidade é muito diferente da teoria.

2.14. Motivação e rendimento na aprendizagem

Existe correlação entre motivação e rendimento na aprendizagem? (Veja Figura 2.6.)

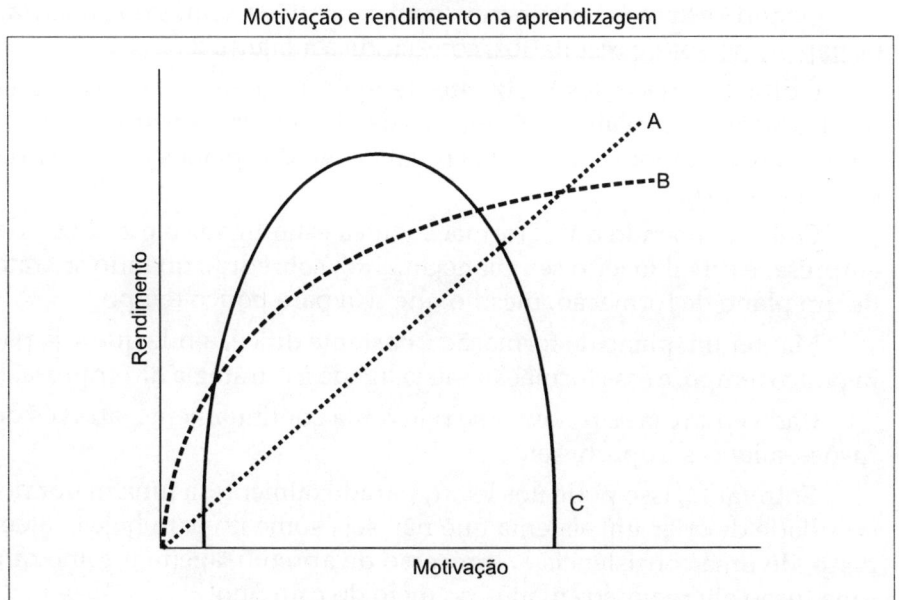

FIGURA 2.6
Motivação e rendimento na aprendizagem

a) *Função com aumento constante* (A). Quanto mais motivado o aluno estiver, terá uma aprendizagem mais eficiente.
b) *Função acelerada negativa* (B). Diante de situações igualmente motivadoras, sua aprendizagem será cada vez menos acelerada, até desaparecer.
c) *Função de "u" invertido* (C). Quanto maior a motivação, maior será a aprendizagem, que diminuirá a partir de certo ponto.

Existem outras teorias, a serem confirmadas, que também correlacionam a aprendizagem às condições determinadas pelo entorno. Geralmente se aceita que a função B é a que determina a chamada curva de aprendizagem, segundo a qual, a partir de um certo momento, a curva passa a ser assintótica e não se consegue um maior rendimento.

2.15. Planejamento da formação

Como em qualquer investimento, é importante saber por que investir, para quê, como, com quem e quanto, além de querer saber como serão medidos os resultados desse investimento.

Quando estamos trabalhando com executivos, temos que analisar os papéis, pessoas e resultados, como indica a Figura 2.7.

É difícil planejar. Os horizontes temporais são mais curtos a cada dia. Há 30 anos, os planos estratégicos de uma empresa podiam chegar a um marco temporal de 25 anos (lembro-me dos planos da indústria naval japonesa).

Embora sabendo que a formação deva estar ligada à estratégia da empresa, é difícil fazer o seu planejamento, sobretudo quando se trata de um plano de formação, mesmo que seja para pouco tempo.

Manter um plano de formação é bastante difícil, ainda que seja para pouco tempo, e essa formação esteja ligada à estratégia da empresa.

Cada empresa se renova e se reinventa continuamente, através de fusões, alianças, rupturas etc.

Entretanto, isso pode nos levar, paradoxalmente, a uma maior necessidade de criar um sistema que não seja somente para hoje e, além disso, dê uma consistência ao processo de aprendizagem, mesmo que uma fusão altere nossos planos no meio do caminho!

FIGURA 2.7
Atuação, pessoas e fatores

1. Atuação	Como fazer:
– Conhecimentos exigidos. – Habilidades exigidas. – Comportamentos exigidos.	– Pesquisa da atuação das pessoas e seus chefes. – Análise dessa atuação junto ao departamento de O + RH (Organização e Recursos Humanos).
2. Pessoas:	
– Conhecimento das pessoas.	– Base de dados existentes. Teste de conhecimentos.
– Habilidades das pessoas.	– Avaliação 360°, *assessment center*.
– Comportamento das pessoas.	– Medida do perfil comportamental através de instrumento específico.
3. Fatores a serem considerados:	

– Consolidação das necessidades identificadas.
– Planejamento do processo de aprendizagem, dependendo do conteúdo necessário.
– Escolha dos facilitadores do processo (internos, externos ou mistos).
– Determinação da metodologia.
– Cronograma do processo.
– Logística e custo do investimento.
– Indicadores de resultados: repercussão junto ao superior, ao interessado, mudanças no seu desempenho, repercussão nos resultados.

Um plano de formação é um sistema composto de atividades formativas e de auto-aprendizagem, inter-relacionadas e distribuídas num espaço de tempo determinado, de forma a buscar um conjunto de objetivos coerentes.

Pela natureza da empresa, sendo um sistema aberto, em equilíbrio dinâmico, o plano tem que ser flexível e capaz de se adaptar às necessidades emergentes. É importante que a empresa persiga metas ligadas aos objetivos do negócio, determinadas em consenso pelos executivos.

Também deve se basear em um diagnóstico de necessidades, extraído dos diferentes níveis e camadas hierárquicas da empresa.

O planejamento é feito com os clientes e para os clientes; portanto, tem que haver uma interação com eles, para podermos conhecer suas realidades e dificuldades.

> "Todas as dificuldades são mais fáceis de vencer, quando conhecidas."
>
> *Medida por medida.*
> (Shakespeare)

No planejamento de formação costuma haver uma parte que é a de oferta (institucional) e outra mais específica que provém de necessidades muito concretas, de cada unidade e pessoa, com a qual se vai trabalhar, normalmente com uma ótica mista de oferta e procura.

A composição de um plano de formação pode ser muito variada, já que depende da dimensão da empresa, do setor no qual se encontre, da antigüidade da organização, da história formativa da mesma etc.

Entretanto, há alguns elementos comuns em todos os planos de formação, dentre os quais convém ressaltar:

1. Detecção de necessidades.
2. Objetivos.
3. Metodologias.
4. Meios.
5. Conteúdos.
6. Avaliação e controle dos resultados.
7. Prazos.
8. Orçamento (investimento).

Vamos comentar, ainda que sucintamente, o mais significativo de cada um desses elementos.

2.15.1. Detecção de necessidades

> "Não pararemos a exploração e, ao final de toda a exploração, chegaremos onde começamos e conheceremos o lugar pela primeira vez."
> T. S. Eliot

A necessidade vem refletida pelo *gap* existente entre o que se precisa e o que se tem no âmbito de atividades, de conhecimentos ou de habilidades. O principal problema é a falta de percepção por parte do interessado e de outras pessoas relacionadas a ele, sejam os companheiros, os chefes, os colaboradores, ou mesmo pessoas da unidade de RH (DDP).

É importante que possa haver um contraste e um entendimento a respeito disso. Deve-se levar em conta que são cada vez mais necessários a cumplicidade e o envolvimento de todo o âmbito executivo no processo.

Existem diferentes necessidades na organização: as estratégicas, as ocupacionais e as individuais, dependendo de uma referência ser feita à organização, ao cargo ou função, e, ainda, ao profissional.

Como se detectam essas necessidades? Como havíamos comentado, detectam-se através de conversações, mas também pela elaboração de questionários mais, ou menos abertos, *assessment centers* (centros de avaliação e desenvolvimento), a partir das avaliações de desempenho (prefiro dizer "gestão de desempenho").

Como a necessidade de formação da equipe executiva afeta a política estratégica da empresa?

Como identificar as situações reais, descrevendo-se a situação desejável?

Até que ponto a necessidade real se deve adiantar às necessidades futuras?

2.15.2. Objetivos

Comentar quatro aspectos básicos: primeiro – os objetivos do plano, que devem estar ligados à estratégia da organização; segundo – o plano e seus objetivos, que devem ser vendidos à alta direção e às associações de funcionários, se existirem[15]; terceiro – que sejam medidos pelo sistema de avaliação previsto, e quarto – quando os objetivos forem atingidos, que isso signifique um investimento saudável e eficaz, no que diz respeito aos recursos aplicados.

Os objetivos da formação devem ser cada vez mais os objetivos da empresa ou condutas e melhora de rendimentos ligados à empresa.

2.15.3. Metodologia

Aqui aparecem os diferentes tipos de metodologias aplicadas a cada tipo de atividade de formação. Geralmente, estão muito relacionadas com a dimensão do grupo humano que se deseja formar, podendo o número de participantes variar bastante. Pode-se usar o modelo tipo *coaching* ou *mentoring,* para tratamento individual, até a conferência, para qualquer número de pessoas. Pode-se fazer interação direta pes-

---

[15] Quando se trata de formação de executivos, a posição da associação de funcionários não é crítica.

soa a pessoa ou usar videoconferência, Internet, CD-ROM ou qualquer outro suporte, seja ele físico, tradicional, ou com apoio tecnológico.

Quando escolhemos a metodologia, nos encontramos com uma função a otimizar, na qual entram variáveis a serem consideradas: o tamanho da organização, a expansão geográfica, o tempo disponível, a eficiência do processo e os recursos, especialmente o custo, ainda que não seja o único.

De qualquer forma, devido à sua importância, mais adiante retornaremos ao assunto da metodologia.

2.15.4. Meios

Como acabamos de mencionar, será necessário dispor de diversos meios, dependendo da ambição do plano: desde os suportes pedagógicos mais simples, até os mais sofisticados no âmbito tecnológico, e os espaços físicos com os quais devemos contar na formação presencial.

Cada organização terá que estudar a sua infra-estrutura fixa e, quando necessário, providenciar outros espaços externos.

Como meio, também num sentido mais amplo, podemos incluir o professor-consultor-monitor-facilitador etc., podendo ser ele um elemento crítico no momento de avaliar o resultado da atividade ou processo formativo, principalmente na formação de executivos.

A maior dificuldade consiste, no que se refere à contratação do consultor, no pagamento, de acordo com a contribuição que ele traz. Qualquer quantia pode significar um preço alto, dependendo do resultado conseguido. Por isso, uma quantia abaixo do mercado, *a priori*, significa pouco. No mercado o preço varia entre *50 e 1.000 euros por hora*.

2.15.5. Conteúdos

Logicamente, existe um leque de temas e conteúdos. É importante estar consciente da capacidade de aprendizagem de cada pessoa no ambiente do trabalho. Com freqüência, há muita ambição e apresenta-se um excesso de temas, para a capacidade de assimilação que possuímos. A metodologia utilizada deve levar isso em conta.

Um dos fatores-chave é a determinação de prioridades, tendo por base o plano estratégico da empresa; outro fator é a modulação que se pode ir fazendo, diante de um plano individualizado de desenvolvimento profissional.

2.15.6. Avaliação e controle de resultados

Devido à sua importância, mais adiante vamos reservar um espaço específico, para tratar desse aspecto básico da formação.

Devemos lembrar que, a cada dia, querem que os responsáveis pela formação tentem mostrar que o investimento proposto e realizado repercute positivamente na conta da empresa; portanto, vale a pena continuar fazendo, e até mesmo seja conveniente aumentá-lo, caso a avaliação o indique.

2.15.7. Prazo

Como já foi dito, os prazos estão cada vez mais curtos. Na empresa atual, os planos estratégicos são utilizados de um a três anos apenas, mas com freqüência os planos respondem às necessidades conjuntas ou, caso tenham um horizonte mais amplo, reavivam-se e modificam-se, com base nos resultados conseguidos. Isto nos leva à necessidade de elaborar planos de formação a curto prazo – um ano, por exemplo – e, ainda assim, temos que estar dispostos a flexibilizá-lo.

2.15.8. Orçamento/Investimento

É importante que, no plano, se indiquem todos os custos diretos e indiretos que se reflitam nele. De qualquer forma, o mais discutível de todos os custos costuma ser a imputação de que o tempo dedicado pelo participante à sua formação não o deixa aplicar-se à sua atividade cotidiana de trabalho. Isso é discutível, uma vez que anteriormente assinalamos que o processo de aprendizagem também deveria fazer parte da nossa responsabilidade laboral. Quando se trata de um nível executivo, não fica claro que estejam tirando essas horas para outro tipo de atividade.

Por que os planos de formação sofrem tantas alterações, no momento de começarem ou durante a sua implantação?

2.16. Metodologias para a aprendizagem executiva

Trataremos, aqui, de diversas metodologias, aplicadas aos processos de aprendizagem do executivo. Sem dúvida, já vai longe o tempo em que o professor falava e o aluno (executivo) escutava. Essas conversas-debates podem talvez representar uma pequena parte do processo. Porém, qual a diferença fundamental entre uma metodologia tradicional e uma ativa-participativa?

Na Tabela 2.4, podem-se ver diferenças notáveis.

Outras metodologias e ferramentas, aplicadas à aprendizagem de executivos, também se baseiam nas premissas da formação ativa-participativa. São elas:

Assessment Center

É um sistema que serve para avaliar as competências pessoais e profissionais daqueles executivos prestes a ocuparem e substituírem, com eficiência, determinados papéis no futuro. Segundo diferentes pesquisas, aproximadamente 40% das grandes empresas utilizam essa metodologia atualmente, tanto para realizar seleção de pessoal como para promoções internas. Além da possibilidade de definir perfis de competências, também são úteis para detectar debilidades ou *gaps* que podem ser superados pela aprendizagem.

Quanto ao *assessment* individual, as provas mais utilizadas são as avaliações feitas por um consultor (92%), os testes de personalidade (77%) e os testes de aptidão (69%). Nas avaliações coletivas, usam-se dinâmicas de grupo em todas as ocasiões e outras provas, em 82%, segundo estudo realizado, em 2001, por *Job Consult Management*.

Development Center

É o sistema que consiste em estabelecer um plano de desenvolvimento, em função de uma avaliação de competências. É utilizado por 23% das empresas, segundo estudo de *Job Consult Management*.

O objetivo de 60% dessas avaliações é a conscientização de competências que permitam realizar novas funções profissionais, de maneira imediata (17%) ou dentro de um plano de carreira (44%).

TABELA 2.4
Comparação entre o método tradicional e o ativo-participativo

Tradicional		Ativo-participativo
• *Ensino*. O professor transmite sabedoria, conhecimentos e informação. • O formador é o centro da formação. • O formador decide o que os alunos devem aprender.	**Sujeito**	• *Aprendizagem*. Desenvolvimento das aptidões e atitudes do aluno. • O aluno é o eixo da formação. • O aluno decide, ao menos parcialmente, o que vai aprender.
• São amplos, gerais, não explicitados. • Difíceis de verificar.	**Objetivos**	• Bem definidos: são conhecidos, operativos. • Verificáveis.
• O conteúdo é importante. • Programa fixo: cultura estática, parcelamento por disciplina ou matéria. • Só o formador sabe as respostas corretas.	**Matéria**	• Os objetivos são mais importantes. • Programa variável: unidades de trabalho por áreas inter-relacionadas. • O centro é um problema real, que pode ter várias soluções; não existe sempre uma resposta correta.
• Baseia-se em métodos lógicos, dedutivos, passivos (exposição do professor e leituras). • Espera que os alunos aprendam a teoria e técnicas ensinadas, para passarem em determinada prova. • O aluno memoriza.	**Métodos**	• Aplica método psicológico, indutivo, ativo. • O aluno aprende a usar a informação (teorias, técnicas etc.) em situações concretas. • O aluno descobre, formula e verifica hipóteses.
• Lições: exposição, repetição. • Duração: 45-60 minutos.	**Organização**	• Sessões de trabalho: variedade de métodos. • Duração variável: 5-10-30-90 minutos.
• Monólogo: sempre do professor para o aluno. • Relações formais. • Alunos: indivíduos que escutam, respondem todas as perguntas, mas não se estabelece a comunicação. • Autocracia, paternalismo, disciplina. • Dependência, imaturidade.	**Relações pessoais**	• Fomenta, em ambos os sentidos, a comunicação. • Relações de igualdade entre formador e aluno. • Os alunos criam grupos e subgrupos para trabalharem coletivamente. • Democracia, confiança, autogoverno. • Independência, maturidade.
• Exame final de comprovação de conhecimentos (memória). • Não se conhece o aluno suficientemente.	**Avaliação**	• Avaliações freqüentes: demonstram capacidades (medem-se compreensão, aptidão, atitude). • Conhece-se o aluno.

O *development* individual se baseia principalmente em avaliações feitas por consultores (38%), pela chefia (25%) e pelo entorno colaborador (25%). Quando a aplicação da avaliação é feita em grupo, são estudados casos (86%) e avaliações por consultores (57%), ainda que o estudo reflita que apenas 57% das avaliações são o ponto de partida para um plano de formação.

Ao final, pode-se observar, nesse estudo, que mais da metade das companhias usam o *assessment center* e o *development center,* orientados pelos seus departamentos de RH. As pequenas empresas (64%) se apóiam em consultores externos, embora, devido a seus pequenos recursos financeiros, não seja fácil que as pequenas e médias empresas façam investimentos nessas metodologias.

2.16.1. Formação-ação (action learning)

> "É mais simples fazer-se do que se manter competente."
>
> JOOP SWIERINGA

Essa metodologia se baseia no trabalho em equipes ou grupos de aprendizagem. É uma aprendizagem conjunta, na qual se apresentam problemas globais de amplo espectro, e trabalham-se temas culturais ou estratégicos. Geralmente é usada em processos de aprendizagem *in company*.

Entretanto, pode trabalhar temas mais operativos, dependendo da freqüência com que essa aprendizagem é executada.

São dois os objetivos dessa metodologia: por um lado, levar o executivo a aprender a resolver problemas reais em tempo real; por outro lado, levá-lo a aprender a se comunicar, a trabalhar em equipe, a executar um projeto etc.

O uso dessa metodologia traz o dobro de benefícios, pois além de apresentar soluções, dar experiência ao grupo e apresentar os aspectos básicos do negócio, também contribui para melhorar as habilidades de gestão e participação em grupo.

Grandes companhias aproveitam essa metodologia para avançarem em aprendizagem, transformação e experiência.

A *General Electric*, por exemplo, em 1999, estruturou um programa dessa natureza, escolhendo cinco grupos entre os seus 3.500 executivos, *top* de linha.

O programa constou de duas fases:

A primeira teve uma duração de uma semana e meia, trabalhando-se a formação de equipes, os conteúdos empresariais (estratégia, economia, *marketing*, finanças etc.) e as apresentações realizadas pelos responsáveis pela empresa, em âmbito mundial.

A segunda fase durou duas semanas e meia, dedicadas à realização de projetos que resolvessem problemas reais da companhia.

Metodologicamente, trabalhou-se em equipe entrevistando clientes, facilitadores, distribuidores etc., fazendo análise profunda de cada assunto, e chegando a conclusões e soluções para o problema.

2.16.2. Administração baseada na evidência (ABE) e sua aplicação na formação do executivo[16]

> "Quase tudo o que é absoluto no comportamento surge da imitação daqueles com os quais não nos podemos parecer."
> SIR ALEC GUINNESS

Costumo diferenciar antiguidade de experiência, dizendo que a primeira é questão de calendário, número de anos trabalhados e a segunda é o número de anos trabalhando com uma consciência despertada, o que fatalmente resulta em aprendizagem. Como já comentamos, a experiência consciente do executivo permite-lhe gerir a sua própria aprendizagem, a partir das soluções encontradas para as necessidades e problemas que vão surgindo e que vão integrar a sua prática executiva, apoiada em sua habilidade, intuição e experiência.

> A experiência é muito valiosa, mas também sabemos que nem todos os vinhos melhoram com os anos.

O aproveitamento dessa experiência como base da aprendizagem organizacional é importante, uma vez que geralmente falta conexão entre a tarefa pesquisadora docente, na universidade, e a atividade executiva. Ao terminar os estudos universitários, é mínimo o conhecimento que se tem do que pode sig-

---

[16] García del Junco, J. e Casanueva, C. (2000): "La ABE y su aplicación a la formación de directivos", *Capital Humano*, nº 129, janeiro.

nificar o papel do executivo e, com freqüência, muito distorcido da realidade.

Além disso, as empresas se desenvolvem de tal forma, que o êxito organizativo depende, em grande parte, da gestão do conhecimento na própria organização.

Os executivos são os depositários de boa parte do saber fazer das empresas.

O ponto de partida dessa metodologia empresarial deve ser buscado na medicina (medicina baseada em evidência – Sackett, Universidad McMaster de Ontário, 1992).

Ainda assim, poderíamos fazer um paralelismo com a utilização da jurisprudência, na análise e juízos de feitos submetidos ao debate judicial.

A aplicação da ABE:

- Supõe apoiar as análises, as ações e as decisões executivas sobre as melhores evidências possíveis.

- Baseia-se na investigação científica, não só nos resultados obtidos em livros, publicações, bases de dados, mas também na justiça, na experiência e na habilidade dos executivos.

- O objetivo da ABE é a utilização consciente, explícita e justa da mais útil evidência disponível, na hora da tomada de decisão.

Quantas vezes ficamos sem um executivo com grande experiência, e a pessoa que passa a ocupar o seu posto tem que inventar coisas que já estavam resolvidas e para as quais já se havia encontrado a melhor forma de fazê-las!

Não é freqüente na empresa espanhola um executivo, na fase de saída, "coabitar" com outro, na fase de entrada.

Entretanto, vale ressaltar que existem casos, como o de Antonio Cancelo, presidente do MCC (Grupo Cooperativo de Mondragón) e seu sucessor, Jesús Catania, que coabitaram profissionalmente durante seis meses. No âmbito internacional, Jack Welch apadrinhou Jeffrey Immelt na *General Electric*, durante oito meses, antes de lhe passar o leme.

É preciso saber que, num mundo empresarial em contínua evolução, as competências executivas têm que ser revisadas periodicamente, pela ameaça constante de obsolescência.

Além disso, os programas de formação de executivos não são suficientes e, por isso, é necessário reforçá-los com sistemas de auto-aprendizagem, que permitam a máxima adequação a cada pessoa.

As etapas fundamentais do processo da ABE são apresentadas na Figura 2.8.

Como em qualquer processo de pesquisa ou desenvolvimento, é muito importante centrar o programa e estabelecer as variáveis sobre as quais medir depois os resultados. Essa é a fase inicial, que equivale a um diagnóstico e a um planejamento do que se quer alcançar. Na fase II, que é a busca das evidências, a chave está em não se perder na infinidade de possibilidades, dispondo-se de um sistema de busca rápida, eficiente e atualizada.

> "No campo da observação, a casualidade favorece somente às mentes preparadas."
> Pasteur

A fase III trata de eliminar as evidências que não são transladáveis para a nossa realidade. Talvez nessa fase apareça a maior tentação: aqui as coisas são diferentes.

Na fase IV, trata-se de aplicar o que as evidências indicam como o mais apropriado ao nosso caso.

FIGURA 2.8
Processo ABE

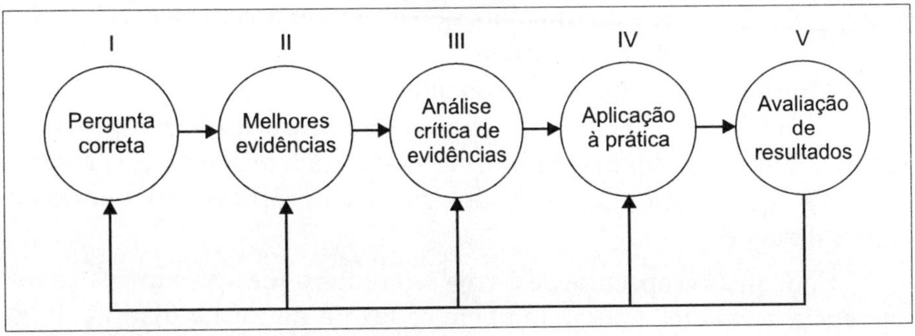

I	II	III	IV	V
Pergunta correta	Melhores evidências	Análise crítica de evidências	Aplicação à prática	Avaliação de resultados

Fonte: García del Junco, Casanueva e elaboração própria.

Finalmente, na fase V, realiza-se a avaliação do processo, não somente do seu resultado, mas também de cada uma de suas fases.

O processo pode funcionar interativamente e, de fato, vai evoluindo, fundamentado nos resultados obtidos em cada uma das fases.

Na realidade, a ABE é um modelo de gestão do conhecimento utilizado pelas empresas consultoras, contando com as evidências conseguidas nos diversos escritórios espalhados pelo mundo.

Queremos fazer somente uma indicação final: as evidências anteriores não são equivalentes às situações atuais, nem em significado nem em sua própria realidade. Recordemos Tom Peters, que tratou de definir quais eram as variáveis de êxito das empresas e, no seu primeiro livro, não pensou que essas mudariam com o tempo.

Qual o sentido da ABE, quando aplicada aos executivos?

2.16.3. Aprendizagem e tecnologia (teleformação, e-learning, formação on-line etc.)

> "Os computadores são incrivelmente rápidos, exatos e estúpidos; os humanos são incrivelmente lentos, inexatos e brilhantes."
>
> Albert Einstein

Qual a relação existente entre aprendizagem e tecnologia?

Ambos os elementos, podemos dizer, atuam interativamente, uma vez que, diante do aparecimento de novas tecnologias, é necessário aprender a tirar o maior proveito das mesmas; no entanto, ao mesmo tempo toda aprendizagem significa mudança e inovação, o que leva a empresa a incorporar novos processos de trabalho, que virão, cada vez mais, reforçados pela tecnologia.

Ainda assim, a tecnologia facilita a aprendizagem, pois a torna mais flexível e acessível. Também ajuda a otimização do tempo e custo e, principalmente, leva o aprendiz a ser o principal sujeito do processo, uma vez que passa a ser o criador das suas próprias experiências de aprendizagem.

Cada pessoa aprende de forma diferente, e sua aproximação e convivência com a tecnologia também se fazem de forma distinta, o que exige que se vá além de seu planejamento geral, quando tratamos de relacionar tecnologia e aprendizagem.

Considerando-se a empresa como um sistema, cada vez mais complexo, de relações, hoje em dia são imprescindíveis o conhecimento e a utilização da tecnologia, para conseguirmos a eficiência organizacional.

Qual a aplicação mais imediata da tecnologia, quando falamos de aprendizagem ou formação?

Sem dúvida, é a possibilidade que leva à autoformação e à formação à distância ou teleformação.

A formação à distância tem sido feita há mais de cinqüenta anos, utilizando-se com freqüência a chamada instrução programada, que possibilita e facilita a aprendizagem, já que incorpora ao sistema a própria evolução do aprendiz.

Chamamos de *e-learning* a utilização das tecnologias da informação e comunicação (TIC) para a estrutura, o desenvolvimento, a distribuição e a gestão de materiais e ferramentas aplicadas à formação.

Nesse campo, é importante ter em conta aspectos como:

Atualmente, existe grande dificuldade em transformar ou formar professores-tutores adequados. A experiência, como professor presencial, não é suficiente para alcançar êxito quando professor à distância. O papel é diferente e são necessárias competências diferentes do professor de formação presencial.

As exigências que devem ser feitas ao aluno familiarizado com novas tecnologias são: disponibilidade de tempo, flexibilidade de participação, independência, autonomia, reflexão, ação, colaboração e auto-responsabilidade.

É importante a concepção ERM (gestão de relações com o empregado) no planejamento de soluções *e-learning*, potencializando, assim, a personalização da oferta para cada executivo.

A novidade, apesar de já ser usada há vinte anos, reside no avanço significativo, ocorrido nos últimos cinco anos, e na utilização bem diversificada das TIC – redes de comunicação, *groupware*, videoconferência, TV digital, sistema multimídia etc. – que permitem a coexistência de diferentes apresentações pedagógicas nesses modelos: a formação presencial, os contatos em tempo real, os contatos fora desse tempo etc. Dissemos, no começo do livro, que a formação na empresa é um meio e não podemos confundi-lo com um fim, que é cumprir a missão e os objetivos previstos.

O mesmo acontece com as tecnologias. Como tudo que surge, evolui com grande rapidez. Corremos o risco de focalizar apenas esses recursos, mas não podemos esquecer que, sozinhos, são apenas ferramentas e ajuda ou instrumento facilitador da aprendizagem.

Com o aparecimento da Internet, novos métodos e novos recursos de tecnologia invadiram a prática do ensino, colocando em xeque os sistemas tradicionais de formação-aprendizagem (ainda que agora não seja xeque-mate, e muito menos quando nos referirmos à aprendizagem executiva). A utilização de recursos tecnológicos fez com que a transferência de conhecimento passasse a ser instantânea, acessível e armazenável.

No setor da educação, o desafio das tecnologias da informação reside na proximidade entre o não saber e o saber, entre a formação e a aprendizagem e, em última instância, entre o não fazer, e o fazer de forma eficiente.

A preparação do professor-consultor, quando se trata de *e-learning*, é fundamental, contrariamente ao que às vezes se pensa ou se diz. Ele vai influenciar decisivamente o aluno, para que este aproveite ao máximo os benefícios do sistema. O professor aparece como impulsor, facilitador e colaborador, atuando às vezes como aprendiz, uma vez que o conhecimento está em contínua transformação e para isso o sistema propicia a pesquisa interativa.

A "necessidade de estar na moda" fez com que muitas empresas, principalmente as grandes, se lançassem, sem saber muito bem para quê, e sem saber como os clientes internos aceitariam as novas formas de aprendizagem. Surgiram problemas de plataforma, de infra-estrutura, de capacidades, de conexão, de conteúdos, de conhecimentos básicos, de atitudes, de medos, sobretudo medo de improvisar e de correr demasiado. Alguns, agora, depois de tanto correr, andam mancando, enquanto outros estão parados, esperando uma ocasião melhor.

Primeiro, foi a transformação automática de tudo que era presencial, *on-line*; depois, foi a possibilidade de cada um montar a sua própria plataforma; depois, nela se pendurar e ficar. Bastante penoso em alguns casos!

Teleformação

Poderíamos considerar a formação à distância como tradicional, porque costuma ter um formato bem parecido com o das classes presenciais; nesse caso, porém, o professor ou especialista está em outro lugar e pode-se conectar a vários grupos de aprendizes, que podem estar em diversas localidades. O termo preferido é *videoconferência*.

Sendo similar ao modelo de formação presencial, permite-nos chegar a vários lugares ao mesmo tempo. É uma *formação sincrônica*.

O inconveniente da formação à distância é resultar em uma interação às vezes não suficientemente fluida, com o risco de o aluno se desligar quando o professor falar demais, com pausas ou não. Sua apresentação não é necessariamente atrativa e estimulante.

O Instituto Tecnológico de Monterrey foi uma das universidades ibero-americanas pioneiras, nesse modelo estendendo a 100% de sua formação presencial. As críticas fundamentais ao modelo se referem às estátuas falantes; por isso, estão revendo radicalmente esses modelos.

Por outro lado, a *formação assincrônica* é aquela na qual a atividade formativa está centrada na interação do aluno com os materiais formativos, no momento e lugar escolhidos por ele.

Esse tipo de formação permite uma incorporação de elementos de multimídia, podendo-se usar a intranet ou a Internet.

Como são aceitos os processos de *e-learning*, no âmbito executivo?

Embora seja difícil, é mais fácil no nível executivo, do que em outros níveis, que uma pessoa decida livremente "conectar-se" ao computador, para continuar trabalhando e aprendendo, depois que tenha finalizado a sua tarefa diária.

Aqui apresentamos alguns dados, para que se veja como pode ser difícil a conexão voluntária.

Segundo a última pesquisa sobre a participação dos espanhóis nas atividades culturais – encomendada pela *Comisión Europea*[17] – somente 24,8% lêem os jornais durante 5 a 7 dias na semana; a média, na União Européia, é de 46%.

Quanto à leitura de livros (e isso é mais grave, pois de alguma maneira se refere ao desejo de aprender), 57% dos espanhóis entrevistados disseram não haver lido qualquer livro nos últimos doze meses, enquanto no norte da Europa – na Suécia e Finlândia – essas percentagens caem para 19,3% e 23,9%, respectivamente.

Especificamente, quando pensamos nos executivos de empresas tecnológicas – os *e-managers* – um recente estudo realizado nesse mesmo ano, por *RBTechnologg.net*, sobre o perfil dos *e-managers*, explica que esses profissionais são individualistas e costumam ser identificados mais com o seu projeto pessoal do que com o projeto da empresa. Não aceitam facilmente a formação tradicional e costumam preferir fazer

---

[17] Diario *Expansión*, 13 de maio de 2002.

sua aprendizagem através do ensaio e erro, o *e-learning*, fundamentalmente auto-aprendizagem, e o *coaching*.

Segundo Carlos Pelegrín Fernández[18], as empresas baseadas em tecnologia investem em formação necessária aproximadamente o dobro de uma empresa tradicional. Além disso, como aspecto diferencial, os processos planejados e o início da operacionalização dos programas formativos devem-se realizar com maior rapidez do que na empresa tradicional.

Na teleformação, vamos destacar alguns fatores básicos:

- Na estrutura do projeto, devem estar claramente assinalados os objetivos e a forma de medi-los.
- A interatividade deve possibilitar receber *input* do usuário.
- A navegação deve dispor de uma interface consistente e amigável.
- O processo deve ser *ilusionista*, com um indicador de processo, e o programa deve basear-se numa metáfora, com um ou vários personagens.
- A utilização de *multimídia* não tem que ser excessiva, pois há o perigo de floreios, em vez de aprendizagem.
- A *avaliação* deve ser feita ao final de cada módulo, antes de passar ao seguinte.
- O *registro de atividades* deve estar à disposição do professor.

As soluções de formação *on-line* incluem:

- Identificação de necessidades.
- Planificação do processo de implantação.
- Integração do sistema.
- Desenvolvimento e aplicação.
- Treinamento.
- Ferramentas de acompanhamento.

---

[18] Fernández, C. P.: "El proceso de formación en una empresa tecnológica"; *www.revistamadridmasd.org/tribunes.asp*.

- Serviço personalizado ao cliente.
- Suporte técnico para formação *on-line*.
- Formação de tutores, se existirem.

A formação *on-line* pode incluir:

- Acesso a conteúdos de formação, em qualquer momento ou lugar, através da intranet corporativa, Internet, satélite ou CD-ROM. Os conteúdos podem incluir leituras, películas, fotos, vídeos, simulações, provas práticas e muito mais. Sem esquecer que precisamos de terminais, com potência suficiente para podermos desfrutar de todo esse *mix* metodológico.
- Relação interativa dos instrutores e estudantes, utilizando *e-mail*, grupos de discussão *on-line*, *chat*, áudio e classes virtuais.
- Colaboração *on-line*, através de comunidades de participantes.
- Identificação de necessidades e retroalimentação, para medir os níveis de aprendizagem e formular planos de aprendizagem individual.
- Retroalimentação, para identificar novas necessidades de aprendizagem.
- Tutoria *on-line*.
- Gestão da educação e treinamento, para identificar diferenças e progresso de aprendizagem entre estudantes e grupos de trabalho.

A convergência da nova busca de desenvolvimento de competências na empresa e das tecnologias da informação aplicadas aos processos de aprendizagem e gestão do conhecimento fez do *e-learning* uma ferramenta-chave e estratégica.

Alguns dados orientadores:

Segundo Eduventures, nos Estados Unidos o mercado de formação *e-learning*, dirigido a empresas, vai faturar 4,260 milhões de euros, em 2005. Na Espanha, a educação *on-line* movimentou 10 milhões de euros, em 2000.

O IDC prevê que os cursos não-técnicos possam ocupar 54% da oferta *on-line,* em 2004.

Na Espanha, as empresas dedicaram, ao *e-learning,* 4% do total de seu orçamento para a formação, em 2001 (Doxa).

Cerca de duzentas empresas, na Espanha, dedicam-se a oferecer serviços relacionados ao *e-learning* (Tabela 2.5).

TABELA 2.5
Oportunidades e freios do *e-learning*

Fator tecnológico	Fator pedagógico	Fator Cultural
Investimento em infra-estrutura de comunicação.	Curiosidade *versus* formação: • Exige planificação e estruturação claras. • Formação pedagógica incontrolada. • Necessidade de cápsulas formativas. • Acompanhamento do tutor.	Recusa de certos grupos a estudarem pelo computador.
As comunicações são um desastre.	Sensação de isolamento.	Cultura presencial – sentimento de solidão.
Segurança de acessos.	Falta de concentração (20 minutos).	Medo dentro da organização – resistência à mudança.
Dúvidas por parte do departamento de sistemas.	Excessiva flexibilidade.	Necessidade de trabalho de *marketing* – vender a idéia.
		Formação de segunda categoria.

Fonte: Resultado da sessão presencial da oficina de *e-learning* do Grupo Doxa, março de 2002.

Idéias-chave:

- O *e-learning,* como peça importante no desdobramento dos processos de mudança e transformação da empresa.
- Esses processos de mudança, apoiados nas tecnologias da informação, farão do *e-learning* um fator-chave no desenvolvimento das pessoas e do negócio que elas sustentam.
- As chaves conceituais, no *e-learning,* são as de conteúdos – não é suficiente transferir o papel para a rede – e as facilidades de comunicação e interação que elas atraem.
- O *e-learning* é formação, não é tecnologia.

Alteração das características do processo formativo, devida à transformação para um novo entorno de formação-aprendizagem:

- *Método:* Modelo tradicional de aula *versus* modelo de teleaprendizagem, num processo cuja dinâmica de aprender é muito mais dirigida pelo aluno.

- *Duração:* O modelo tradicional se concentra no curso e na estrutura de um processo de aprendizagem em curto espaço de tempo. No *e-learning*, o tempo de aprendizagem pode adequar-se à necessidade de aprender ou resolver um problema, estabelecendo a fixação de hábitos, e aumentando novas habilidades e comportamentos.

- *Protagonismo:* O *e-learning* requer, como elementos principais, o interesse e a motivação do autêntico protagonista da formação – o aluno. Este poderá dispor de um projeto personalizado, durante o qual autocontrola o seu ritmo de aprendizagem, adaptando-o às próprias necessidades e possibilidades.

- *Conteúdos:* Tradicionalmente, os conteúdos partem dos objetivos, das atividades planejadas e dos respectivos recursos específicos. No *e-learning* existem novos graus de liberdade. Os materiais podem ser diversos e também conhecidos detalhadamente; além disso, podem complementar-se com novos conteúdos provenientes de outras fontes externas de informação, em função da profundidade de análise e estudos necessários.

- *Processo individual:* O *e-learning* permite aprofundar-se no aspecto da personalização de conteúdos e atividades e no aspecto do *feedback* pessoal. O potencial da comunicação ascendente, descendente e horizontal, abrindo o *e-learning* através de correio, *chats*, foros etc., possibilita a solução de problemas individuais, através da aprendizagem horizontal colaborativa.

- *Uso de tecnologia:* Trata-se de empregar o meio digital baseado nas tecnologias da informação, como canal habitual para intercâmbio e acesso à informação.

- *Flexibilidade:* O *e-learning* possibilita uma gestão muito flexível das variáveis espaço/tempo, tanto para os alunos como para os professores ou tutores.

Destacamos, entretanto, algumas premissas, para que a intervenção das tecnologias da informação possam favorecer o desenvolvimento de competências e a gestão do conhecimento, apoiando as estratégias e os processos de mudança e tendo por base os novos modelos de formação-aprendizagem:

- Motivação e capacidade de auto-aprendizagem dos partícipes.
- Esforço para a tarefa de tutorização e acompanhamento pela equipe docente.
- Uma boa aproximação com o entorno educativo e o meio habitual de trabalho.
- Capacidade e suporte tecnológico de bom nível.

TABELA 2.6
Quadro comparativo entre a formação tradicional e *e-learning*

Formação tradicional	E-learning
Método aula.	Método teleaprendizagem.
Materiais específicos/materiais genéricos.	Materiais próprios do negócio.
Concentrado no curso.	Estendido ao trabalho.
Baseado em ensinar.	Baseado em auto-aprendizagem.
Conteúdos de um programa.	*Gap* de competências e desenvolvimento.
Formação coletiva.	Aprendizagem individual colaborativa.
Uso reduzido de tecnologias.	Uso intensivo de tecnologias.
Rigidez horário/lugar.	Flexibilidade tempo/espaço.

Existem dois perigos no momento de planejar um produto de *e-learning*. Um deles é querer matar dois coelhos com uma cajadada só e querer abraçar o mundo, propondo ao aprendiz pular rapidamente, de conhecimento em conhecimento, ou, como neste caso, de informação em informação.

O outro perigo é cair no que Brian Clegg denomina de síndrome do piloto[19], quando comenta uma experiência própria, na época em

---

[19] Clegg, B. (2000): *Cautive el corazón de sus clientes*. Madri: Prentice-Hall.

que se dedicava a desenhar um modelo que permitisse viajar por todo o mundo sem sair de casa. No primeiro momento, Brian desenhou um modelo claro e simples, mas, assim que o apresentou, os pilotos o recusaram; ao que parece, o modelo não lhes dava a impressão de ser suficientemente tecnicocientífico.

Brian, então, introduziu uma grande quantidade de informação e controle, numa única tela. Aquela interface de usuário não tinha muito sentido, era redundante, mas encantou os pilotos. Sentiram-se em seu meio, como na cabine do avião, rodeados de controles, *switchs* etc.

Aqui podemos sintetizar as vantagens e inconvenientes desse tipo de aprendizagem:

Vantagens:

- Permite a comunicação sincrônica, em tempo real, e assincrônica, quando não se faz no tempo real.
- Permite aprender em grupos de muito maior tamanho do que os grupos de aprendizagem presencial.
- Supõe um acesso simples e rápido a fontes variadas de conhecimento, tanto interno como externo à empresa.
- Acessa as principais autoridades em cada área do conhecimento.
- Atualiza rapidamente os conteúdos, fazendo a distribuição imediata dos mesmos.
- Otimiza os custos.
- Está em permanente construção
- Partilha do seu entorno, com todos.
- Fomenta a participação ativa.
- Propicia a aparição das boas práticas.
- Familiariza com a Internet.
- Baseia o processo em simplicidade (ritmo, lugar, momento).
- Dinamiza e interage.

Inconvenientes:

- A necessidade de controle da disciplina.
- O custo inicial de investimento em TIC pode ser importante.

- A dificuldade de automotivação e auto-responsabilidade.
- A necessidade de partir de um nível de satisfação no trabalho.
- A necessidade de um canal de comunicação aberto para consultas.
- A tendência em apostar no urgente pode atrasar a formação.
- A dificuldade de integração com os sistemas da aprendizagem tradicional.
- A dificuldade de integrar a realidade, com os tempos disponíveis para a sua utilização.
- A não-compreensão, por parte dos usuários, das possibilidades, do alcance e também das dificuldades de se introduzirem nessa metodologia.
- A falta de diferenciação sobre o que deve ser aproveitado pelo *e-learning*, seja área de conhecimento, níveis formativos ou perfis profissionais.
- As determinações em que haja dicotomias (ou é isso ou é aquilo) que são traduzidas, aqui, em formação presencial ou formação *on-line*; na maior parte das vezes, seguramente, a solução mista é a mais eficiente.
- A falta de sensibilização prévia dos possíveis usuários.
- A falta de uma personalização mínima quanto a conteúdo, metodologia, duração, avaliação etc.

2.16.4. Outdoor learning (ou training): aprendendo em ambiente natural

Outdoor learning, também conhecido como formação fora da aula, aprendizagem ao ar livre ou aprendizagem baseada na experiência vivencial, é uma ferramenta formativa, especialmente indicada a permitir o aprofundamento em determinadas habilidades executivas e gerenciais, como: comunicação interpessoal, criatividade, tomada de decisões, liderança, delegação e, em especial, trabalho em equipe, habitualmente com pessoas da mesma organização.

Idéias-chave:

- O *outdoor learning*, incluído no plano global de formação, permite maior eficácia e rapidez do que a formação tradicional.
- Entre outras vantagens, o participante interioriza mais facilmente aquilo que é aprendido, uma vez que aprende atuando em tempo real e num entorno motivador, no qual a assimilação de conhecimentos, atitudes e condutas se produz de forma mais profunda e efetiva.
- Com o *outdoor learning* consegue-se uma mudança de atitudes, facilitando-se o desenvolvimento pessoal, que reverte para a organização.
- Os participantes se encarregam de analisar seus próprios progressos, e como devem aplicá-los para introduzir mudanças em sua empresa.

Objetivo

Colocar um grupo de pessoas, geralmente da mesma empresa, diante de situações que dependam, para serem superadas, da cooperação de umas com as outras, com o fim de realçar emocionalmente condutas e atitudes que mais tarde deverão desenvolver em suas vidas profissionais, assim como aperfeiçoar suas habilidades executivas.

A aquisição de conhecimentos não se realiza através da discussão, mas sim do ato reflexo. Não se trata, portanto, de uma aprendizagem racional, mas sim, fundamentalmente, emocional. Trata-se de apreender comportamentos e atitudes que mais tarde os participantes terão que pôr em prática em suas atividades profissionais. É um aprender a fazer que muitas vezes exige o ensaio e o erro.

Passos para traçar um programa de outdoor learning

- Identificar os problemas ou necessidades do cliente.
- Fixar objetivos pedagógicos.
- Traçar as unidades didáticas necessárias.
- Prever a equipe de consultores (analistas e facilitadores), os técnicos e o pessoal de apoio.
- Buscar o lugar e o instrumental necessário.

O que se consegue com o outdoor learning

- As pessoas se conhecem melhor.
- As pessoas adquirem uma visão diferente do seu companheiro.
- As pessoas descobrem e reconhecem os próprios limites.
- As pessoas agem, sabendo que suas convicções são relativas.
- As pessoas aprendem a associar atitudes e comportamentos em situações diferentes.
- As pessoas aprendem a partilhar o agradável e o incômodo.

Criatividade e inovação

- Atuação fora da denominada área de conforto ou habitual, explora a zona de crescimento e desenvolvimento.
- Atuação na zona de crescimento, sentindo o risco, mas sabendo que a criatividade produz a inovação.

Onde se faz

- Depende das necessidades da empresa e de seus executivos. Começa nas próprias instalações e chega a lugares muito distantes, ao ar livre; geralmente prefere-se a segunda opção (ao ar livre no mar ou na montanha).

Exemplos de atividades

- A construção de uma pirâmide com todos os detalhes. Objetivos: flexibilidade e interdependência.
- A água radioativa: Um grupo terrorista pôs um recipiente com água radioativa na praia. É necessário construir uma balsa com determinadas características, apesar do custo e da escassez de materiais, em tempo recorde, para transportar esse recipiente sem derramar uma gota e assim poder salvar a humanidade.
- Navegação a vela.
- Vôo em balão.

- Construção de uma balsa, de uma ponte...
- Busca de tesouros ou recursos.
- Atirar no alvo, fazer rapel...
- ...

O que costuma acontecer

Uma alta percentagem dessas atividades ainda é considerada como ir para o campo e para a praia. Da mesma forma acontece na aprendizagem do *e-learning*, onde os meios se confundem com o fim. A atividade flui atrativamente, mas a possível aprendizagem só acontece na auto-reflexão. Em geral, isso é bastante otimista quanto às nossas capacidades de aprendizagem.

Não existem muitos consultores que sejam capazes de extrair os aspectos críticos da análise, para alcançarem uma via de transferência, da experiência vivida para a experiência laboral.

Recordo-me de que, em meu tempo na Euroforum, contratei uma das empresas que mais se destacam no *outdoor learning*. Os participantes relaxaram, divertiram-se, fizeram algo diferente, mas foram extremamente críticos ao avaliarem a sessão. Isso resultou em fracasso, no âmbito da aprendizagem. "Para passar meu tempo livre, escolho o lugar e a companhia", "Divirto-me quando quero e quando posso", "Vim aqui para aprender, não para brincar", foram alguns dos comentários mais delicados.

2.16.5. Coaching

É uma nova moda? É algo passageiro? É rentável? Não se corre risco? Para quem serve? Quem está preparado para ser *coach*? A que substitui? Existem modalidades diferentes? Quanto tempo dura um processo de *coaching*? O que se entende por *coaching*?

Essas e muitas outras perguntas sobre *coaching* se acumulam nas cabeças dos executivos, DRH e DF. Mas, na Espanha, há cinco anos deram-se os primeiros passos e já começam a entendê-lo.

Como acontece igualmente com outros conceitos, vindos do mundo anglo-saxônico, temos problemas com a nomenclatura. A denominação *coach* já está praticamente aceita, porém com *coachee* ainda existem problemas. Usaremos, para substituí-la, em alguns casos, as palavras cliente ou pupilo. No sentido mais puro, o *coach* não é um solucionador de problemas, um instrutor, tampouco é um mestre ou especialista. Seu papel é o de um facilitador da aprendizagem, da auto-observação, do processo de consciência.

> "O que realmente diferencia o nosso cérebro é a sua habilidade para a linguagem."
>
> Charles Stevens

Ajuda ao *coachee* (cliente) a reenquadrar seus problemas, a vê-los sob outro ponto de vista, a descobrir novas alternativas, através da conversação.

Não é que o *coach* tenha que transmitir os seus conhecimentos ou a sua experiência. O *coachee* não tem que aprender com o *coach*, mas com ele mesmo, com o que existe dentro dele, embora ainda não o saiba.

O *coach*, fundamentalmente, observa e escuta o imediato e o mais distante, e facilita ao *coachee* tornar mais claras as situações e as relações.

É um extrator da potencialidade do *coachee* e o ajuda a redescobrir-se, tanto nas suas forças como nas suas debilidades.

O *coach* atua com perguntas adequadas, mais do que com respostas.

O trabalho de um *coach* tem que estar guiado por um plano de desenvolvimento individual que reúna, no mínimo, as seguintes condições:

- Progressivo – Alcançando metas intermediárias identificadas pelo *coachee*.

- Flexível – Tendo por base as competências que o *coachee* vá obtendo.

- Concreto – Tem que ter o objetivo delimitado. Não é uma simples questão de se reunirem.

- Transparente – Com responsabilidades e compromissos delimitados e sem agendas ocultas.

- Confidencial – Com um compromisso mútuo de confidencialidade.

- Programado – Com um calendário prefixado e assumido pelas duas partes.

- Desafiante – Que exija um esforço, tanto para o *coach* como para o *coachee*.

- Delimitado – Com um limite temporal prefixado.

> "No princípio era o verbo..."
> João, 1:1

O *coachee* tem que sentir que possui um espaço, no qual não se arrisca logo para o exterior, e pode explorar quando não alcança ou consegue o que pretende.

> "De vez em quando, a tribo se reunia em círculo. Simplesmente falavam, falavam e falavam, sem um propósito aparente. Não tomavam decisões, não havia líder. Todo mundo podia participar.
>
> Talvez houvesse homens e mulheres sábios que escutassem um pouco mais – os anciãos – mas todos podiam falar. A reunião prosseguia, até que parecia acabar, e então o grupo se dispersava. Entretanto, depois de tudo isso, todo mundo parecia saber o que fazer, porque se entendiam perfeitamente. Assim, podiam reunir-se em grupos menores e fazer algo ou tomar decisões."
>
> DAVID BOHME

Isso não nos recordam as tertúlias?

No século IV a.C., Sócrates propôs, em suas duras e permanentes críticas aos sofistas, "os possuidores do conhecimento", um método de aprendizagem radicalmente novo.

Contra os conhecimentos estabelecidos, Sócrates, com o seu *Cnosque Ipsum* (Conhece-te a ti mesmo), ensinava aos seus discípulos, convidando-os a responder uma série de perguntas, por meio das quais os dirigia a parar para reconsiderar suas crenças (método maiêutico).

O *coaching* tem sentido, uma vez que nossas capacidades de ação e aprendizagem não são lineares nem contínuas.

Nossa consciência nos diz quando erramos; entretanto, voltamos a cair no mesmo erro, muitas vezes por hábitos que facilitam comportamentos quase automáticos. Não se trata então de saber mais, mas de aplicar o que já sabemos. Assim, o fato de ter que dar conta, ao *coach*, de como atuamos e cumprimos o que nos auto-exigimos, é um grande passo para nos esforçarmos e sairmos da inércia.

> "Você vê as coisas tal como são e se pergunta por quê; mas eu sonho coisas que nunca existiram, e digo a mim mesmo, por que não."
> George Bernard Shaw

Aspectos básicos do coaching

- O *coaching* é fundamentalmente uma conversação entre *coach* e *coachee* (pupilo ou cliente).
- O objetivo fundamental do *coaching* é ajudar a quem já sabe a saber ainda mais.

- O papel do *coach* gira em torno das perguntas e não das respostas.
- O *coaching* é mais uma viagem do que um destino.
- O *coach* trata de despertar e alertar a consciência do pupilo.

Áreas do trabalho do coaching executivo

Ainda que em algumas ocasiões a área fundamental se baseie no autoconhecimento e na autoconsciência, geralmente existem diversas áreas de trabalho que costumam ser tratadas no decorrer de um processo de *coaching* executivo.

- Liderança.
- Gestão da interdependência.
- Comunicação interpessoal.
- Gestão do tempo.
- Gestão da mudança.
- Equilíbrio trabalho/vida privada.
- Gestão de conflitos.
- Identificação de deficiências gerenciais.
- Pensamento estratégico.
- Criatividade.

> Francisco Álvarez, no seu artigo "*El coaching. Entrenar a los ases empresariales*", na *Gaceta de los Negocios*, comenta que Ricardo de Mariano, diretor de RH da Motorola, costuma contar a seguinte história: "Um comandante, acostumado a conquistar vilas onde quisesse, tinha um soldado rebelde na sua companhia. Quanto mais tentava impor seus conselhos e suas diretrizes a esse soldado, mais metia os pés pelas mãos. Mesmo que indicasse o caminho correto, o soldado preferia descobrir o mundo, seus temores e incertezas, por si mesmo". Desesperado o comandante recorreu a um general experimentado, ao qual pediu um conselho: "Realizei missões importantes; por que não sou capaz de convencer o soldado?". O general respondeu: "É mais importante que o soldado siga o caminho que você indica ou que você aprenda a ajudá-lo?"

Demarcando o processo

Qualquer processo de *coaching*, ainda que esteja baseado na atenção, apoio e reforço profissional de uma pessoa, requer que no primeiro momento o foco de atenção seja a organização para a qual presta os seus serviços profissionais.

Isso exige apresentar uma série de perguntas críticas acerca do entorno estratégico da empresa:

- Hoje em dia, quais são os desafios fundamentais do negócio? E nos próximos dois a cinco anos?
- Que objetivos de negócio você tem que alcançar?
- Quais são os valores que definem o que fazer na organização?
- Que habilidades de liderança, conhecimentos e atitudes foram críticas para conseguir o êxito no passado?
- Algum desses atributos é diferente dos que existem nas outras associações?
- Qual a estratégia que existe na sua organização, para desenvolver líderes para o futuro?
- Quais as mudanças mais significativas que a sua organização tem que enfrentar?
- Que processos lhe parecem mais críticos, na sua organização?
- Você seria capaz de expor os elementos básicos que constituem a chave histórica da sua organização?

Essência do coaching

Definitivamente, o *coaching* é uma ferramenta utilizada para o autodesenvolvimento. É uma ajuda externa, que nos facilita ver nossa atuação sem nos sentirmos atacados. O "ver-se a si mesmo" é muito difícil, ainda que no decorrer da nossa vida possamos ir avançando nesse processo. Muitas vezes vemos o que queremos ver e ouvimos o que queremos ouvir, tanto dos demais como de nós mesmos.

> "O processo de individualização é a tendência inata da psique humana para encontrar seu centro, a si mesmo, o Ego. É um caminho progressivo de autoconhecimento. Porém, esse caminho de individualização não é um processo natural que acontece espontaneamente. Avançamos em nosso desenvolvimento quando começamos a nos conhecer, quando temos a coragem de enfrentar os velhos medos que estão dentro de nós."
>
> C. JUNG

Passamos muitas horas em nosso trabalho, mas, além disso, estamos invertendo, às vezes gastando inutilmente, nossa energia vital. Por isso, quando encontramos no trabalho a possibilidade de realização profissional, temos um fator que pode nos ajudar a dar significado à nossa existência pessoal e social.

Competências de um coach

Segundo Zeus e Skiffington[20], para ser *coach* deve-se reunir uma série de competências ou capacidades; não basta ter tido a experiência executiva, ser um bom professor ou ter êxito como consultor.

Essas competências, que eles assinalam, são:

1. Capacidade de autoconsciência.

Ressaltaremos algumas características que definem essa capacidade, como:

- Capacidade de auto-observação e auto-reflexão.
- Capacidade de aceitar a crítica e o *feedback*.
- Controle das situações de transferência (pupilo sobre o *coach*) e controle das situações de contratransferência (identificação do *coach* com o pupilo).
- Gestão adequada da metodologia no processo de *coaching*.
- Reconhecimento dos nossos próprios preconceitos.

2. Capacidade de inspirar os demais.

Ressaltaremos aqui:

- Viver e atuar coerentemente, de acordo com os próprios valores.
- Estar disposto a aceitar a responsabilidade pelos fracassos.
- Trabalhar a partir de um modelo de aspectos fortes em vez de fracos.
- Fomentar a persistência e a resistência ao desânimo.

---

[20] Zeus, P. e Skiffington, S. (2002): *Guía completa de coaching en el trabajo*. Madri: McGraw-Hill.

- Explicitar a paixão de ajudar os demais a aprender, crescer, desenvolver-se, aproveitando os talentos de cada um.

3. Capacidade de estabelecer relações.

Destacamos aqui:

- Dedicar o tempo necessário a conseguir que a comunicação seja fluida.
- Exercitar a paciência durante o processo.
- Agüentar os desejos de oferecer conselhos.
- Demonstrar que se cumpre o processo com a confidencialidade exigida.
- Alcançar a maior credibilidade possível, através da sinceridade, formalidade e coerência.

4. Capacidade de ser flexível.

Consideramos o termo "flexível", significando:

- Alternar exigência com compreensão.
- Entender outros ritmos e situações de exceção.
- Compreender as dificuldades específicas de cada pupilo.
- Adaptar-se a apresentações diversas que podem desviar o caminho prefixado.

5. Capacidade de se comunicar:

> "Você pode saber se um homem é inteligente pelas suas respostas, mas poderá saber se é sábio, pelas suas perguntas."
> Naguib Mahfouz

- *Empatia:* Capaz de se pôr na pele do pupilo, e saber como ele está se sentindo.
- *Curiosidade:* Interessado pela natureza humana e seus pesadelos e belezas.
- *Escuta:* Tomando por fundamento as perguntas, reflexões, esclarecimentos e *feedback*.
- *Uso do humor:* Partindo da capacidade de autocrítica e de rir de si mesmo.

O executivo como coach

Durante a evolução, de chefe a *coach*, o executivo terá que entender o seu novo papel e aperfeiçoar as habilidades necessárias para chegar ao fim.

A relação entre as pessoas depende muito do ambiente criado em torno dessa relação, levando-se em conta que a empresa na qual se produz é de natureza sociotécnica. Isso significa que, a todo momento, deve-se estar atento ao processo de transformação, bem como os seus *inputs* e *outputs* (resultados conseguidos).

O executivo, como *coach*, terá que[21]:

> "O homem não tem paciência para escutar, por isso julga."
> Oscar Wilde

a) Estabelecer, junto aos empregados, objetivos claros.

b) Dar *feedback* sobre o desempenho e a obtenção desses objetivos.

c) Ser paciente com os erros e atrasos na aprendizagem, pois cada pessoa tem um ritmo diferente ao aprender.

d) Criar um entorno livre de medos, no qual se favoreça a aprendizagem, evitando-se as opiniões e a manipulação.

e) Crer nos empregados e demonstrá-lo através dos desafios propostos, da atitude e dos comportamentos.

f) Promover a excelência, abrindo possibilidades e marcos de atuação que permitam um desenvolvimento contínuo dos colaboradores.

g) Formular perguntas aos colaboradores, de forma a estimular os processos de autodescoberta. Em vez de dar respostas, deve-se aplicar o método maiêutico, que estimula a curiosidade e o pensamento criativo.

h) Reduzir o envolvimento pessoal, no que diz respeito aos resultados dos colaboradores. O *coach* tem que estimular, facilitar, impulsionar, mas não é responsável pela atuação dos colaboradores, ainda que, sem dúvida, seus êxitos se alinhem com os deles.

---

[21] Gilley, J. W. e Boughton, N. W. (1996): *Stop managing, start coaching*. Chicago: Irwin.

2.16.6. Mentoring

> "Ulisses se prepara para a aventura de Tróia. Escolhe então uma pessoa para cuidar da sua casa e da família. Durante dez anos essa pessoa age como se fosse mestre, conselheiro, amigo e pai adotivo de Telêmaco, filho de Ulisses.
> O nome dessa pessoa era Mentor."
>
> HOMERO (Odisséia)

> "Formar não é ensinar pensamentos, mas ensinar a pensar; não é levar o aluno nas costas, mas guiá-lo, para que seja capaz de andar por si mesmo."
>
> Kant

O *mentoring* (voltamos a ter os mesmos problemas com as denominações em inglês) é o acompanhamento que uma pessoa experiente e preparada (mentor, conselheiro, treinador, guia, mestre etc.) faz de outra geralmente mais jovem com o objetivo, combinado entre as duas partes, de fazer crescer, desenvolver competências específicas para favorecer essa segunda pessoa (mentoreado). Outros autores o definem como:

- Quem oferece conhecimento, reflexão, perspectiva ou sabedoria especialmente útil para outra pessoa[22].
- Companheiro de profissão que conhece a fundo a sua especialidade, e aconselha e anima[23] o outro.

Qual a diferença entre *mentoring* e *coaching*? A resposta imediata é: depende do livro que caia nas suas mãos, amigo leitor. Quase acontece o mesmo com eficácia e eficiência. Cada autor tem um critério diferente. Não existe uma unidade de critério.

Para mim, existem quatro diferenças fundamentais, além de algumas outras nuances.

1. No *mentoring*, o mentor transmite conhecimentos, tanto técnicos quanto os conseguidos pela sua experiência (tácitos). No *coaching*, não se trata de transmitir conhecimentos, mas fundamentalmente de facilitar a auto-reflexão do cliente.

---

[22] Shea, G. (1999): *Mentoring: A Practical Guide*, Crisp Publications, Austrália.
[23] Rolfe-Flet, A. (1996*): Tailor Made Mentoring for Organizations*. Synergetic Management Pty. Ltd.

O mentor contribui com idéias ou possíveis soluções. O *coach* pergunta.

2. No *mentoring*, o mentor costuma ser um profissional da mesma empresa que o mentoreado (cliente), coisa que não costuma acontecer no *coaching*.
3. No *mentoring*, o mentor costuma ser uma pessoa de mais idade e experiência.
4. Nos processos de *mentoring*, aparecem outros protagonistas, além de mentor e mentoreado (em especial o chefe deste último).

Na terminologia usada na Espanha, o mais próximo ao mentor é o tutor.

Em algumas ocasiões, também se fala de *reverse mentoring* quando se é especialista em uma competência e aprendiz em outra.

Protagonistas de um processo de mentoring

- Mentores:
  - Profissionais com experiência e com boa reputação, que voluntariamente querem participar do programa.
  - Apresentam uma série de conhecimentos, atitudes e competências, nas quais demonstram disponibilidade para dar contribuições ao processo de *mentoring*.

- Equipe coordenadora:
  - Composta geralmente por um diretor de linha, assessores de recursos humanos e um gerente de programa.
  - Selecionam o mentor e o mentoreado e com eles se inter-relacionam, dando continuidade ao programa.

- Supervisores diretos:
  - Estabelecem os objetivos de desenvolvimento com o mentoreado.
  - Avaliam, junto ao mentor, o grau de cumprimento dos objetivos.

- Mentoreados:
  - Pessoas que mostram potencial e são selecionadas, com base em critérios estabelecidos pela organização.

Condições básicas de um projeto de mentoring

1. Integrado a um processo estratégico que inclua o desenvolvimento da organização.
2. Claridade e transparência dos objetivos e processos.
3. Venda interna do programa. A propaganda é a alma do negócio.
4. Caráter voluntário, pelo menos no que diz respeito ao mentor e ao mentoreado.
5. Alta qualificação e prestígio profissional do mentor.
6. Cada mentor deve ter apenas um mentoreado, e vice-versa, durante o prazo estabelecido para o processo.
7. O mentor e o mentoreado podem ser, ou não, do mesmo departamento ou área, mas nunca podem ter uma relação hierárquica direta.
8. Período de seis meses a dois anos.
9. Alto nível de confiança, existente ou criada, entre mentor e mentoreado.
10. Necessidade de um método, ou ferramenta, que controle e meça os resultados.

A motivação e as preocupações do mentor

a) Motivações do mentor:

1. Aumento da auto-estima.
2. Revitalização de seu interesse pelo trabalho.
3. Relação pessoal com o mentoreado.
4. Recompensa monetária.
5. Realização de necessidades de desenvolvimento pessoal.
6. Assistência (ajuda) profissional em projetos.

b) Preocupações do mentor:

1. Pressão, decorrente do seu papel de mentor.
2. Falta de habilidade.
3. Não levar a sério o papel de mentor, nem o *feedback*.
4. Falta de tempo para trabalhar com os mentoreados.
5. Não receber recompensa, benefício ou remuneração.
6. Possessividade quanto ao mentoreado.
7. Não deixar o mentoreado assumir a responsabilidade necessária ao aprendizado.
8. Ressentimento em relação ao mentoreado.

Em certa ocasião, alguém perguntou a Miguel Ângelo: Qual o seu segredo para criar a estátua de Davi? O artista respondeu: "Nenhum; a estátua estava dentro da pedra e tudo que fiz foi tirar da pedra o que estava sobrando".

O trabalho do mentor é o de modelador, guia, descobridor de potencialidades e transmissor de experiências e conhecimentos.

As vantagens e desvantagens para o mentoreado

a) Vantagens para o mentoreado:

1. Desenvolvimento de atividades programadas.
2. Incremento da probabilidade de êxito.
3. Menor tempo no posto inadequado.
4. Efeito Pigmalião.
5. Incremento do conhecimento da organização.

b) Desvantagens para o mentoreado:

1. Possibilidade de que o mentor recuse o trabalho.
2. Possibilidade de que o mentor ponha o mentoreado contra o chefe.

3. Ter expectativas irreais de promoção.
4. Ser incapaz de assumir responsabilidades para o próprio desenvolvimento.
5. Ser objeto de inveja e maledicência.
6. Ter um mentor que não cumpre suas obrigações.
7. Ter um mentor que se aproveite do trabalho do mentoreado.

As vantagens e desvantagens para a organização

a) Vantagens para a organização:

1. Incrementa a produtividade.
2. Minimiza os custos.
3. Melhora os esforços na seleção de pessoas.
4. Incrementa a comunicação e o entendimento organizacional.
5. Mantém a motivação das pessoas, enriquecendo-as com experiências (mentores).
6. Amplia o leque de serviços oferecidos pela organização.
7. Melhora o planejamento estratégico (fator humano).

FIGURA 2.9
Como iniciar o processo de *mentoring*

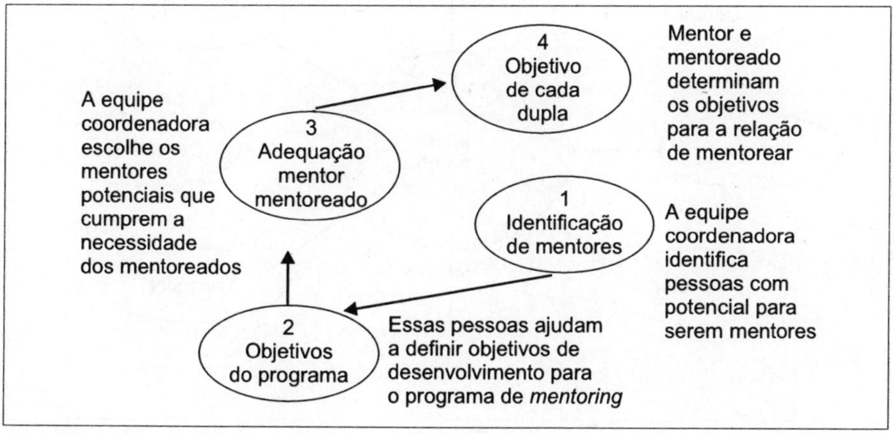

A equipe coordenadora escolhe os mentores potenciais que cumprem a necessidade dos mentoreados

3 Adequação mentor mentoreado

4 Objetivo de cada dupla

Mentor e mentoreado determinam os objetivos para a relação de mentorear

1 Identificação de mentores

A equipe coordenadora identifica pessoas com potencial para serem mentores

2 Objetivos do programa

Essas pessoas ajudam a definir objetivos de desenvolvimento para o programa de *mentoring*

b) Desvantagens para a organização

1. Frustração.
2. Compromisso excessivo.
3. Coordenação com outros programas.
4. Dificuldade de vender.
5. Administração complicada e cara.

Papel múltiplo do mentor (Figura 2.10)

1. Comunicador:

- Promove o intercâmbio bilateral da informação.
- Estabelece um ambiente aberto à interação.
- Procura estar à disposição do mentoreado sempre que necessário.
- Atua como catalisador das idéias e sugestões que o mentoreado traga.

FIGURA 2.10
Papéis do mentor

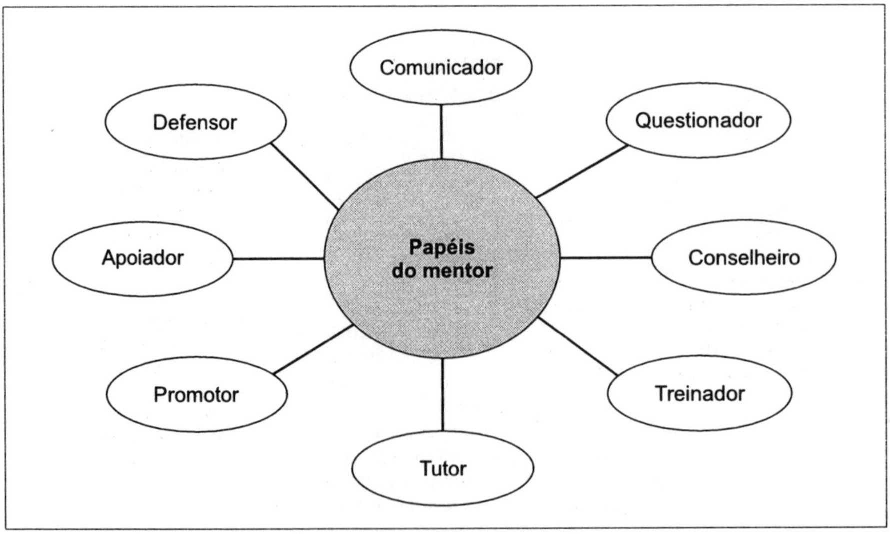

2. Treinador:

- Ajuda a clarear os objetivos e as necessidades do desenvolvimento.
- Ensina habilidades técnicas e de *management* (no trabalho do dia-a-dia).
- Reforça a efetividade do desempenho no trabalho.
- Recomenda comportamentos específicos nos quais o mentoreado necessita melhorar.

3. Tutor:

- Comunica realidades formais e informais a respeito do progresso da organização.
- Recomenda oportunidades para um treinamento que possa ser benéfico para o mentoreado.
- Recomenda estratégias apropriadas direcionadas para a carreira profissional.
- Revisa o plano de desenvolvimento do mentoreado.
- Ajuda o mentoreado a identificar os obstáculos na evolução da sua carreira profissional e a escolher as ações apropriadas para superá-las.

4. Questionador:

- Assessora seu mentoreado, adotando uma posição crítica, para promover sua contínua melhora.
- Estimula, no mentoreado, o desenvolvimento de uma atitude crítica.
- Atua como um espelho, dando *feedback* ao mentoreado.

5. Conselheiro:

- Colabora na identificação de habilidades, interesses e valores, para a vida profissional do seu mentoreado.
- Ajuda o mentoreado a avaliar suas opções de carreira.
- Colabora na apresentação de estratégias que ajudem o mentoreado a alcançar seus objetivos pessoais.

6. Promotor:

- Estende a rede de contatos profissionais do mentoreado.
- Agrupa vários mentoreados, para que trabalhem juntos e possam se beneficiar mutuamente.
- Busca levar seu mentoreado ao encontro das oportunidades de formação ou trabalho apropriados.
- Ajuda a identificar os recursos necessários à evolução da carreira profissional de seu mentoreado.

7. Apoiador:

- Identifica recursos que ajudem o mentoreado a resolver problemas específicos.
- Assegura a continuidade desse processo, para ter certeza de que os recursos estão sendo úteis e utilizados eficientemente.

8. Defensor:
- Atua, junto à alta direção, como representante do seu mentoreado, para solucionar problemas.
- Providencia para que o mentoreado participe de atividades de envergadura, dentro e fora da organização.

O executivo como mentor (tutor?)

Um mentor atua como fonte de informação no que se refere à missão e aos objetivos da organização. Ajuda a refletir sobre a essência da mesma.

Um mentor ajuda a entender, na prática, a cultura da organização, ou seja, como atuar em determinadas ocasiões.

Um mentor atua como confidente, nos momentos difíceis de crise pessoal.

Indubitavelmente, para que um mentor faça exigências à pessoa mentoreada é preciso que esse mentor também transmita sua própria experiência. Entretanto, essa disposição não é freqüente, nas organizações em que as pessoas da cúpula agem como se fossem deuses; elas evitam reconhecer os próprios erros, falhas ou fracassos como uma oportunidade de comunicação, por medo de que esse reconhecimento diminua seu poder aparente.

2.17. Avaliação da formação-aprendizagem

A avaliação é um dos problemas, ainda não resolvidos, que em muitos casos traz preocupações aos responsáveis pela formação, inclusive ao pessoal de Recursos Humanos.

Como em qualquer investimento, quando se solicitam recursos financeiros à direção da empresa, fazem-se necessários indicadores que mostrem sua rentabilidade e eficácia.

Tradicionalmente, mede-se o êxito dos processos formativos, baseando-se no nível de satisfação dos receptores e, certamente, nem sempre esse nível de satisfação esteve ligado a uma possível repercussão nos processos produtivos da organização.

O planejamento da avaliação liga-se à estrutura desse processo (projeto de investimento), mantendo-se firme na rentabilidade do mesmo. Devem-se definir as dimensões e os aspectos que precisam ser avaliados.

O investimento nos projetos de formação procura a criação do valor agregado, seja sob a forma de conhecimento aplicável, seja sob a forma de capacidade de produção.

De qualquer modo, dependendo do tipo de formação, manutenção ou impulso de mudança, a conceituação de investimento é diferente. Quando se trata da formação habitual, no âmbito do treinamento, costuma-se considerar como um gasto consumível em curto prazo. Sua rentabilidade se relaciona com os custos e perdas, caso o processo de formação seja interrompido.

Quanto à aprendizagem, que poderíamos considerar inovadora, é imprescindível a busca de indicadores que permitam medir a implantação da mudança.

A formação inovadora pode evoluir, em pouco tempo, para projetos de formação e manutenção.

Que barreiras impedem, em muitos casos, que o aprendido em sala de aula seja aplicado no trabalho?

Continuamente, avaliamos o resultado obtido com cada produto existente em nosso *portfolio*; é importante fazer o mesmo com o produto de formação de executivos.

Até que ponto o produto é rentável? Quais os resultados conseguidos, depois de haver investido nele? Que tipos de resultado são esperados?

Geralmente, utilizam-se indicadores e medidas aplicados a diferentes níveis de resultados:

- Avaliação da percepção da formação: grau de satisfação dos participantes *(happy-sheet)*.

• Pode ser obtida ao final da ação formativa, e também em um curto período de tempo, depois de finalizá-la.

• Pode ser feita individualmente e também no âmbito grupal.

- Avaliação do processo de aprendizagem: grau de retenção/assimilação conseguido durante o processo formativo.

Nesse caso, também nos centramos na pessoa receptora da formação e não na organização.

Se estivermos falando de executivos, geralmente avaliam-se:

• Conhecimentos.

• Habilidades – saber fazer.

• Atitudes – querer fazer ou saber estar.

- Avaliação da transferência que mede a prática da aprendizagem adquirida no processo formativo, no posto de trabalho.

Para isso, geralmente, utilizam-se indicadores de rendimento e desempenho. É importante, nesse nível, contar com a colaboração de outras pessoas ligadas ao papel do *trainer*, assim como possíveis *coachers* que reforcem a aprendizagem em aula e a auto-aprendizagem.

- A avaliação do impacto, a qual proporciona informação econômica sobre os resultados da formação e possibilita a tomada de decisões a respeito da concessão de recursos.

Esse nível de avaliação centra-se, fundamentalmente, na organização, mais do que na pessoa.

Esse modo é similar ao de Kirkpatrick[24], o qual também assinala quatro níveis, que, simplificadamente, podem ser explicados assim:

- Nível 1: Os participantes gostaram?
- Nível 2: Os participantes aprenderam?
- Nível 3: Os participantes aplicaram?
- Nível 4: Notou-se a diferença?

Modelos posteriores para avaliação de aprendizagem, como o de Hale, vão além desses quatro níveis e se baseiam no desenvolvimento de um processo que, ao final, possa medir:

> Não podemos confundir qualidade com "gostei."

- A disposição da organização e sua capacidade para proporcionar orientação e recursos.
- A delineação do papel de cada participante.
- As habilidades, conhecimentos e motivações do participante.

A base desses modelos está na descrição do papel, dos processos de trabalho e da sua avaliação. Como a aprendizagem significa mudança, o que temos que observar, analisar e medir são as mudanças e suas repercussões sobre os resultados da organização.

Qualquer avaliação significa perguntar para saber, mostrar diferenças, confirmar, rejeitar e poder, posteriormente, atuar sobre o mesmo processo ou sobre os processos a serem realizados.

Podemos encontrar momentos distintos para averiguar o que ocorreu; esses momentos correspondem a diferentes níveis do processo de aprendizagem (Tabela 2.7).

Indicadores

Cada organização tem que desenhar um quadro específico de indicadores, baseado no sistema de avaliação que decida realizar.

---

[24] Kirkpatrick, D. (1983): *A Practical Guide for Supervisory Training and Development*, 2ª ed., Reading, Massachusetts: Addison-Wesley.

Entretanto, costumam utilizar parâmetros para medir o rendimento ou a produtividade, a administração ou a economia de tempo, a melhora da qualidade e a redução de erros.

Mostramos, como exemplo, alguns indicadores que se costuma utilizar, baseados em parâmetros clássicos (Tabela 2.8).

TABELA 2.7
Momentos, questionamentos e avaliação

Nível	Questionamentos
1. Reação à ação desenvolvida.	• Quais são as reações dos participantes do programa? • Que vão fazer com o que aprenderam?
2. O aprendido.	• Que conhecimentos, habilidades e atitudes mudaram?
3. A aprendizagem aplicada e o impacto de sua aplicação.	• Em que grau os participantes aplicarão o aprendido em seu trabalho? • Qual a repercussão da aplicação da aprendizagem?
4. Retorno do investimento	• Foi possível medir os resultados do que foi aplicado? • Foi possível rentabilizar o investimento no processo de aprendizagem?

TABELA 2.8
Parâmetros e indicadores para a avaliação

Parâmetros	Indicadores
a) Rendimento	• Número de peças, produtos, serviços produzidos. • Número de processos abrangidos ou concluídos.
b) Tempo	• Quantidade de tempo não produtivo. • Quantidade de tempo de adaptação aos novos processos.
c) Qualidade	• Número e qualidade de inovações. • Número de queixas de empregados. • Qualificação do clima do ambiente de trabalho.
d) Erros	• Número de erros. • Número de acidentes de trabalho.

2.18. Preço e custo da formação de executivos

O preço é a expressão monetária do valor que o consumidor está disposto a pagar por um produto ou serviço determinado[25].

Sob o nosso ponto de vista, a definição é apropriada, uma vez que relaciona a contribuição de valor previsível com o que se vai pagar, mas na prática esse conceito exibe muitas nuances.

Decisões estratégicas de preço

- A determinação do preço de venda condiciona amplamente o êxito. A estratégia adotada para estabelecê-lo pode ser segundo os custos, a competência ou demanda, a situação específica da empresa ou seu posicionamento no mercado.

- Em nível de empresa, o preço de um produto pode ser visto a partir de dois pontos de vista: como estimulação da procura, no mesmo nível da publicidade, e como fator determinante da rentabilidade da empresa em longo prazo.

- A escolha de uma estratégia de preços envolve a coerência interna, com relação às restrições de custo e de rentabilidade, e a coerência externa, com relação à capacidade de compra do mercado e do preço dos produtos competitivos. Tanto do ponto de vista interno, como do externo, o peso e a importância da marca condicionam qualquer escolha.

- De qualquer forma, em nosso caso, quanto ao produto FdD existe um custo-oportunidade que tem uma grande importância; se o aprendido em aula, pelas mais diversas razões, não puder ser aplicado empresarialmente, esse executivo possivelmente vai criar novas resistências, no momento em que for chamado a participar de algum outro processo formativo. Isso significa que, em algumas ocasiões, mede-se o risco do que significa fracassar, o qual incide de certa forma no preço aceito.

Podemos dizer que é grande a elasticidade, quando se trata de altos executivos. Não existem muitas oportunidades de poder incluí-los em processos de aprendizagem (temos algo a apren-

---

[25] Hale, J. (1999): *The Performance Consultant's Fieldbrok Tools and Techniques for Improving Organizations and People Pfeiffer.* São Francisco: Paperback.

der?), e deve-se evitar correr riscos. Deve-se buscar a máxima qualidade, muitas vezes também novidade, notoriedade e prestígio, ainda que seja a um preço fora do mercado.

Quero reforçar aqui a idéia apresentada, anteriormente, sobre o interesse, cada vez maior, para que exista o seguinte processo (Figura 2.11):

FIGURA 2.11
Investimento da aprendizagem

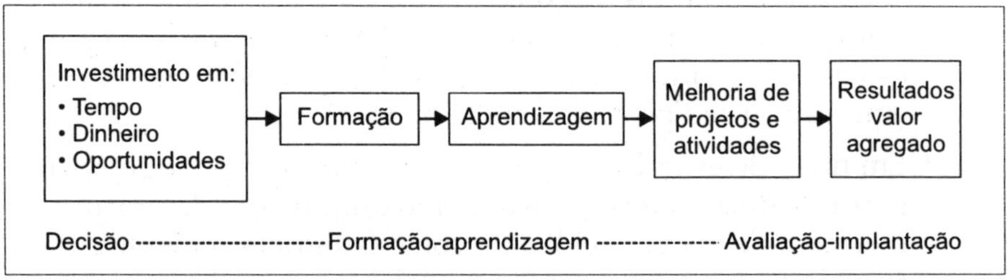

Investimento em:
• Tempo
• Dinheiro
• Oportunidades
→ Formação → Aprendizagem → Melhoria de projetos e atividades → Resultados valor agregado

Decisão --------------------- Formação-aprendizagem ---------------- Avaliação-implantação

No decorrer desse tipo de processo, como acontece em qualquer outro, as perdas vão acontecendo. Sobre isso, Peter Senge assinala que nas empresas americanas 92% do que é ensinado não são aprendidos.

A importância das decisões de preço:

- O preço escolhido influi diretamente no nível da procura e determina o nível de atividade.
- O preço determina diretamente a rentabilidade da atividade.
- O preço influi na percepção global do produto ou serviço e contribui para o posicionamento da marca.
- O preço permite facilmente as comparações entre produtos e serviços.
- A estratégia de preços deve ser compatível com outros componentes da estratégia de *marketing*, e deve permitir financiar a estratégia publicitária e promocional, o posicionamento, a comunicação etc.

O preço, do ponto de vista do custo

A análise do custo, como ponto de partida na elaboração de uma estratégia de preços, é certamente o procedimento mais natural e também mais familiar nas organizações. Baseando-se em custo, aplica-se a margem desejada e tenta-se vender, de forma que se mantenha a dita margem.

Ainda que apareça como natural, muitas vezes não é real, uma vez que a demanda é que manda, e quando os custos não desaparecem isso é um problema interno, mas em nenhum caso se pode dizer que o mercado não entende, ou algo parecido.

De qualquer forma, quando se trata de FdD, não faz muito sentido aplicar essa política, já que esse mercado leva consigo outros valores embutidos, que permitem diminuir as margens de lucro em algumas operações, para aumentá-las em outras.

O preço, do ponto de vista da busca

A estratégia se estabelece, com base em análise prévia das reações dos clientes, diante de um determinado preço; esse preço é conhecido como a noção de elasticidade da busca, considerando os fatores determinantes da sensibilidade ao preço. No mercado da FdD, a possível elasticidade procede do prestígio da marca e do renome do consultor-formador.

O preço, do ponto de vista da competência

Com relação à competência, os centros de formação, as consultoras e as escolas de negócio podem ser influenciados por dois fatores, na hora de estabelecer os preços:

- A situação competitiva do setor, caracterizada pelo número de empresas competidoras.
- A importância do valor do produto percebido pelos compradores (vantagem competitiva e fator de diferenciação dos centros).

Como já vimos anteriormente, o mercado está inundado de concorrentes, tanto públicos como privados, e de organizações e indivíduos, tanto nacionais como internacionais, o que produz um certo desconcerto e desordem.

Quanto ao valor atribuído, como ainda não existe um mecanismo de confiabilidade para a avaliação da aprendizagem do executivo, a percepção está sujeita a parâmetros de toda índole, não sendo dos menos importantes o político.

Os objetivos e as estratégias de preços

No benefício

O que se pretende é a maximização do mesmo e a obtenção de uma taxa de rentabilidade sobre o capital investido. Entretanto, esse modelo implica dois fatores-chave para sua utilização na prática, que são:

- A pessoa que oferece deve conhecer com precisão as funções de custo e demanda de cada um de seus produtos.
- Deve-se dar uma estabilidade, raramente alcançada, aos fatores de entorno e à competência.

Quando se trata de um serviço cada vez mais personalizado, a confiança torna-se um fator-chave em qualquer plano, tanto a médio como a longo prazos.

No volume

Uma estratégia de preços, de acordo com o volume, tende a maximizar o valor de venda ou a cotação no mercado, ou assegurar uma taxa de crescimento suficiente de vendas.

Se o centro de formação deseja maximizar a cotação no mercado, deve utilizar uma estratégia de penetração no mercado, ou seja, utilizar um preço relativamente baixo, inferior ao da concorrência, para aumentar o mais rápido possível o volume e, conseqüentemente, a cotação no mercado.

Além disso, pode-se utilizar uma estratégia de preço de seleção, que busca uma cifra de vendas elevadas, a um preço elevado, considerando que existem certos grupos de clientes que estariam dispostos a pagar um preço alto, em função do preço atribuído por ele ao produto.

Na formação de executivos isso é muito claro, quando se trata de um setor específico da população laboral sobre o qual se pensa; no entanto, não está demonstrado que, diante de qualquer investimento ou formação, sempre serão obtidos valores secundários crescentes.

Na competência

Essa estratégia busca tanto a estabilização dos preços como o alinhamento com os competidores, cujo objetivo é estabelecer uma relação entre os preços dos diferentes produtos em concorrência, para evitar grandes flutuações de preços que poderiam afetar a confiança dos clientes.

Em nosso mercado, trata-se de buscar diferenciais, aos quais em algumas ocasiões atribuam valor; outras vezes é a pura imagem da marca que nos justifica um preço diferente dos demais.

Na imagem

A estratégia de preço, baseada em imagem, está intimamente relacionada com os antecedentes e o prestígio do centro; em princípio, as escolas de negócio e consultoras tendem a estabelecer seus preços, baseando-se na imagem de prestígio que possuem, mesmo que, em alguns casos, esses preços excedam, em muito, a média do mercado. Os esforços das escolas de negócio são notáveis nesse aspecto. Justificam altos preços, baseando-se em um alinhamento com outras escolas de âmbito internacional.

No custo-oportunidade

Muitas vezes, os centros de formação para executivos podem organizar e realizar certos programas de formação a preços que poderiam ser considerados baixos, com relação aos seus competidores, com o fim de relacionar esses preços com a venda cruzada de outros produtos, tais como livros e vídeos, ou de serviços adicionais, como alojamentos, comidas e outros.

No caso das consultoras, seu objetivo último costuma estar na venda de serviços de consultoria, e a formação é um aspecto conjuntural ou complementar, em muitos casos.

No claustro

Essa estratégia é utilizada por alguns centros de formação para executivos e vai depender do tipo de professorado ou grupos que seja utilizado em um determinado programa de formação, o qual pode variar desde um professorado de certo nível dentro dos grupos de formação de seus competidores no mercado, até gurus de alto destaque internacional contratados para o dito programa.

Recentemente apareceram na imprensa[26] os denominados *Top de la gestión empresarial* tendo por base uma pesquisa do Instituto para o Cambio Estratégico de Accenture.

A lista dos 25 primeiros gurus é a seguinte:

FIGURA 2.12
Gurus da gestão empresarial

1. Michael E. Porter	14. Charles Handy
2. Tom Peters	15. Henry Mintzberg
3. Robert Reich	16. Michael Hammer
4. Peter Drucker	17. Stephen Covey
5. Peter Senge	18. Warren Bennis
6. Gary S. Becker	19. Bill Gates
7. Gary Hamel	20. Jeffrey Pfeffer
8. Alvin Toffler	21. Philip Kotler
9. Hal Varian	22. Robert C. Merton
10. Daniel Goleman	23. C. K. Prahalad
11. Rosabeth Moss Kanter	24. Thomas H. Davenport
12. Ronald Coase	25. Don Tapscott
13. Lester Thurow	

---

[26] Diário *Expansión* de 22 de junho de 2002.

Custos da formação de executivos

Quando falamos de custos, nos referimos somente aos custos correspondentes à empresa. Não levamos em conta os possíveis custos assumidos no âmbito pessoal, pelo executivo, que podem ser muito altos quando, por exemplo, sacrifica os fins de semana da família durante anos.

Segundo a natureza dos mesmos, e seguindo María Paz Reina[27], podemos dividi-los em:

- *Custos pessoais:* Aqui vão aparecer as imputações das horas dedicadas ao processo, por parte dos delineadores de programas, dos organizadores, coordenadores, consultores, e possíveis substitutos dos participantes; incluem-se também as horas que foram dedicadas ao processo, além de alguma quantidade de custo fixo, correspondente à unidade de formação da empresa.

- *Custos de oportunidade:* Difíceis de avaliar, quando se trata de executivos, mas, em todo caso, seriam as perdas ocasionadas pela ausência do executivo, da sua atividade cotidiana.

- *Custos de funcionamento:* Todos os correspondentes a materiais, gestões, providências, pesquisas, comunicações, aluguéis, viagens, hotéis etc.

- *Custos de investimentos:* Todo o instrumental – edifícios, veículos, material pedagógico e de oficina – que vai ser utilizado no processo formativo.

- *Custos financeiros:* Todos os custos, fixos ou variáveis, correspondentes a qualquer financiamento solicitado para fazer frente ao processo.

Por que não falamos de custos de investimentos quando se trata de formação de executivos? Até que ponto se está consciente do montante do investimento necessário quando se fala do processo de formação-aprendizagem de executivo?

---

[27] Reina, M. P. (2001): *Gestión de la formación de la empresa*. Madri: Pirámide.

2.19. Processo de decisão de compra da formação

A primeira pergunta seria: Quais serão os compradores de um produto de formação? Depois viria: Que desejam obter com a compra desse produto? Quais seriam as repercussões dessa compra sobre outros clientes ocultos?

Se a organização tem um objetivo, isso se consegue pela atuação e pelo rendimento de alguns profissionais. A formação vai atuar precisamente sobre o dito rendimento. Logo, está claro que a formação é um meio, não um fim em si mesma.

Estando as organizações submetidas a mudanças contínuas, tanto no mercado, como no que se refere a tecnologia, produtos etc., as atividades, papéis e rendimentos decorrentes também irão mudando; a formação será, assim, um elemento ligado à evolução da organização, alinhando-se como reforçadora da cultura. Como estamos em um momento no qual quase podemos dizer que a organização já não existe – o que existe é o organizar-se continuamente[28] – precisamente a aprendizagem contínua torna-se necessária à sobrevivência da organização.

Qualquer processo de mudança cultural (e hoje qualquer organização está imersa nesse tipo de processo) tem a formação como sua principal ferramenta, seja em nível individual, seja em nível de grupo.

Com freqüência, trata-se de simular a nova realidade, experimentando-a em sala de aula, com menor risco do que se, por exemplo, acontecesse na frente dos clientes. Trata-se de um treinamento. O que acontece muitas vezes é que o executivo se considera "um iluminado pela graça divina", achando que não precisa treinar.

A formação é um elemento e uma ferramenta-chave para atuar nos modelos sociotécnicos, assim como a empresa, para atuar nos modelos em que se relacionam pessoas vinculadas a processos de trabalho.

Até que ponto cada executivo conhece a necessidade de formar-se ou passar por um treinamento? Onde estará seu medo?

---
[28] Gasalla, J. M., ob. cit.

2.20. O formador-consultor

Seguramente, seguindo a linha iniciada no livro, seria mais apropriado chamá-lo de facilitador da aprendizagem do executivo.

No que se refere à FdD – formação de executivo – é um elemento-chave do processo. A possível eficiência de todo o processo está condicionada, em grande parte, à qualidade do formador-consultor-professor-facilitador.

De fato, houve ocasiões em que grandes consultoras fracassaram em alguns de seus programas, exatamente porque enviaram professores jovens, sem a experiência necessária para estar diante de executivos bem mais velhos. Além disso, o executivo geralmente não está em busca de uma formação acadêmica, o que tem feito com que alguns professores universitários se sintam frustrados por não alcançarem o aluno, seja pelo conteúdo ou pela metodologia utilizada.

As grandes escolas de negócio, por outro lado, estão se esforçando para que seus professores, acostumados a dar formação aberta, com casos e metodologias muito concretas, possam adequar esses casos, exercícios e metodologias às exigências da formação *in company*. Neste tipo de formação, com freqüência o cliente quer e necessita trabalhar a partir da sua realidade e para ela, ainda que, metodologicamente, se faça necessário sair dela, para voltar a ela novamente.

Para obter êxito na formação *in company*, é necessário se embrenhar na organização, conhecendo sua linguagem, cultura, objetivos, preocupações, políticas etc., para não ser visto como um comunicador de cátedra, mas, sim, como alguém que tem autoridade pelo seu conhecimento, e que fala tendo conhecimento dessa realidade. Faz-se necessário, então, elaborar uma análise-diagnóstico prévia, que nos permita conhecer as chaves da situação, em cada caso.

Distinguiremos então quatro tipos de formadores, que podem ser: o professor que comunica conhecimento válido para qualquer organização ou que traz informação; o comunicador de conhecimento aplicado à empresa; o facilitador de aprendizagem (mais de atitudes e habilidades executivas) e o "guru" ou "estrela" que vende, além de possíveis conhecimentos ou idéias de futuro, a oportunidade de partilhar com ele um almoço ou uma tarde, quase como no *show-business*.

Certamente, também existem os formadores-tutores do *e-learning*, especialistas em temas empresariais, ou não, que podem dissertar sobre vários aspectos da sua especialidade.

Um dos elementos-chave na transformação do processo formativo em processo de aprendizagem é a figura do consultor; no entanto, para isso não é suficiente possuir as habilidades e o perfil de um formador, centrado em seu papel diante de um grupo de pessoas que tenta formar, e, às vezes, deformar.

O papel do consultor é mais complexo; seu foco de atuação é trabalhar a partir do cliente, mantendo, entretanto, a autoridade baseada na experiência anterior, da qual se utiliza para confirmar, homologar, comparar, diferenciar a situação de cada cliente, em cada momento. Deve-se saber controlar a distância da intervenção. Isto significa aproximar-se do cliente, para poder entender seus problemas, e afastar-se, para poder aplicar a outra experiência, tendo uma visão panorâmica. Este aproximar-se/afastar-se constitui uma das chaves do êxito, na sua atuação.

O trabalho do consultor externo é feito geralmente com a ajuda de um consultor interno, o qual lhe facilita caminhos, nem sempre tão claros vistos de fora.

2.21. Comprador, cliente, consumidor, preceptor

Em um mesmo setor, dependendo do produto ao qual se refira, podemos constatar, ou não, diferentes conceitos e significados, entre os agentes que intervêm no processo de compra e venda.

Geralmente o comprador é a pessoa que adquire os bens e serviços em seu nome, ou de terceiros, trazendo como pagamento uma certa quantia ou, em alguns casos, pagando em espécie, ou seja, através de uma troca.

Por outro lado, o consumidor, ou usuário, é a pessoa que usa e consome o bem ou serviço. O cliente costuma ser um consumidor vinculado.

O preceptor seria a pessoa que faz recomendações ao consumidor ou ao cliente, influindo em seus hábitos ou em sua decisão de compra.

Em nosso caso, em muitas ocasiões existe uma coincidência entre comprador e preceptor, se um deles for o diretor de ou o diretor de formação, ou alguma pessoa delegada por eles.

O consumidor, ou usuário, em nosso caso, é o executivo. Entretanto, em alguns casos, o executivo pode atuar como preceptor ou também comprador, dependendo do nível de centralização da função de formação de cada empresa.

Considerando-se as ações pertinentes ao *marketing*, é importante conhecer quem toma a decisão de compra e quem pode influir na mesma.

Podemos, entretanto, distinguir dois tipos de destinatário da formação executiva:

- Executivos de empresas medianas e grandes.
- Executivos de empresas pequenas, geralmente os gerentes.

Ainda que numericamente a segunda categoria seja bem maior (na Espanha mais de 95% das empresas são pequenas ou muito pequenas), não é fácil captar essa categoria de clientes. Talvez existam duas razões fundamentais:

- Acumularem várias funções, incluindo-se, às vezes, a de proprietário, o que os impedem de dispor de tempo para sua formação.
- Serem céticos quanto à utilidade ou conveniência da dedicação de tempo, e às vezes de dinheiro, para conhecerem o que pensam que já sabem; estes são os autodidatas.

Além disso, não costumam dispor de uma verba *ad hoc* (destinada a essa finalidade) e estão muito dependentes de possíveis ajudas e subvenções. Talvez o *e-learning* seja um caminho interessante para esse tipo de empresa.

No desenvolvimento de possíveis ações de *marketing*, vamos então nos dirigir, fundamentalmente, aos executivos de empresas medianas e grandes, ainda que muitas atuações possam ser válidas igualmente para o outro setor.

Como dar um valor às alternativas de compra de um programa de formação de executivos? Ao ter que escolher uma oferta entre várias, sem dúvida nos encontramos diante de uma decisão de complexidade crescente.

- O número de ofertas, nacionais e internacionais, sejam as empresas grandes ou pequenas, é cada vez maior.

- A marca não costuma ser necessariamente sinônimo de qualidade, seja marca conhecida ou reconhecida. A implantação do serviço pode ser efetuada, recorrendo-se a profissionais de pouco nível, ainda que na marca trabalhem profissionais de nível elevado.

- As fontes de informação, freqüentemente, estão torcidas e, além disso, baseiam-se em percepções subjetivas de profissionais (que buscam serviços de formação de executivos) com diferentes exigências de qualidade.

- Às vezes, aparecem dificuldades para explicitar exatamente o que se quer ou o que se necessita.

- Podem aparecer diferentes compradores, ou preceptores, com objetivos, necessidades e interesses distintos.

- A escolha baseada na minimização do preço é muito arriscada. Já que, no papel, o produto-serviço possa parecer similar, o resultado da implantação do mesmo é, na realidade, o valor agregado do produto ou o que realmente conta.

Preceptores da FdD

Trataremos aqui, especificamente, das figuras do diretor de Recursos Humanos e do diretor de Formação e Desenvolvimento.

2.22. Papel e perfil do Diretor de Recursos Humanos (DRH)

O papel do diretor de RH evoluiu, significativamente, ao longo dos últimos dez anos. Nesse sentido, o perfil de competência também é diferente. Atualmente, busca-se e deseja-se, para essa função, alguém que conheça o negócio. Cada vez mais, incorporam-se profissionais da linha à função de RH, e também está sendo cada vez mais freqüente essa pessoa pertencer à diretoria da empresa.

Uma de suas atribuições é definir e alinhar a estratégia de RH, derivada da estratégia da empresa, sabendo transmiti-la ao resto da organização. Ainda assim, tem que ser capaz de antecipar as mudanças e efeitos, no entorno e *intorno* da organização.

O diretor de RH tem que estar consciente de que o seu esforço, tanto quanto o da sua equipe, vai significar um valor agregado à conta de resultados da empresa, não como desejo, mas como realidade; para isso, tem que contar com indicadores que possam demonstrá-lo.

O diretor de RH facilita o desenvolvimento do talento que está disperso na organização e, uma vez detectado, busca a melhor aplicação das novas tecnologias, com o objetivo de estimular, pela inovação, a aprendizagem e a mudança organizacional.

Como premissa de sua atuação, podem ser considerados:

- A importância do aproveitamento do conhecimento da organização: a captação, a produção e a distribuição devem existir de forma que a empresa se torne um fluxo de conhecimento, aprendizagem e transformação. Para isso, o diretor de RH precisa descobrir e potencializar o talento de cada um.

- A sobrevivência só existirá se conseguir encontrar e dirigir, para a realidade, o *talento* que existe em cada executivo.

- O respeito e a valorização da pessoa tem por base o seu talento, o que agrega valor ao sistema da empresa.

- Os *talentos* serão o foco da busca, incorporação, simbiose, desenvolvimento e projeção. A direção de RH já não vai mais recolocar pessoas (*outplacement*), nem diminuir os diferentes níveis na empresa (*downsizing*), nem delegar poderes aos níveis (*empowerment*). Para que isso aconteça, é necessário romper com a exclusividade do paradigma mecanicista, racionalista, retilíneo, masculino, adotando-se também o modelo criativo, lateral, espiral, holístico e feminino. A inovação virá da conjugação do melhor de ambos os paradigmas.

A nova situação exige que os RH façam reflexões como estas:

> Se continuarmos agindo da mesma forma que antes, que possibilidades temos de conseguir algo diferente? Se pretendermos que nossa vida seja diferente, teremos que começar a fazer as coisas de forma diferente. Ou nossa insatisfação não é tão gran-

de como afirmamos? Por que nos empenhamos nas mudanças alheias, e não nos questionamos sobre os nossos procedimentos, tampouco sobre nossos pensamentos? Quais as nossas prisões? Quais os nossos medos? Por que continuamos buscando respostas, em vez de perguntas? O maior desafio de nossa vida talvez seja tomar a decisão e a responsabilidade de ser livre.

Conhecemos o alcance de nossos talentos? O que nos impede de fluir? Quais os nossos conflitos? Tomar consciência dos mesmos nos ajuda a superá-los. Tudo que haja dentro de nós mesmos, mas desconheçamos a existência, nos domina; porém, quando soubermos disso, estaremos prontos para começarmos o processo alquímico, que dará lugar à nossa redescoberta: uma aprendizagem de primeira ordem.

Dizia Santo Agostinho:

"Dentro de mim existe alguém que sabe mais de mim do que eu mesmo".

Durante o último século, tratamos de esboçar a realidade, de uma forma simples, alcançável e para isso a cerceamos com fronteiras, regulamentos, limitações. Reduzimos drasticamente os graus de liberdade do sistema. Fizemos isso, através de sistemas como a empresa, a família e até mesmo uma pessoa. Estivemos imersos em um mundo de linhas retas, de buscas de causa/efeito, de exclusões e dicotomias.

De repente, talvez nem tanto, cai o muro de Berlim, a Igreja Católica pede perdão, as fronteiras vão se diluindo, a Internet permite nos comunicarmos com qualquer ponto do planeta em tempo real e a identificação do genoma humano abre possibilidades de remediarmos debilidades congênitas.

Enquanto isso, diante de uma realidade cada vez mais complexa, mais apaixonante e, simultaneamente, a mais incerta, temos a sensação de que será mais confortável se mantivermos nossos esquemas mentais e se, ao nosso redor, virmos apenas o que nos interessar ver, em vez de ver a realidade, ver o que está acontecendo.

Como diz Paul Valerie:

"O futuro já não é como deveria ser".

Não se trata de esquecer o passado para criar o futuro ainda inexistente. Trata-se de recuperar o que nos possa servir e abandonar nossos impedimentos, para podermos incorporar o desconhecido e o esquecido, que, entretanto, estão dentro de nós. Pela nossa educação, nossos costumes, nossas capacidades, hoje mais desenvolvidas, temos uma facilidade maior de olhar para fora, ainda que haja pouco para ver ou possamos ver pouco. Esquecemos o elo importante que não deixa romper a corrente: o olhar para dentro.

Quando compreendermos melhor a nós mesmos, quando compreendermos o biológico, os seres vivos, paradoxalmente vamos compreender melhor o mundo tecnológico que nos invade hoje em dia. O tecnológico vai ajudar a simularmos nossa realidade interna – nosso cérebro – que, tendo por base a interconexão dos neurônios, elabora os pensamentos.

Talvez tenha chegado o momento de esquecermos os computadores e aprendermos a nos comunicar com os outros, com o mundo que nos rodeia e conosco. Indubitavelmente, nossa medida de realidade não está relacionada com a tecnologia, ainda que ela hoje nos invada e tudo apareça como um novo totem.

O diretor de RH tem que saber gerir a diversidade e a transculturação e ser uma pessoa com autoridade e criatividade, na organização. Isso vai exigir avançar na transparência, na harmonia, a partir de seu próprio exemplo, e no cumprimento dos compromissos assumidos.

A aplicação das políticas de RH tendem a se descentralizar, nas alternativas hoje existentes de subcontratação ou externização. Ainda assim, o papel central da função de RH subsiste, embora a todo momento se deva questionar sua contribuição quanto a resultados.

Tal como indicamos, a externização da função de RH na *British Petroleum*, aconteceu inicialmente em todo o mundo, mas hoje sua aplicação se reduz à Europa e à América.

Funções básicas do diretor de RH

1. *Alinhamento:* Esboçando a estratégia de RH, alinhada com a estratégia da empresa e ajudando a assinalar o futuro da mesma.
2. *Captação:* Mediante as atividades de recrutamento, seleção e integração do pessoal, através de sua contratação.

3. *Formação:* Treinamento e desenvolvimento pessoal e/ou profissional dos trabalhadores relacionados à sua organização.
4. *Aplicação:* Através da análise e descrição de postos, inventários de pessoal e potencial humano e da avaliação de desempenho dos trabalhadores.
5. *Manutenção:* Do pessoal, dos trabalhadores, efetivando a administração de salários, benefícios sociais e prevenção de riscos laborais.
6. *Impulso:* Reforçando e assentando valores, ao mesmo tempo que estimula a renovação contínua da organização.

O diretor de RH, especificamente quanto à área de formação, deve procurar inter-relacionar essa área com o resto de suas funções básicas, para alcançar uma comunicação eficiente da mesma com seus públicos-meta, nos diferentes momentos. Para alcançar essa inter-relação necessita-se de:

- *Planejamento da formação, dentro das políticas de RH:* Descobrir que a formação dada pode dotar o pessoal de uma polivalência maior, que lhes permita uma melhor fixação por áreas de atividade, segundo as necessidades qualitativas detectadas e, por conseguinte, melhores planos de carreira profissional ou empregabilidade.
- *Manutenção:* Manter o sistema de aprendizagem da organização, de tal maneira que cada executivo possa sensibilizar-se e estar consciente de que a própria aprendizagem é a garantia do seu futuro. Cada vez mais, no âmbito individual, os processos de aprendizagem são voluntários, desejados e buscados.
- *Integração:* Comunicar à sua clientela a importância de estar integrado, não somente aos seus colaboradores, mas também aos processos e cultura da empresa, o que somente se alcança com programas de formação dirigidos.
- *Aplicação:* Todo plano de desenvolvimento profissional deve incluir a fixação do executivo em áreas de atividades dentro da empresa. Para alcançar seus objetivos, é indispensável que o RH comunique o fim a ser alcançado e como fazer para consegui-lo, incluindo-se planos de formação

- *Controle:* É importante comunicar, à alta direção, sobre o controle que se obtém, com os programas de formação, quanto ao rendimento das pessoas, o que repercute na eficiência dos mesmos e na melhoria dos processos de negócio. Ao mesmo tempo, as mantém como sócios dos processos de formação e desenvolvimento.

Atualmente, a evolução do papel do diretor de RH leva-o a agir sob algumas premissas, que são:

- Flexibilidade *versus* controle e inspeção.
- Desenvolvimento, crescimento, empregabilidade *versus* carreiras executivas.
- Papéis *versus* postos de trabalho.
- Individualização de contratos *versus* níveis e categorias.
- Aprendizagem *versus* formação.
- Inovação *versus* implementação.
- Contribuição de valor *versus* visão de função.
- Descentralização *versus* centralização.

2.23. Papel do diretor de Formação e Desenvolvimento (F&D)

Assim como a função de RH (ou Direção e Desenvolvimento de Pessoas) vem mudando significativamente, o papel da pessoa encarregada da formação e do desenvolvimento também tem passado por importantes transformações.

Pont[29] destaca, no momento, os seguintes papéis:

1. Elevar a importância e o significado da função de formação e desenvolvimento.
2. Promover, comunicar e vender F&D aos executivos de linha.
3. Apoiar a criação de um centro de treinamento.

---
[29] Pont, A. M. (1994): *The role of the management development specialist*, em A. Mumford (ed.), *Handbook of Management Development*. Aldershot: Gover.

4. Elevar a qualidade das atividades de F&D e facilitar evidências para a recuperação de investimentos.
5. Estar atento a projetos de iniciativas externas, tanto públicas como privadas, ao redor de F&D.
6. Traçar e distribuir um *portfolio* de oportunidades de desenvolvimento.
7. Potencializar seu próprio desenvolvimento.
8. Desenvolver habilidades de consultoria interna.

Além disso, colhemos aqui tendências que se destacam em áreas ou departamentos de formação, em companhias brasileiras.

As características são descritas sem qualquer ordem e da maneira como foram encontradas na pesquisa[30]:

- Preocupação com a preparação para as necessidades futuras.
- Enfoque na implantação de novas tecnologias/inovações.
- Enfoque na solicitação de habilidades técnicas.
- Visão global do negócio/enfoque no negócio/enfoque nos resultados.
- Formação contínua.
- Solicitação de cada pessoa, visando ao seu desenvolvimento.
- Preocupação com a valorização do ser humano/integração/motivação.
- Enfoque exclusivo na formação executiva.
- Potencialização do trabalho em equipe.
- Atuação como agente de comunicação da empresa.
- Trabalho com consultores internos.
- Trabalho como Universidade Corporativa.
- Visão estratégica do negócio da empresa.
- Agente de mudança dentro da organização.

---

[30] Instituto MVC: "O Futuro", *Boletim da Área de Educação Corporativa*. Rio de Janeiro, novembro de 2001.

- Trabalho maior das competências humanas.
- Gestão do capital intelectual da empresa.
- Avaliação contínua/medida do resultado de suas ações.
- Abertura dos horizontes da área.
- Trabalho maior da imagem da área, externamente.
- Enfoque de resultados, não dos custos.
- Trabalho mais conceitual.
- Preparação de colaboradores para a multifunção.
- Escuta maior dos clientes internos.
- Trabalho com avaliação de competências e habilidades.
- Trabalho em formação avançada.
- Agente de comunicação e propagação de valores da empresa.
- Retenção e formação de talentos.
- Demonstração do retorno do investimento.
- Trabalho com equipes de alto rendimento.

> "Freqüentemente, aqueles que se tornam professores desejam dominar, mas não são suficientemente competentes para fazê-lo com adultos."
>
> BERTRAND RUSSELL

2.24. O *outsourcing* (terceirização) da gestão da formação contínua nas organizações

O *outsourcing*, ou terceirização de atividades, consiste basicamente na contratação de terceiros, para determinados serviços anteriormente prestados pelos próprios departamentos da entidade.

O objetivo que o *outsourcing* persegue é permitir que a empresa se concentre em seu negócio verdadeiro (*core business*), centrando a destinação de seus recursos naquilo em que ela é realmente competitiva.

A esse respeito, existem muitas opções que serão determinadas pelas necessidades e objetivos da empresa que deseja terceirizar, dependendo de cada circunstância. E, como em qualquer decisão empresarial, deverão ser sempre avaliados os prós e contras, às vezes difíceis de extrapolar de uma empresa para outra.

Agora, mencionaremos algumas das diferentes atividades, no campo da formação, as quais podem ser terceirizadas em uma empresa, e que coincidem, grosso modo, com os grandes âmbitos da gestão de formação:

- *Detecção de necessidades e propostas formativas:* Para conhecer o *gap* existente entre os conhecimentos, destrezas da nossa planilha e as necessidades reais da organização.

- *Preparação específica de formadores:* As empresas prestadoras de serviço de *outsourcing* formativo podem dispor de especialistas, ou buscá-los, com um grau de conhecimento básico suficiente; no entanto, devem ser capazes de se formar em aspectos específicos, segundo as necessidades a serem atendidas.

- *Divisão da formação:* Significa dividir as atividades relacionadas, propriamente ditas, com os processos formativos, dependendo das necessidades de cada caso: presencial, à distância, *coaching* etc.

- *Gestão formativa:* Engloba a coordenação e o prosseguimento das ações formativas, administrativas e de logística, necessárias: seleção de candidatos, verbas, avaliações etc.

- *Qualidade e melhoria contínua da formação:* Através de uma relação de serviço continuada, entre a empresa de *outsourcing* e a empresa contratante.

- *Logística:* Tanto no âmbito grupal (hotel, salas, restaurantes etc.), como no âmbito individual (transporte).

- *Outras gestões:* Implicam ações menos habituais, como o traçado e a manutenção de uma aula virtual, a organização de convenções, as contratações etc.

Implantar o *outsourcing* formativo não deve significar absolutamente, para uma empresa, a renúncia das responsabilidades estratégicas do Departamento de Formação; por isso, deve ser formada uma comissão que efetive a formação. Nessa formação, devem ser integrados os profissionais internos e externos da empresa.

Além disso, a empresa de *outsourcing* deve ter um responsável pelo projeto, assistido por uma equipe técnica.

Benefícios do outsourcing *formativo*

- Permite que os responsáveis pela formação dediquem tempo e recursos a outras tarefas de maior valor agregado, centrando-se na função de traçado e *management* da estratégia formativa.
- Permite que o sócio formativo contribua com uma sólida experiência em prestação de serviços similares, em outras organizações.
- Permite a otimização —pelo fator economias de escala da empresa de *outsourcing*— dos recursos destinados fundamentalmente à formação e ao desenvolvimento, reduzindo custos em outros aspectos secundários à divisão.
- Permite a adaptação do serviço, de forma ágil, para diferentes aspectos e realidades, e para novas necessidades que possam surgir por mudanças imprevistas no entorno.
- Permite a terceirização do pessoal, tanto docente como o pessoal de apoio, reduzindo os custos de estrutura imprescindíveis e transformando-os em custos variáveis.
- Transpassa a gestão, para uma instituição experiente.
- Permite o acesso a especialistas que não se encontram na empresa, ou que sejam difíceis de se encontrar no mercado.

Inconvenientes do outsourcing *formativo*

- Permissão, em alguns setores eminentemente concretos, do surgimento de critérios diferentes dos critérios das representações sindicais.
- Pequena identificação entre a empresa de *outsourcing*, com os interesses da empresa terceirizadora.
- Diminuição da qualidade das ações formativas ou de gestão a longo prazo.

- Maior dificuldade de acesso aos executivos de linha (questão de autoridade).

Situações nas quais a terceirização é útil

- Ter que formar, tanto esporadica como continuamente, um grande número de empregados.
- Ter que formar clientes, distribuidores, usuários ou consumidores de produtos, serviços ou tecnologias.
- Ter que repassar contratos do pessoal de formação próprios para a empresa de *outsourcing*.
- Ter que unificar critérios, entre a empresa terceirizadora e a empresa de *outsourcing*, que avaliem a qualidade e a eficiência das ações realizadas, levando propostas de melhoria, independentemente de quem realize a ação.
- Permitir que a empresa de *outsourcing* atue sob seu próprio nome, ou bem amparada pela marca da empresa terceirizadora.

Questionário de revisão:

- Qual é o processo básico para o planejamento da formação nas organizações?
- Quais são as principais tendências para a aprendizagem dos executivos?
- Quais são as principais barreiras da aprendizagem?
- Como o processo de formação de executivos pode ser incorporado, eficientemente, dentro da estratégia corporativa?
- Que significa cultura de aprendizagem contínua e como se pode alcançá-la?
- Por que é tão importante a formação dentro das organizações?
- Como se pode agregar valor às organizações, através da formação de seus executivos?
- Que indicadores podem ser utilizados para medir o valor agregado, nas organizações, através da formação dos executivos?

- Como se pode gerir o conhecimento adquirido para alcançar os objetivos do processo de formação?
- Como se pode conseguir que a formação dos executivos seja eficiente e possa ser traduzida em resultados concretos, dentro das organizações?
- Quais são as barreiras que em alguns casos impedem a aplicabilidade dos conhecimentos adquiridos no posto de trabalho?
- Quais são os indicadores principais para a avaliação da formação?
- Que aspectos devem ser considerados, na hora de concretizar o processo de decisão de compra de um produto de formação?
- Em que consiste um plano de formação, qual o seu objetivo e quais os principais aspectos a serem considerados, na hora de realizar esse plano?
- Quais são, internamente, alguns dos argumentos de venda da formação nas organizações?
- Como se pode aplicar a ABE (administração baseada na evidência) na formação de executivos?
- Qual a relação entre a aprendizagem e a tecnologia e como podemos aplicá-la na formação de executivos?
- Comente algumas das tendências de aprendizagem que se utilizam das novas ferramentas das tecnologias de informação.
- Quais os principais custos, no âmbito de empresa, a serem considerados, na hora de realizar um processo de formação?

3 Comunicação e Venda da Formação de Executivos

Introdução

Aqui vamos tratar de diferentes aspectos-chave no *marketing* da FdD. Partiremos de aspectos mais gerais, como o significado de capital relacional da empresa, passando pelas estratégias de comunicação e promoção, até chegar à auditoria de *marketing*, com as questões relativas à ética empresarial, terminando com o significado e linhas de atuação na venda interna da FdD.

Para desenvolver o "sim" do *marketing* vamos começar pela análise do "por que não".

3.1. Por que as técnicas de *marketing* não são aplicadas ao mercado da FdD?

A resposta imediata poderia ser dupla: primeiro porque não se conhece ou não se sabe como fazê-lo; segundo porque não é necessário. Creio que ambas as respostas não se ajustam à realidade.

Em qualquer consultora ou escola de negócios existe a consciência da importância de reforçar a imagem através de conferências, seminários públicos, livros, artigos, pesquisas, associações de antigos alunos etc. O problema, como em muitos outros campos profissionais, não está em sabê-lo, mas sim em como fazê-lo adequadamente. Portanto, é um problema de gestão. A gestão exige que lhe seja dada a devida importância, mas não no âmbito nominativo somente, como costuma acontecer, e, sim, no âmbito da exigência quanto a objetivos, quantidade de recursos, controle, continuação e estímulo de resultados.

O *marketing* da FdD entraria no *marketing* de serviços, os quais, como sabemos, apresentam fundamentalmente as diferenças que não podem ser tocadas e a importância que adquire a pessoa em todo o processo, seja o vendedor, o usuário ou o ministrador do serviço.

> "A característica primordial dos serviços é a forma como são percebidos pelos usuários e que, portanto, se torna mais difícil identificar e manter as vantagens competitivas. Dessa maneira, a maioria das empresas de serviço constrói sua marca e sua imagem, como o único valor que pode distingui-las da competência, e que pode sublinhar as vantagens competitivas que o grupo humano atribui a cada uma."[1]

> "Só há uma definição válida da finalidade da empresa: criar um cliente."
> Peter Drucker

Recentemente, na reunião de diretoria de nossa consultora, à qual assisto regularmente, nosso assessor financeiro-fiscal mostrou um novo modelo de atribuição de custos, e expôs a divisão entre horas produtivas, as faturáveis, e horas não produtivas, as não faturáveis. Instantaneamente, antes que ele terminasse de expor, perguntei: "Onde estão as horas dedicadas à gestão comercial direta, às visitas, ou à gestão indireta, escrever um artigo, por exemplo?" O assessor respondeu que as havia colocado no grupo das produtivas. Um conflito, talvez de índole semântica, mas para mim muito significativo. A linguagem condiciona comportamentos e atitudes. É muito importante ter isso em conta, já que vai ajustando, além disso, a simbologia cultural da organização. A gestão comercial, e, portanto, o tempo que se dedica a ela, pode ser, quando se age eficientemente, uma gestão e um tempo altamente produtivos.

3.2. Como aplicar as técnicas e metodologias do *marketing* à FdD?

Trata-se de conseguir um *marketing* integrador, que atue sobre três pólos (Figura 3.1).

---

[1] *Factbook, marketing y comercial*. Navarra: Aranzadi & Thomson, 2000.

FIGURA 3.1
Pólos de atuação

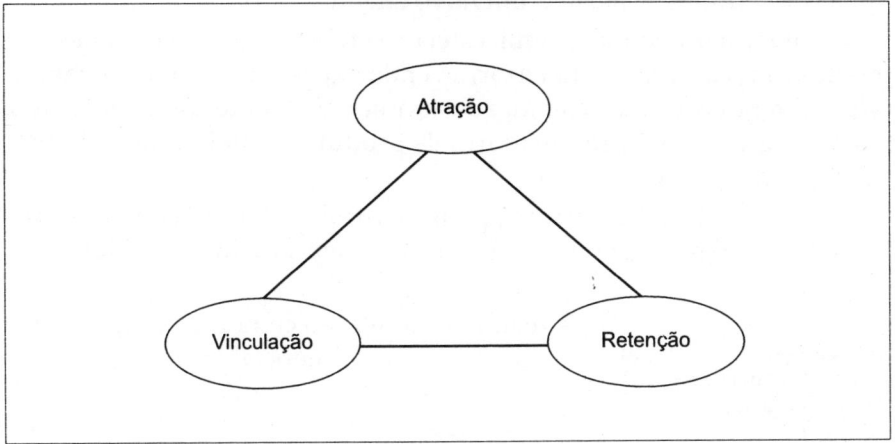

```
        Atração
       /       \
      /         \
 Vinculação --- Retenção
```

Planejamento integrador que exige atuações como:

- Análise contínua das necessidades de mercado de FdD.
- Pesquisa periódica do grau de satisfação dos clientes.
- Criação da cultura do cliente em toda a empresa.
- Otimização da relação entre *marketing* e qualidade.
- Implantação de ações diretas sobre os atuais clientes.
- Desenvolvimento integrado da qualidade de serviço, atendendo em especial a continuação dos projetos.

Quando se analisa o porquê de não se investir mais em técnicas de *marketing*, aplicadas à FdD, nos deparamos muitas vezes com um assunto que parece ser de ordem corporativa, e somente o "chefão" é que tem que ficar em evidência, como acontece em muitas das grandes empresas. Os outros irão seguindo os acontecimentos, quer dizer, atuando ativamente.

Isso nos leva a concluir que existem muitas empresas consultoras gerindo muito bem a manutenção dos clientes, já que no âmbito operativo costumam estar em contato com eles, mas não acontece o mesmo quando se trata de chegar a um novo cliente.

Talvez a dificuldade, aqui, esteja na crença inicial de uma possível resistência para vender. Por azar, a venda não tem uma imagem favorável. Os vendedores são catalogados tradicionalmente como indivíduos chatos, agressivos, apresentadores de produtos inúteis, muito falantes, inoportunos, superficiais etc.

Somente há pouco tempo, pode-se pensar em um vendedor assessor que seja sensível, ouvinte e que trate de ajudar, trazendo idéias e soluções.

> "Os serviços imobiliários devem centrar-se mais no cliente e menos no produto."
>
> Concha Rodríguez Caro
> Diretora da Ferran

Na realidade, a relação comercial com o cliente, seja um cliente real ou potencial, tem, ou apóia-se, nas mesmas chaves: compreender o negócio do cliente, a pessoa que o representa, observá-lo, formular perguntas adequadas, relacionar suas necessidades com o que podemos oferecer, procurar os benefícios que terá com os nossos produtos e continuar contribuindo com idéias que facilitem o caminho na atividade profissional desse cliente.

Tudo isso parece fácil, mas na prática sabemos que, em primeiro lugar, é preciso crer nisso e, depois, pôr toda a energia necessária para que funcione, criando-se, assim, uma relação contínua de confiança pessoal-profissional.

O *marketing* tem, então, que considerar todos os efeitos como uma atividade de investimento e, como tal, gerir-se. Constitui um elemento básico para o incremento e potencialização de nosso capital relacional. O profissional de *marketing*, segundo Kotler[2], cria e oferece valor, principalmente através da configuração, da avaliação, da simbolização e da facilitação.

O *marketing* aplicado à FdD se baseia, fundamentalmente, nos aspectos de comunicação, promoção, processos relacionais e venda direta, além de se basear no produto em si e no seu preço, aspectos já vistos no capítulo anterior.

Quando analisamos o porquê de uma escolha de um ou outro provedor de formação de executivos, encontramos fatores que ficam ressaltados, como:

---

[2] Kotler, P. e outros (2001): *El marketing más eficaz*. Barcelona: Planeta.

- O prestígio e a reputação nacional e internacional.
- A capacidade de repartir diversos programas *in company* simultâneos e capacidade de resposta por dimensão.
- A qualidade da formação e qualidade do produto.
- O preço.
- As relações de alto nível.
- A gama de produtos integrais.
- A especialização: área de conhecimento, setor etc.
- A rapidez de resposta (desenvolvida mais adiante).
- A rede internacional e o mesmo provedor em todo o mundo.

Como podemos observar, a base de atuação do *marketing* é a relação. Daí a conceituação do capital relacional como um dos capitais que a empresa trata de intensificar.

3.3. O capital relacional e sua gestão. Indicadores

Além do capital financeiro, do físico e do intelectual, Gary Hamel ressalta o que chama de multiplicadores, que são:

- Capital imaginativo.
- Capital de empreendimento, de iniciativa.
- Capital relacional.

O capital imaginativo se refere não só ao inconformismo, ao aproveitamento das descontinuidades, como também se refere à busca de soluções, partindo das necessidades do cliente.

O capital de empreendimento, de iniciativas, trata de criar um mercado aberto a receber idéias e a experimentá-las. Trata também de tirar as barreiras dos medos de errar e premiar as contribuições.

O capital relacional compreende tecer uma extensa rede de relações, para saber tudo que está acontecendo no mercado: como mudam os gostos e as necessidades dos clientes, que novos competidores existem, que tecnologias apareceram etc.

Por outro lado, o capital intelectual pode ser considerado o mais importante, comparando-se aos capitais humano, estrutural e relacional. Quando examinamos este último, podemos determinar diversos indicadores sobre os quais podemos agir.

Seguindo o modelo *Intelect*[3] podemos identificar os seguintes elementos, na avaliação do capital relacional:

1. Base de clientes relevantes.
2. Lealdade dos clientes.
3. Intensidade da relação com os clientes.
4. Satisfação dos clientes.
5. Processos de serviço e apoio ao cliente.
6. Proximidade ao mercado.
7. Notoriedade da marca.
8. Reputação/nome da empresa.
9. Alianças estratégicas.
10. Melhora/recriação da base de clientes.

Cada um desses elementos deve ser identificado, tendo por base um indicador que possa ser medido, possibilitando, assim, sua gestão. Com efeito, os indicadores devem reunir uma série de características ou condições.

As características dos indicadores, utilizadas para a medida do capital relacional, são[4]:

1. Útil – Se possibilita a tomada de decisões.
2. Relevante – Se proporciona informação que seja capaz de modificar ou de confirmar as expectativas dos que tomam as decisões.

---

[3] *Medición del Capital Intelectual-Modelo Intelect*. Madri: Instituto Universitario Euroforum, dezembro de 1998.

[4] *Proyecto Meritum. Directrices para la gestión y difusión de información sobre intangibles,* janeiro de 2002.

- *Significativo:* Se a informação que proporciona está relacionada com os intangíveis críticos da empresa.
- *Compreensível:* Se está calculado e apresentado com clareza.
- *Oportuno:* Se está à disposição dos gerentes, tão freqüentemente quanto seja requerido.

3. Comparável – Se foi elaborado e apresentado seguindo critérios homogêneos.
4. Confiável – Se a informação que proporciona é de confiança.

- *Objetivo:* Se o seu valor não está afetado por interesses particulares das partes implicadas na sua preparação.
- *Verdadeiro:* Se a informação que contém reflete fielmente a verdadeira situação da empresa, em cada aspecto representado.
- *Verificável:* Se pode ser comprovada a veracidade da informação que traz.

5. Factível – Se a informação necessária para construí-lo está disponível nos sistemas de informação para a gestão da empresa.

De cada um dos elementos que determinam o capital relacional vamos identificar indicadores que possam interatuar no setor que estamos estudando.

3.3.1. Base de clientes

Dividimos em três categorias de indicadores:

- Perfil da base de clientes:
  - Volume de vendas por perfil identificado.
  - Grau de coincidência, entre os perfis de clientes com maior volume de vendas e os perfis objetivos.
- Concentração ou risco da base de clientes:
  - Volume de vendas por cliente.

- Número de clientes.
- Número de clientes que concentram 50% do faturamento.
- Número de linha de produtos/cliente.
- Número de países (área geográfica) em que a empresa opera.

– Identificação dos melhores clientes (clientes A):
- Rentabilidade por cliente.
- Número de clientes cuja rentabilidade supera X%.
- Rentabilidade média dos clientes/rentabilidade média da competência (difícil de averiguar).

3.3.2. Lealdade de clientes

– Antiguidade dos clientes na empresa (=% de vendas, correspondentes a clientes que permaneceram mais de X anos na empresa).
– Média de idade da base de clientes.
– Média de idade da base de clientes/média de idade da base de clientes da concorrência (difícil de averiguar).
– Taxa de rotatividade de clientes (número de anos em que um cliente é leal à empresa; de quanto em quanto tempo a base de clientes é completamente renovada).
– Freqüência das vendas repetidas.

3.3.3. Intensidade da relação com clientes

– Natureza da relação com clientes:
- Número de projetos conjuntos com clientes.
- Número de reuniões de trabalho com clientes.
- Número de colaborações em pesquisa com clientes.
- Porcentagem de pessoal trabalhando na casa do cliente.
- Porcentagem de pessoal do cliente trabalhando em nosso centro de trabalho (pouco freqüente em nosso setor).

- Formalização da relação com o cliente:
  - Qualidade do contato (contato pessoal ou institucional; nível hierárquico em que se dá).
  - Documentação/suporte do acordo com o cliente.
- Facilidade de colaboração, mediante o uso de sistemas informáticos conjuntos, resultados da colaboração:
  - Porcentagem de vendas cativas geradas pela colaboração.
  - Economia de custos derivados da colaboração (redução de erros, redução de tempo de realização da atividade partilhada, redução de gasto administrativo etc.).
  - Evolução do índice de satisfação do cliente aliado.

3.3.4. Satisfação do cliente

- Índice de satisfação do cliente (embasado em questionário de satisfação).
- Indicadores de resultados da satisfação:
  - Perda de clientes/ano (%).
  - Cota de mercado.
  - Preço médio empresa/preço médio concorrente (tolerância de preços: margem de aumento de preços, sem perder a venda [elasticidade]).
  - Crescimento anual das vendas.

3.3.5. Atenção ao cliente

- Acessibilidade telefônica (número de chamadas perdidas).
- Redução do tempo de espera na atenção ao cliente.
- Número de empregados de serviço para o cliente.
- Número de visitas realizadas ao cliente/pessoas de vendas/ano.
- Porcentagem de atenção às queixas do cliente.
- Gasto com o apoio ao cliente/ano.

- Foros de debate com clientes/foros organizados pela concorrência.
- Número de sugestões implantadas/sugestões recebidas de clientes.

3.3.6. Proximidade ao mercado

- Número de pontos de atenção por zona geográfica/número de pontos da concorrência.
- Grau de penetração dos produtos da empresa, por zona.
- Rentabilidade de cada sucursal, delegação, oficina ou centro (= vendas ou benefícios/gastos de cada sucursal).
- Notoriedade em zonas com sucursal/notoriedade em zonas sem sucursal etc.

3.3.7. Notoriedade de marca(s)

- Índice de notoriedade (auditoria de marca).
- Auditoria de marca (em comparação com competidores).
- Sobrepreço pago pelos produtos com marca.
- Gasto com a criação da marca/vendas da marca.

3.3.8. Reputação/nome da empresa

- Liderança da empresa em seu setor:
  - Pesquisa de imagem da empresa.

- Atrativo profissional (*status* que concede a seus profissionais):
  - Saldo médio/saldo concorrência.
  - Número de profissionais, de uma determinada categoria, que solicitou incorporação.
  - Posição no *ranking* de preferências de empresas para trabalhar.

- Análise de reputação entre bancos, provedores etc.
- Análise de reputação e meios.

3.3.9. Alianças estratégicas

- Adequação da carteira de alianças à estratégia:
  - Evolução do número de alianças.
  - Porcentagem de alianças fracassadas.
  - Solicitudes. Número de colaborações não diretamente relacionadas com os objetivos estratégicos/número total de alianças.

- Formalização da colaboração:
  - Nível hierárquico superior àquele em que se dá o contato.
  - Incremento das vendas geradas pela aliança/custos relativos à aliança.
  - Redução de custos de serviço ao cliente, no que diz respeito à opção de atenção individual.
  - Melhoria do índice de imagem de marca, como conseqüência da colaboração.
  - Redução do tempo de lançamento do produto.
  - Porcentagem de empregados trabalhando na empresa aliada.
  - Porcentagem de produtos planejados por aliados.
  - Número de programas de formação conjunta.
  - Aprendizagem das pessoas da empresa (gestão do conhecimento).

3.3.10. Melhoria/recriação da base de clientes

- Ações orientadas para ampliar a base de clientes:
  - Gasto na comunicação com clientes: publicidade, promoção, relações públicas, tarefa de venda.
  - Número de visitas comerciais por cliente/ano.
  - Número de feiras às quais a empresa compareceu.
  - Número de debates/conferências das quais a empresa participou.
  - Número de artigos publicados em revistas setoriais.
  - Investimento em formação de clientes: manuais, seminários etc.

– Criação de mercados/clientes:
- Crescimento das vendas em mercados objetivos.
- Lucro de novas aplicações de produto/total do lucro.
- Lucro de novos clientes/total do lucro.
- Rentabilidade resultante dos novos mercados/rentabilidade resultante dos existentes.
- Propostas aceitas/total de propostas emitidas.

3.4. Estratégia e planejamento da comunicação

> "O marketing é demasiado importante para ser deixado exclusivamente nas mãos do departamento de marketing."
> Philip Kotler

Como diz Santesmases[5] "o processo de formação de estratégia de *marketing* se resume em três perguntas-chave: Onde estamos? Onde queremos ir? Como chegamos lá? Responder à primeira pergunta requer uma análise da situação; à segunda, definir os objetivos e, à terceira, desenvolver estratégias que permitam alcançar os objetivos".

A primeira pergunta, no caso da FdD, exige saber como nos vemos, mas, sobretudo, como os outros nos vêem, especialmente nossos possíveis clientes e usuários e também nossos concorrentes e provedores (concretamente, professores e consultores).

Imagem e percepção

Os clientes geralmente não conhecem bem as estatísticas – balanços e contas de resultados – dos que oferecem formação. Conhecem mais ou menos onde eles estão, em um determinado *ranking*, se, por exemplo, for uma escola de negócio, mas não têm uma informação fidedigna e nem estão muito preocupados com isso. O que importa para eles é saber se os formadores podem cumprir um determinado projeto.

> A comunicação trata de informar–persuadir–fazer–lembrar.

A visão ou crença que têm da empresa de formação baseiam-se nas histórias que ouvem, muitas vezes sem comprovar, e no acúmulo de experiências individuais. De tal forma que, em algumas ocasiões,

---

[5] Santesmases, M. (1991): *Marketing: Conceptos y estrategias*. Madri: Pirâmide.

se uma determinada consultora ou escola de negócio tradicional esteve trabalhando em uma determinada linha de produtos, o cliente não se pergunta se ele é capaz de colaborar em outra linha distinta. O mercado enquadra, para o bem e para o mal.

É necessário, então, definir uma estratégia de imagem, que apóie e reforce a personalidade corporativa[6] para, posteriormente, gerir a imagem através da comunicação.

Como diz David Freematle "o interessante do serviço para os clientes é que, freqüentemente, é dirigido pela percepção. A reputação atribuída a cada companhia pelo seu serviço (ou a ausência do mesmo) costuma ser criada por uma série de pequenas experiências que as pessoas tendem a garantir. Poucos de nós somos capazes de gerar uma imagem completamente objetiva. Guiamo-nos pelo nosso sentido, sobre uma companhia, indubitavelmente baseados em nossas limitadas experiências de casos".

3.5. Principais objetivos da interação com os clientes

3.5.1. Valor estratégico

Interatuando com os clientes, podemos descobrir as suas atividades relacionadas com a nossa empresa e com a concorrente, seus planos de expansão e outras atividades, que podem servir para definirmos aspectos como o potencial de crescimento de nossa empresa ou sua possível especialização. Saber o que cada um faz e o que terá que fazer no futuro nos ajudará a planejar nossos produtos e serviços relacionados com a FdD.

3.5.2. Captação das necessidades

Somente interatuando com os nossos clientes, podemos descobrir quais as suas verdadeiras necessidades. Geralmente, a realidade está distorcida no primeiro discurso. É necessário ir se aproximando, atra-

---

[6] Freematle, D. (1998): *What customers like about you?* Nova York: Nicholas Brealey.

vés de interações várias, e realizadas em diferentes níveis da organização, sempre que possível.

3.5.3. Satisfação e queixa dos clientes

É indispensável interatuar com nosso cliente, para identificar seu grau de satisfação sobre o produto ou serviço com o qual lhe servimos e, assim, averiguar o que podemos fazer para melhorar essa satisfação, caso isso seja possível. Algumas vezes é interessante adiantar-se às objeções do cliente e explicitá-las, trazendo idéias para a sua solução.

Esse tipo de interação constitui uma forma a mais de conhecer as necessidades de nossos clientes e, assim, poder estabelecer uma relação personalizada (Figura 3.2).

FIGURA 3.2
Orientação em direção ao cliente

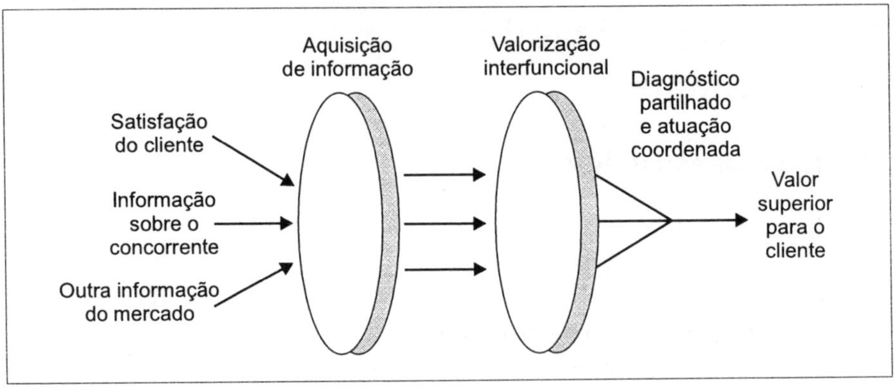

3.6. Natureza e função da comunicação de *marketing*

Para que possa acontecer o encontro entre os prestadores de serviço de FdD e aqueles que o buscam, devem ser estabelecidos fluxos de comunicação entre as diferentes partes do processo de intercâmbio, especialmente para a iniciativa da empresa prestadora do serviço.

COMUNICAÇÃO E VENDA DA FORMAÇÃO DE EXECUTIVOS **165**

É importante que uma análise tenha sido feita, para chegar a identificar seus possíveis clientes, diferenciá-los e assim saber como interagir com eles e saber como personalizar seus produtos e serviços.

Para alcançar a eficácia em uma estratégia de comunicação, é necessário desenvolver um programa de comunicação cujos objetivos são o fazer saber e o fazer valer, apoiando-se em diferentes meios de comunicação, dos quais consideraremos os mais importantes do setor: publicidade e promoção de vendas, relações exteriores e *publicity*.

Esses fluxos de comunicação são um conjunto de sinais e mensagens transmitidos pela empresa que pretende prestar o serviço, não só a seus clientes, mas também a seus próprios empregados e aos acionistas e meios de comunicação.

Para nosso mercado destacaremos:

- *Publicidade*

A transmissão de informação, de modo não personalizado, efetuada através dos meios de comunicação – especialmente nas páginas *salmón* [de classificados] de *El País, El Mundo, ABC, La Vanguardia* e nos jornais de economia (*Expansión, Cinco Días, Gaceta de los Negocios*), e também nas revistas especializadas (*Training and Development, Capital Humano, AEDIPE, Emprendedores, Staff, Actualidad Económica* etc.). Todos esses meios são utilizados, preferencialmente, para anunciar programas de formação e algum outro projeto especial.

A presença na Internet é utilizada como meio de publicidade e promoção, através de *webs* próprias ou *webs* de emprego especializado em formação ou portais corporativos.

- *Promoção de vendas*

É o conjunto de estímulos que, temporariamente, reforça a ação da publicidade e a venda. Costuma utilizar diversos tipos de incentivos materiais e econômicos e trata de reforçar a venda de algum produto específico, em geral durante um período de tempo concreto.

Em nosso caso, podemos dar livros, vídeos ou CDs, além de presentear com a participação em congressos ou seminários, em âmbito nacional ou internacional.

De qualquer forma, no mercado em que estamos trabalhando, isto é pouco utilizado. São mais comuns as ofertas 3 por 2, ou descontos a partir de um certo número de grupos.

Em algumas ocasiões, estimulam-se os preceptores da FdD.

- *Relações exteriores e publicity*

Têm por objetivo estabelecer um clima psicológico de compreensão e de confiança mútua entre a organização, que deseja prestar o serviço, e o mercado.

Em algumas ocasiões, são denominadas relações públicas (RP) ou também relações externas.

> "As relações públicas são, em primeiro lugar, uma maneira de comportar-se e, secundariamente, uma maneira de informar, de comunicar, com a intenção de estabelecer e de manter relações de confiança baseadas em um conhecimento e em uma compreensão mútua entre o grupo e o público que lhe diz respeito. O grupo deve ser considerado em suas diferentes funções e atividades, tanto por uma como pela outra função ou atividade."
>
> LUCIEN MATRAT[7]

Aqui se incluem as relações com a imprensa, muito importantes nesse mercado. A aparição em revistas técnicas do setor, bem como na imprensa especializada em economia, consegue realçar e dar significado à imagem da instituição. Para isso, utilizam-se artigos ou notícias publicados (*publicity*), onde aparecem projetos com empresas, artigos, lançamentos de livros, resultados de pesquisas, novos modelos ou soluções.

Aqui também podem ser localizadas as ações de patrocínio ou consórcio, assim como alianças em projetos com outros sócios, em especial os que apresentam um caráter social ou são dirigidos ao meio ambiente, ressaltando a responsabilidade social da empresa.

O patrocínio de prêmios – para a empresa mais ética, para a que mais se esforçou na formação do empregado etc. – é cada vez mais freqüente.

---

[7] Matrat, L. (2001): *Lección inaugural del Institut Superieur des Relations Publiques (ISERP)*. Paris.

Podem, ainda assim, criar alianças com outros centros, institutos ou consultoras, assim como outras empresas, clientes ou não.

É importante também o aproveitamento de líderes formadores de opinião, tanto de índole empresarial, como de índole política ou social.

Na Espanha, contamos com diferentes salões, exposições e congressos de RH e de formação, nos quais existe a possibilidade de instalar *stands* de negócios, institutos, consultoras etc., além de produtos mais significativos.

Entre os mais reconhecidos, figuram: *Capital Humano, AEDIPE, CEDE, Human*.

A imagem é o objeto e o objetivo da melhoria dessa atividade de comunicação. Em algumas ocasiões, não significa tanto "o estar", quanto "o não estar".

Quando da apresentação em evento dessa natureza, perseguem-se diversos objetivos:

- Apresentar-se no setor ou potencializar a imagem, às vezes simplesmente estando presente.
- Mostrar novos produtos ou projetos.
- Reforçar interações com clientes, concorrentes, consultores etc.
- Vender.

A gratuidade nos negócios não existe; é uma questão de investimento e de tempo. A questão fundamental é "acertar o *mix* de investimentos". No *marketing* da FdD, também é assim.

- Por que não antecipamos o investimento, para depois receber o benefício do mesmo?
- Por que não partilhamos o risco com o cliente?
- Por que não investimos conjuntamente?
- Por que não nos arriscamos a tentar vender um produto não rentável? Por que preferimos tentar vender produtos comprovadamente rentáveis, que compensem o investimento anterior?
- Por que não oferecer ao nosso cliente um programa de formação, no qual tenha a possibilidade de presentear os seus próprios clientes? Por que não participar conjuntamente do projeto?

> "O verdadeiro *marketing* começa pelo cliente e suas expectativas."
>
> Peter Drucker

Todas essas perguntas nos levam a uma série de atuações que não só potencializam a imagem da instituição como também significam ações de aproximação ao cliente, de compreensão de sua situação, e antecipação de possíveis desejos e necessidades. Isso é *marketing*!

• *Outros meios de comunicação direta*

Publicidade postal (*mailing*), *telemarketing*, venda por catálogo e Internet, *webs*, portais, associações de antigos alunos, rede de escritórios e sucursais.

A associação, o clube e grupo de antigos alunos são instrumentos promocionais de primeira ordem, no caso das escolas de negócio. Através da comunicação direta, indicam-se programas *in company*, assim como se promove e divulga-se todo tipo de produto formativo, baseando-se na gestão relacional.

Alguns casos podem ser considerados o principal valor da instituição, tratando-se de uma gestão muito particularizada e cheia de simbolismo. A presença, entre os antigos alunos de formação, de personalidades do mundo político, religioso, econômico, científico, social, artístico ou acadêmico é extraordinariamente importante no mundo anglo-saxão, mas também em outros países, particularmente na Espanha.

Sem dúvida, o *mix* que se pode fazer com esses instrumentos vai depender da estratégia da empresa, da verba destinada, da popularidade no setor, da notoriedade da marca, assim como da etapa do ciclo de vida de determinados serviços.

Cada mercado e cada tipo de comprador exigem uma comunicação e venda diferentes. Neste caso, trata-se de um mercado muito seleto e crítico em sua atuação profissional.

Objetivos da comunicação

Ainda que o objetivo da comunicação seja o incremento das vendas, buscam-se outros objetivos intermediários, tais como:

– Criação e reforço da imagem – Trata-se de criar impressões favoráveis para aumentar o nível de confiança.

- Diferenciação do produto – Em algumas ocasiões, através da promoção ou das relações externas, trata-se de ressaltar um diferencial de determinado produto para fazê-lo parecer único.
- Posicionamento do produto ou da empresa – Também vai usar a comunicação para o posicionamento ou reposicionamento de uma marca, serviço ou instituição. Depois, pode-se fazer uma fusão ou entrada, em um novo mercado.

Philip Kotler[8] utiliza o acrônimo PENCILS:

> "Escrever é uma forma de falar sem ser interrompido."
> Jules Renard

[P] Publicações – revistas profissionais, informes anuais, folhetos, catálogos etc.

[E] Eventos – auspício de eventos esportivos, artísticos, culturais.

[N] Notícias – comentários favoráveis sobre a empresa, executivos, produtos, tecnologia etc.

[C] Compromisso com a comunidade – contribuições de tempo e dinheiro para projetos da comunidade local.

[I] Identificação – imagem corporativa, logomarca etc.

[L] *Lobby* – esforço para influenciar favoravelmente, ou dissuadir, a legislação ou as normas desfavoráveis à empresa e ao setor – *marketing* com causa?

[S] Solidariedade social – atividades para o desenvolvimento de uma responsabilidade social.

> "A pessoa obtém o que pede. O único problema é que, antes de obtê-lo, nunca sabe o que de fato pediu."
> ALDOUS HUXLEY

Para conseguir vender, não é suficiente oferecer um produto-serviço com um preço atrativo; além disso, diante dos diferentes segmentos de clientes a quem o produto se dirige, é preciso mostrar a oferta,

---
[8] Kotler, P. (2000): *El marketing según Kotler*. Barcelona: Paidós.

manifestar as qualidades que a distinguem e estimular a demanda, através de ações de comunicação apropriadas.

3.7. A chave atual da comunicação e da venda: a rapidez

1. A estrutura perto do cliente.
2. A resposta antes da busca.
3. O começo da visão-cliente, a cada dia.
4. Flexibilidade.
5. Focalização e abandono.
6. Questionamento contínuo.
7. O pequeno é melhor e eficiente.
8. Concentração é imagem.
9. Somos todos polivalentes.
10. Entre as diferentes prioridades, escolhemos a rapidez.

> "Quando tudo passa muito rápido, você não pode decidir sempre corretamente; por isso, tem que aprender a se adaptar, a corrigir rapidamente seu curso de ação."
>
> Janet E. Lapp

De forma sintética, vamos fazer comentários sobre cada uma dessas linhas de ação baseadas na rapidez.

Seguramente, diante de um mercado em contínua mudança, ou mais que isso, em ebulição, a tentação imediata é a de começar a correr. Não ficar parado, criar movimento e dinâmica na organização. Olhar o que alguns de nossos concorrentes fazem e, imediatamente, se ainda não estamos agindo, começarmos, para, rapidamente, alcançarmos o concorrente e superá-lo.

Isto, baseando-se em produtos, modelos de gestão, atividades de comunicação, imagem, alianças etc.

Assim, vamos de impulso em impulso, muitas vezes sem parar um pouco para pensar qual pode ser o caminho.

Claramente, a primeira coisa a ser feita será parar e refletir, apesar da rapidez que o mercado parece exigir.

As fórmulas mágicas e únicas precisam de constante reformulação, incorporação, integração e deglutição. Às vezes, para isso, é preciso um copo d'água, um pouco de tempo ou um bom vinho (cada um deve saber o que lhe cai melhor).

3.7.1. A estrutura perto do cliente

No caso da formação de executivos, ainda que aparentemente o pacote, *a priori*, seja servido rápido, a forma mais rápida de responder ao cliente é oferecer-se para trabalhar, desde o início, funcionando interativamente com ele durante todo o processo.

3.7.2. A resposta antes da busca

Se realmente nos preocupamos com as necessidades de nossos clientes, quanto à formação de executivos, devemos estar bem atentos a qualquer modificação na sua estratégia ou a mudanças em suas políticas, seus mercados, suas alianças, sua dimensão, seus produtos etc.; isso nos leva a poder oferecer apoio, idéias, projetos, ainda antes que o cliente tenha decidido trabalhar em alguma linha. O consultor amplia e antecipa a reflexão do cliente.

3.7.3. O começo da visão-cliente, a cada dia

Como em muitos planejamentos de alcance integral, estamos diante de um paradoxo: temos que conhecer muito bem o cliente e, para isso, convém estar perto dele, ao seu lado; entretanto, essa proximidade pode nos impedir um olhar de fora. É preciso manejar o dentro-fora e, assim, rever e fazer renascer a nossa visão, o tempo todo. Não podemos nos permitir o luxo da superconfiança, que dá ensejo à inércia, à acomodação.

3.7.4. Flexibilidade

Philippe Boissier sempre comentava, em suas apresentações, o caso dos andaimes de bambu em Hong Kong, quando falava de conhecimento tácito e explícito, também para dar significado à importância de poder curvar-se, sem se romper, diante de furacões e outros ventos.

Estamos rodeados de ventos, além de imprevistos, que nos exigem jogo de cintura. A cintura fundamental é a cabeça, em seu duplo sentido: cabeça organizacional e cabeça pessoal. E só há flexibilidade se os conceitos básicos são claros, caso contrário, estamos falando de maleabilidade e ductilidade, valores que dão alento e identidade ao que se encontra em contínua mudança.

3.7.5. Enfoque e abandono

> "As empresas fracassam devido às coisas que são incapazes de abandonar."
>
> Peter Drucker

Hoje, no mundo empresarial, é preciso ser valente. Não me refiro ao empresário que, certamente, sabe que sem risco não há empresa, mas a cada profissional com certa responsabilidade que envolve sua lógica autonomia.

Deve-se ser valente, para afastar as iscas que continuamente são atiradas. Estou certo de que existem, à sua volta, grandes partidários que o incitam a segui-las. É preciso saber dizer não, concentrando-se apenas no que se decidiu fazer. No entanto, ao mesmo tempo, é preciso estar disposto a abandonar os produtos e as linhas de trabalho que, mesmo já tendo sido úteis um dia, agora não são mais. Às vezes, parece que se desgarra algo do âmbito organizacional e do âmbito pessoal, mas... é preciso "matar para renascer".

3.7.6. Questionamento contínuo

Está comprovado que é mais fácil seguir a inércia já aprendida, interiorizada e automatizada. Isto não requer qualquer esforço mental. Basta seguirmos o próprio rastro. O esforço está em buscar além do óbvio e do cotidiano, perguntando o que se pode fazer que não está sendo feito, descobrindo e reconhecendo as ineficiências e erros; finalmente, deve-se estar disposto a incorporar novas formas que possibilitem responder mais rapidamente à propaganda e aos clientes.

3.7.7. O pequeno é melhor e eficiente

Existem escolas de negócio e consultoras pequenas que, em relação às grandes, oferecem um serviço muito mais *ad hoc* e próximo. Sua tomada de decisões e a aproximação com a realidade do cliente são muito mais rápidas, uma vez que, na organização, não são obrigados a subir tantos degraus, que costumam dificultar uma atuação rápida e eficaz. Não se trata então de abraçar tudo, mas de ser melhor naquilo que faz e mostrá-lo no dia-a-dia.

3.7.8. Concentração é imagem

Uma coisa importante é aproveitar a oportunidade; nesse sentido, pode ser interessante desviar recursos e atenção, diante de algo que não seja da nossa familiaridade. Para isso, sempre se pode buscar alguém de fora que dê o apoio necessário. Entretanto, não podemos apresentar-nos, ante o mercado, como especialistas em tudo. Sob a síndrome do crescimento a todo custo, existem escolas de negócio que, praticamente, já atuam como consultoras. As ações *in company* já não representam uma porcentagem significativa nas contas de resultados, porque parte desta atuação na casa do cliente não é formação, e aí se incluem os processos de consultoria, *outsourcing, coaching* etc.

O problema está em se transformar no "El Corte Inglés" da formação, ou seja, na loja que vende tudo para a sua casa.

Será essa a identidade desejada? A de um supermercado ou grande área de formação? Se for assim, talvez, dentro de pouco tempo, apareçam grandes provedores de formação, em nível internacional, que abracem desde a pré-escola até a atualização de executivos. Nesse caso já estaremos falando de outra coisa.

> "Não faz muito tempo, quando evocávamos o capital de uma sociedade, não podia haver dúvida tratar-se do financeiro. Depois, descobriu-se que os homens contavam, ao menos o mesmo que as caixas fortes, apesar de não aparecerem nos balanços da empresa. Então, falamos de capital humano. Hoje em dia, impõe-se uma terceira forma de capital: o capital imagem."
>
> GERARD SERIN[9]

---

[9] Serin, G.: *Nouvelles Ricard*, nº 397, verão. Extraído de P. A. Boiry (1998), *Relaciones públicas o la estrategia de la confianza*. Barcelona: Gestión 2000.

3.7.9. Somos todos polivalentes

A rapidez de resposta exige a supressão dos gargalos. Se o que se necessita é redigir uma proposta e só existem três pessoas capazes de fazê-lo, mas todas estão ocupadas, o processo diminui a marcha. O cliente periga.

A polivalência e a disponibilidade, necessárias em todos os momentos, significam que a nossa organização tem também, no âmbito externo, profissionais aos quais pode recorrer nesses casos.

3.7.10. Entre as diferentes prioridades, escolhemos a rapidez

Todos somos conscientes da necessidade de responder prontamente e de antever as possíveis necessidades do cliente. O problema é a prioridade, geralmente baseada na combinação importância-urgência, que depois de assinalada deve ser seguida, mas como segui-la?

A rapidez às vezes interfere ou choca-se com o foco nos custos, na qualidade etc.

Com isso, não queremos dizer que a rapidez deva ser considerada como um valor absoluto, mas sim, que no momento atual, possa significar um estar ali, agora, que dê chance de um estar ali, no futuro.

3.8. Comunicação e qualidade

> "Um produto ou serviço tem qualidade quando goza de um mercado bom, sustentado, e ajuda a alguém."
>
> Edwards Deming

A qualidade é um conceito muito relacionado com a satisfação do cliente, com o preço, com a essência do próprio produto, com as expectativas do cliente e com cada momento no tempo.

Portanto, a qualidade pode aparecer como um atributo do produto-serviço ou referir-se exatamente à qualidade de serviço ou àquilo que rodeia, completa e enriquece qualquer produto ou serviço.

Em nosso caso, um programa de formação pode ser considerado com uma determinada qualidade, ainda que possa haver uma qualidade de serviço antes, durante e depois do próprio programa, completando a percepção global.

Tentaremos refletir, graficamente, onde e como analisar as possíveis deficiências ou *gaps* que se dão ao longo do processo da qualidade, e estruturar um modelo que nos permita medir a qualidade dos serviços que prestamos ou vendemos.

Utilizando e adaptando o modelo de Zeithmal[10]:

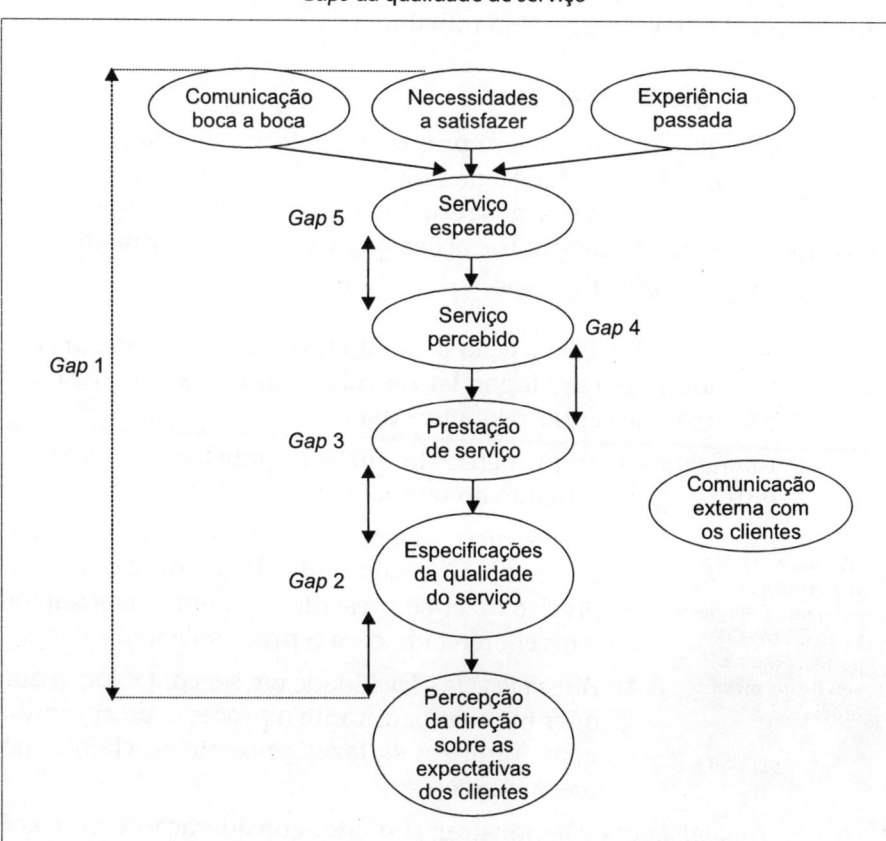

FIGURA 3.3
Gaps da qualidade de serviço

---

[10] Zeithmal, V. A. (1988): *Consumer perceptions of price, quality and valve: a means-end model and synthesis of evidence*, Journal of Marketing, vol. 52, julho, pp. 2-22.

Como ir medindo e detectando essas diferenças, esses *gaps*? Através de controles, especialmente sobre prazos a cumprir e sobre o grau de atendimento da expectativa do cliente.

Tem que haver, também, índices comparativos com o mercado. Por exemplo: Quanto tempo se demora para enviar uma proposta ao cliente?

Gestão dos clientes que deixam de trabalhar conosco.

Quais os possíveis fatores que, de nossa parte, puderam influir? Que podemos fazer?

Depois podemos questionar como a formação dada em sala de aula se mudou para o posto de trabalho.

Percepção da qualidade do serviço

Aquilo que o cliente de um programa de formação espera será satisfeito se, além da qualidade e dos conteúdos, o cliente que o comprou também confie plenamente nos resultados do processo. Nesse sentido, haverá uma série de condutas e ações que vão influenciar nisto.

As mais significativas são:

1. *Sensibilidade* – Disposição de agradar o cliente ou o usuário, colocando-se em seu lugar. Isto se relaciona com a empatia e a capacidade de captar pequenos detalhes.

2. *Confiança* – Cumprimento do que foi estabelecido e acordado entre as partes quanto ao tempo, à qualidade e à verba.

> "Vender é serviço ao cliente e serviço ao cliente é vender; as duas ações são partes inseparáveis de um mesmo processo."
>
> **Stan Adder**

3. *Competência* – Demonstrar total capacidade para desenvolver a atividade. Pelo mesmo preço, é preciso fazer-se presente ao cliente, relacionando o nível oferecido com o preço solicitado.

4. *Acessibilidade* – Facilidade em ser contatado, a qualquer momento, durante o processo de aprendizagem. Também se fazer presente ao cliente, pelo mesmo preço.

5. *Amabilidade* – Demonstrar respeito, consideração e educação, transmitindo afeto e evitando a possível prepotência do aparente saber, pois "o sábio não acredita que sabe".

6. *Comunicação* – Orientar e informar sobre todos os detalhes que possam influir durante o processo, sendo transparente nas possíveis falhas e erros.

7. *Segurança* – Dar a sensação de estar no controle do processo, prevendo acontecimentos e reagindo rapidamente diante dos imprevistos.

8. *Compreensão* – Perceber as necessidades, pressões e possíveis angústias dos participantes, ajudando-os a superar as barreiras da aprendizagem.

9. *Apoio* – Disposição para ajudar os participantes que possam vir a necessitar de um reforço especial.

10. *Entorno físico* – Cuidar de todos os elementos físicos que configuram o entorno do trabalho de aprendizagem.

O estudo *Atención al cliente* elaborado por *PEC Consulting*, em colaboração com o grupo Meta, de março de 2002, destaca que o mínimo de vezes que os consumidores estão dispostos a esperar, antes de mudar de provedor, é 1,8. Não existe, pois, uma segunda oportunidade.

Certamente, cada mercado é diferente e qualquer caso vai depender das alternativas e da facilidade de mudança.

O problema da qualidade de serviço é que sua gestão tem que levar em conta um conceito dinâmico e relativo, no que se refere a preço, havendo, portanto, um grande componente subjetivo.

Efetivamente, a qualidade de um programa de formação pode ser percebida de modo muito diferente pelos diferentes usuários, assim como se espera algo distinto, dependendo do fato de já ter ou não recebido um programa sobre o mesmo assunto.

Além disso, não se trata de maximizar a qualidade, pois sempre haveria perdas. A qualidade estaria relacionada ao preço.

3.9. *Marketing* boca a boca

O dia 31 de dezembro de 2002 passei em Altea, com minha família. No jantar desse dia, nos encontramos com pessoas de Valencia, no hotel Meliá Altea Hills. No decorrer da típica conversa sobre comida, cada um começou a falar de lugares que conhecia, nos quais se comia bem, conversa que ocorreu quando ainda tínhamos uma certa cerimônia.

Comentaram que a 30 km dali, num povoado chamado Gata de Gorgos, havia um restaurante, próximo à estação do trem, chamado

> "Em algum lugar li que todos neste planeta estamos separados por apenas seis pessoas."
>
> Six degress of Separation.
> John Guare

Avenida, no qual possivelmente se comiam os melhores camarões e um crustáceo parecido com caranguejo do Mediterrâneo.

Comentaram com tanto entusiasmo e convencimento que, apesar do suculento jantar que estávamos saboreando, não deixei de pensar nos camarões do Avenida.

Esses dias em que fiquei naquela área, precisamente tentando terminar de escrever este livro, decidi fazer uma pausa na minha reclusão voluntária e me dirigi ao restaurante Avenida. Tive sorte, pois, sem necessidade de reservar, consegui um lugar para poder saborear os camarões e caranguejos. Pois bem, não sei se eram os melhores do Mediterrâneo, mas, sem dúvida, eram de excepcional qualidade. Recomendo-os (claro que não os que comi, mas outros similares que sirvam ali).

- É de 65% a porcentagem de clientes que compraram e informaram aos fabricantes do produto *Palm Pilot*, que tinham tomado conhecimento desse produto através de outra pessoa.

- É de 47% a porcentagem dos leitores da revista *Surfing* que afirmam ter recebido, de amigos, influências decisivas sobre onde navegar e que produto comprar.

- Segundo a mesma pesquisa, 70% dos americanos recebem conselhos de outrem, ao escolherem um novo médico. É de 63% a porcentagem de mulheres pesquisadas pela revista *Self* que afirmaram ter levado em consideração o comentário de um amigo, familiar ou colega de trabalho, na hora de adquirir medicamentos sem receita médica.

Na realidade, é como se existissem redes interpessoais, atemporais e invisíveis, que influenciam muito na hora de comprar.

Essas redes ficam cada vez mais fluidas, tendo por base a utilização do correio eletrônico, *chats*, páginas, *webs*, portais etc.

Os boatos são cada vez mais freqüentes e intensos. Definitivamente, um boato é um conjunto de informação que se propaga sobre uma empresa, produto etc., em um momento determinado, no âmbito da comunicação interpessoal, boca a boca.

Jeff Bezos, presidente da *Amazon.com*, comenta que a insatisfação de um cliente pode ser propagada a outras 1.000 pessoas.

O boato também pode ser administrado. Para isso, é interessante criar suspense, retendo informação e fazendo-a fluir de forma gradual, criando uma fome de saber: Qual é a nova de hoje?

Existem quatro razões fundamentais para explicar a importância do funcionamento dessas redes:

- O ruído – cada vez existem mais ofertas sem referentes claros.
- O ceticismo – a resistência ao novo, porque já se sabe muito.
- A capacidade de contínua reflexão – mais dificuldade para discriminar e selecionar.
- A velocidade – as decisões são cada vez mais rápidas.

3.10. *Marketing* viral

Trata-se de incentivar o acesso à nossa *web*, e a qualquer plataforma, na qual penduramos diferentes programas de formação, que podem ser clássicos, interativos, simuladores da gestão etc.

Os produtos são oferecidos gratuitamente; com isso, a difusão do nome da empresa que oferece o serviço costuma ser grande, tornando-se uma forma de divulgar outros produtos pagos e estimular o uso e desfrute de uns e outros.

Há alguns anos, o MIT (Instituto Tecnológico de Massachusetts) atua dessa maneira, o que promove a aproximação do cliente com outros programas que têm preços determinados.

Estão realizando isso especialmente com os jogos de empresa e simuladores para aqueles que protegem.

3.11. A integração do cliente com a empresa: do ERP ao CRM

Cada vez mais se trata de personalizar a relação com o cliente, dispondo de toda a informação conveniente, tanto histórica como ligada às transações habituais com o mesmo.

Nos últimos anos, apareceram diferentes modelos que tinham por base o desenvolvimento tecnológico atual, permitindo uma gestão da informação que facilitou a interação assinalada.

Trataremos aqui de dois modelos: o ERP, *Enterprise Resource Planning*, e o CRM, *Customer Relationship Management*.

ERP (Planificação de recursos da empresa)

É um modelo de gestão integral da informação estruturado para satisfazer a busca de soluções em gestão empresarial.

O ERP integra todos os aspectos funcionais da empresa: gestão comercial, gestão financeira, gestão de produção, controle de armazéns etc.

As soluções ERP se caracterizam por sua universalidade, pela integração da informação com a estandardização, e das interfaces com outras aplicações.

Tal modelo de gestão vai permitir, além da agilização dos processos de avaliação, da análise da informação e da tomada de decisões, a redução dos tempos de resposta ao cliente e a evolução de uma estrutura flexível.

Além disso, através das soluções ERP, os custos globais de *hardware* e de gestão podem ser reduzidos, tem-se um acesso mais rápido às informações com uma só conexão na Internet e cria-se uma plataforma eficaz para a implantação e o desenvolvimento do comércio eletrônico.

CRM (Gestão da relação com o cliente)

O CRM é uma ferramenta de gestão empresarial apoiada em novas tecnologias, ferramenta que tem por objetivo principal a construção de relações sólidas com clientes, e esses clientes lhes proporcionem um valor agregado a longo prazo, para que se tornem um ativo da empresa (capital relacional).

Essa ferramenta, apoiada nos modelos ERP, é considerada como uma estratégia de negócio dentro da interação com nossos clientes, já que pretendemos:

> "Utilize o consórcio de clientes ou prospectos que sejam estrategicamente importantes para seu êxito."
>
> Ron E. Karr

- Estabelecer uma atitude de serviço personalizado diante de nossos clientes, tanto internos como externos.

- Maximizar o valor do ciclo de vida de cada um de nossos clientes.
- Ganhar o máximo potencial ao estabelecer uma relação continuada com nossos clientes.
- Adaptá-la, conforme se adquira um conhecimento maior dos clientes.
- Conseguir maior fidelidade do cliente.
- Poder medir, gerir e controlar a rentabilidade de cada cliente.

Por outro lado, a utilização da ferramenta nos permitirá integrar algumas das funções do *marketing*, as vendas, o serviço e o suporte, já que poderemos obter os seguintes benefícios:

- Redução do custo das relações com os clientes.
- Incremento da efetividade de algumas campanhas de *marketing*.
- Diminuição do tempo de lançamento de novos produtos.
- Diminuição do custo médio de captação de clientes.
- Suporte e melhora da força de vendas.

Do ponto de vista tecnológico, o *Gartner Group* define CRM como:

> "A captura de dados dos clientes através de todos os departamentos da empresa; a consolidação dos dados relativos aos clientes adquiridos, tanto os internos como os externos, em uma base de dados central à análise dos dados consolidados; a distribuição dos resultados da análise dos dados, pontos de contato empresa-cliente (vendedores, *call centers*, páginas *web* etc.) e o uso dessa informação quando os clientes entram em contato com a empresa, através dos referidos pontos."

Todas essas atividades de capturar, armazenar, analisar, distribuir e usar a informação dos clientes poderão ser realizadas eletronicamente; exatamente aqui, as novas tecnologias e a Internet desempenham um papel primordial no modelo CRM.

O processo CRM pode ser definido simplesmente como o processo de aquisição, retenção e ampliação de bons clientes com a ajuda da tecnologia. Trata-se de adquirir, reter e intensificar as relações com clientes, para poder separá-los em grupos, segundo suas características, tornando-se aptos a se desligar dos clientes geradores de rentabilidade baixa ou nula.

As soluções CRM tentam aumentar a eficácia da empresa, através da diminuição de custos e do melhor conhecimento dos clientes – comportamentos, pautas e necessidades.

Para o cliente, os benefícios tangíveis do CRM são o acesso a uma informação de melhor qualidade e a facilidade de comunicação com a empresa provedora, economizando-se, com isso, tempo e dinheiro.

Para sua implantação, entretanto, não é suficiente instalar um *software*, mas, sim, necessita-se de uma mudança de mentalidade (cultura) em toda a empresa.

O sistema evolui continuamente e exige, no início, uma clara arquitetura de dados e sistemas.

Ainda que às vezes pareça, não se trata de um mero projeto tecnológico; tem que vir de um processo estratégico da alta direção.

O problema que podemos encontrar é a disparidade de ferramentas de *software* analítico e sistemas operativos, problema este que impede ou dificulta a comunicação e a integração das diferentes aplicações.

Uma solução CRM completa estrutura-se em dois entornos: o operacional, que cobre o contato, ou seja, a interação com o cliente em ambos os sentidos, e o entorno analítico, no qual se incluem as ferramentas de *business intelligence, datawarehouse, data mining* etc.

As soluções CRM evoluem em direção às CVM, *Customer Value Management*, nas quais a gestão se focaliza sobre o valor que, a médio prazo, pode trazer o cliente.

Entretanto, como mencionamos no início, a ferramenta do CRM deve estar integrada com o sistema ERP da empresa que, por sua vez, deve integrar funções da empresa com as vendas, *marketing* e serviço ao cliente.

Essa integração supõe que o CRM deve facilitar um suporte e cobertura completa para o ciclo inteiro da gestão comercial e para a automatização dos processos de negócio envolvidos nas relações e contatos com os clientes, dando lugar a um novo ciclo de planejamento e gestão comercial, baseado na gestão e na exploração da informação adquirida dos clientes.

Essa informação provém do entorno transacional ou do entorno de relação com o cliente, e a isso poderíamos agregar um terceiro entorno, o analítico, encarregado da análise dos dados.

O entorno operacional da empresa constitui-se de operações de negócio, que ficam registradas na base de dados relacionais e no conjunto de ferramentas e instrumentos de *back-office* regulados pelo ERP. Sobre esta camada distribuem-se os elementos de *front-office*, fundamentalmente as funções de *marketing*, vendas e serviço ao cliente.

De qualquer forma, segundo recentes pesquisas[11], estima-se que cerca de 60% dos sistemas de gestão de clientes são um fracasso. Muitas vezes a causa é, segundo a consultora Daemon Quest que realizou a pesquisa, a informação da qual se dispõe, que impede tomar as decisões oportunas.

e-Business Intelligence (CRM analítico)

É mais um passo no aproveitamento da informação, frente ao negócio. Com esse modelo acessa-se, analisa-se e partilha-se a informação, de maneira autônoma. Quando essa capacidade não somente se limita ao interior da empresa, mas se amplia para os clientes, aliados, *partners* e provedores, utilizando a Internet, então chama-se *e-Business Intelligence*.

Com o CRM analítico, pode-se fragmentar ainda mais a análise e assim, por exemplo, saber em que área se perde ou se ganha dinheiro ou mercado, qual o ponto de venda que pode dar problema ou, ainda, em que segmentos existe uma maior probabilidade de que os clientes se mudem para o concorrente.

Os sistemas e as ferramentas CRM tratam, em muitos casos, de questionar todo o ciclo de vida do cliente, tratando de maximizar seu valor a curto, médio e longo prazos (ver Figura 3.4).

3.12. Como vender a FdD?

Vamos nos referir aqui à venda de formação de executivos específica, quer dizer, *in company*, que é a que cresce a cada dia. Atualmente,

---
[11] Diário *Cinco Días* de 23 de fevereiro de 2002.

> "Devemos dedicar tempo ao mercado, para chegar a conhecer as perguntas que devemos fazer."
>
> Gerald A. Michaelson

nos Estados Unidos, três quartos da formação de executivos se realizam através de programas estruturados *ad hoc* para cada cliente.

Para nós, esse tipo de formação, seja aprendizagem individual ou organizacional, tem que se estabelecer como um processo que leve consigo um assessoramento sistemático e interativo.

Qual pode ser o objetivo geral?

Colaborar com o cliente no afloramento e na satisfação das necessidades mais ou menos explicitadas, e das necessidades não manifestadas, durante a aprendizagem de pessoas, grupos e da organização. Tudo isso, sempre sem perder de vista a repercussão dessa aprendizagem, na conta de resultados da organização.

Como qualquer modelo de gestão, toda atuação de vendas tem que visualizar, apresentar e argumentar o produto integral, como indicado na Figura 3.5:

FIGURA 3.4
Gestão do ciclo de vida do cliente

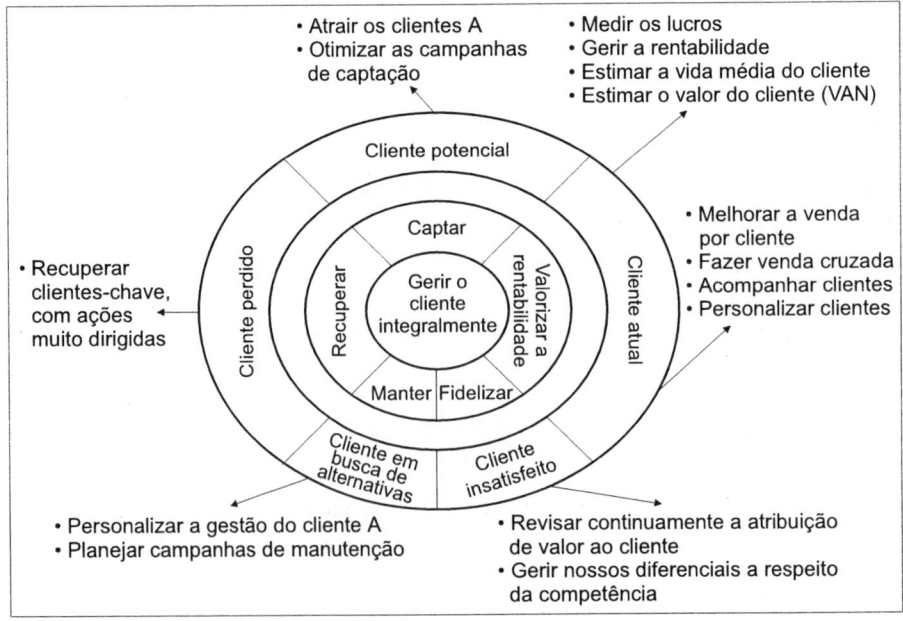

- Atrair os clientes A
- Otimizar as campanhas de captação
- Medir os lucros
- Gerir a rentabilidade
- Estimar a vida média do cliente
- Estimar o valor do cliente (VAN)

- Recuperar clientes-chave, com ações muito dirigidas

- Melhorar a venda por cliente
- Fazer venda cruzada
- Acompanhar clientes
- Personalizar clientes

Cliente potencial / Captar / Gerir o cliente integralmente / Manter / Fidelizar / Valorizar a rentabilidade / Recuperar / Cliente perdido / Cliente atual / Cliente em busca de alternativas / Cliente insatisfeito

- Personalizar a gestão do cliente A
- Planejar campanhas de manutenção

- Revisar continuamente a atribuição de valor ao cliente
- Gerir nossos diferenciais a respeito da competência

FIGURA 3.5
Produto integral

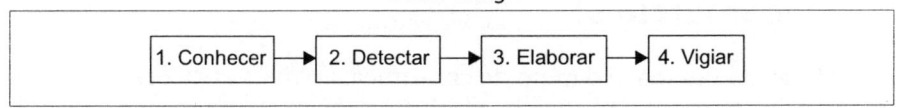

```
1. Conhecer → 2. Detectar → 3. Elaborar → 4. Vigiar
```

1. *Conhecer* – Procurar saber para detectar de que maneira se movem as variáveis básicas da organização, as quais repercutem na atuação executiva (estratégia-cultura-processos-PDDP).
2. *Detectar* – Analisar forças e debilidades, bem como aspectos sociotécnicos mais relevantes e sua projeção em direção ao futuro.
3. *Elaborar* – Fazer um projeto *ad hoc,* junto com a alta direção e ligado ao plano de negócio.
4. *Vigiar* – Acompanhar a evolução do processo, retificando aquele que já se sabe que não dá o resultado que se quer, apoiando-se na linha a todo momento.

Quando vendemos FdD, o que estamos vendendo? Tal questionamento, tanto podemos fazê-lo interna como externamente.

Estamos oferecendo (Tabela 3.1).

TABELA 3.1

Argumentos de venda
– Soluções.
– Tempo.
– Ilusão e energia.
– Idéias para refletir sobre elas.
– Idéias para aplicar.
– Inovação.
– Ajuda/guia/apoio.
– Reforço.
– Garantia.
– Outras experiências.
– Métodos e sistemas.
– Confiança.
– Resultados econômicos.

3.13. Venda pessoal (assessores-consultores comerciais)

A venda pessoal é o meio de comunicação mais eficaz no processo de compra de um determinado produto, sobretudo quando é necessário desenvolver as preferências, identificar necessidades, estabelecer uma relação duradoura e estimular a decisão de compra.

Por isso, a maioria dos centros de formação utiliza a força de vendas, como meio de comunicação, especialmente em determinados segmentos do mercado, como, por exemplo, a formação *in company*.

> "Não sei quem descobriu a água, mas certamente não foi um peixe."
> McLuhan

Em um mercado como o de FdD, de natureza muito complexa, aparecem diferentes formas de enfocar a ação de venda.

A utilização de uma força de vendas permite uma grande flexibilidade e, sobretudo, um relacionamento personalizado direto. Por outro lado, exige, em geral, profissionais de alta qualificação, para a maioria dos produtos-serviços-solução de formação executiva, principalmente no que se refere aos processos realizados *in company*.

3.14. Objetivos da equipe comercial[12]

A equipe comercial de uma consultora ou escola de negócios não somente vende um programa de formação ou um projeto de consultoria nos quais a formação seja um de seus componentes, como também realiza outras tarefas como:

- *Exploração de possibilidades* – Detecta clientes e oportunidades.
- *Comunicação* – Proporciona informação sobre a empresa e seus produtos-serviços.
- *Serviços* – Apresenta elementos complementares aos programas de formação (logística, relação com os participantes etc.)
- *Coleta de informação* – Conhece as novas necessidades e expectativas do mercado.

---
[12] Kotler, P. (1998): *Dirección de Marketing*, 8ª ed. Madri: Prentice-Hall.

- *Seleção de clientes* – Detecta características dos clientes que lhe interessem, para classificá-las.

Matriz de atuação comercial adaptada de[13] (Figura 3.6):

FIGURA 3.6
Matriz de atuação comercial

	Cliente real	Cliente potencial
Consciente de uma nova necessidade	Dar-lhe a máxima satisfação 1	Namoro 3
Não consciente de uma nova necessidade	2 Manutenção	4 Divulgação

Nesse campo de atuação, as funções e necessidades básicas de um consultor coincidem com as de outros campos de atuação; mais adiante, distinguiremos algumas nuances.

3.14.1. Em relação à sua própria empresa ou instituição

- Conhecer profundamente a própria empresa (história, capital, equipe de direção, cifras do negócio, aliados, delegações...).
- Saber onde se pode obter a informação precisa.

---

[13] Maister, D. H. (2002): *Dirigir un despacho profesional*. Valencia: CISS.

- Planejar as ações de venda.
- Fazer cumprir os sistemas de controle e a continuidade de venda.
- Treinar os profissionais mais jovens e novos funcionários.
- Dar imagem de empresa ou profissionalismo, através da aparição, nos meios de comunicação, com artigos, pesquisas, livros etc.
- Potencializar e apoiar uma maior qualidade de serviço e atenção ao cliente, na equipe de *back-office* e no resto da equipe comercial.
- Gostar da sua empresa. Viver suas cores e sentir-se orgulhoso por pertencer a ela. Parece algo de pouca importância, mas com freqüência nos encontramos com tecnocratas que só se interessam pela empresa no fim do mês, na hora do pagamento.

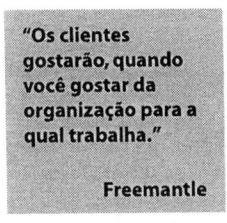

> "Os clientes gostarão, quando você gostar da organização para a qual trabalha."
> Freemantle

3.14.2. Em relação ao produto-serviço a vender

- Conhecer a fundo não somente o produto, mas também as possíveis derivações do mesmo, sobretudo os resultados que se podem obter com a sua aplicação.
- Conhecer as políticas de preços da própria empresa e saber com que flexibilidade se pode atuar e fazer uso dela.
- Saber planejar e redigir as propostas de venda, que são dos elementos mais importantes desse tipo de mercado; elas fazem ver ao cliente que compreenderam as próprias necessidades e os objetivos de aprendizagem.
- Conhecer as técnicas de apresentação, assim como o desenvolvimento de algum tipo de demonstração ou prova-piloto.

3.14.3. Em relação ao mercado (clientes)

- Proporcionar serviços adicionais ao cliente, tanto na linha dos produtos a vender, como em outro tipo de serviços, sejam ou não próprios, aos quais possamos ter acesso ou facilidade de resolver.
- Gerir o que o cliente terceiriza, pois cada vez é mais freqüente a terceirização, formal ou informal, em atividades ligadas à for-

mação que, antes, eles mesmos realizavam: procura de hotéis, viagens, gráfica etc.

- Gerir a cobrança, pois, ainda que haja muitas variedades, depende de cada empresa a gestão da cobrança; embora não seja exercida diretamente pelo setor comercial, este tem que estar a todo momento informado da situação, para, caso seja necessário, fazer as gestões oportunas com vistas ao cliente ou ao preceptor-cliente...
- Gerir o trabalho de prescrição. De importância especial, esse ponto será tratado à parte.
- Captar informação sobre qualquer aspecto que, direta ou indiretamente, esteja relacionado com a sua carteira de clientes.
- Estar totalmente comprometido com qualquer queixa ou reclamação dos clientes, para dar a resposta ou a solução mais rápida possível.
- Participar ativamente de conferências, exposições etc.

3.14.4. Em relação à concorrência

- Conhecer as empresas, instituições e profissionais mais destacados que estão no mesmo mercado.
- Conhecer os produtos e serviços que existem no mercado e saber o que os diferencia dos seus.
- Conhecer os preços do concorrente e o valor agregado, ou as razões que justificam os preços superiores.
- Participar de associações, grupos de pesquisa ou trabalho, dos quais participem profissionais do concorrente.

3.14.5. Em relação aos objetivos e resultados

> "A paciência constrói relações."
> Nido R. Qubein

- Ter um controle minucioso, tanto do quê (produtos vendidos, faturamento, margem, porcentagem sobre objetivos) quanto do como (contatos, número de visitas, número de propostas, propostas aceitas, gestão de preceptores etc.)

- Tentar fazer uma venda cruzada com outros companheiros ou empresas aliadas.
- Persistir, persistir, persistir.

Perfil do consultor-professor-agenciador

Que perfil precisa ter um agenciador que se dedique à venda de FdD?

De início, por definição, haveria uma palavra composta de substantivo-adjetivo (agenciador-consultor ou professor). Em minha opinião, o substancial é que seja um profissional, consultor/professor, formador, que saiba vender o que sabe e o que faz. Não é fácil incorporar um agenciador de outro setor e destiná-lo a comercializar produtos na linha de FdD, a não ser que esteja muito bem adaptado; ainda assim, creio ser importante que sinta e veja os resultados da implantação de seu projeto. Isso faz criar uma inspiração que desperta o entusiasmo e o interesse da outra parte.

Como já comentamos anteriormente, parece mais conveniente que seja um consultor-professor, do que apenas um agenciador-vendedor, e que tenha o seguinte perfil:

– Mais de dez anos de experiência.

– Boa experiência empresarial em chefia.

– Boas relações com os preceptores da FdD, com prestígio na área.

– Experiência como formador, um facilitador de aprendizagem.

– Competências como:
- Saber perguntar, escutar, observar.
- Ser empático.
- Ter visão global.

> "O fracasso é somente outra oportunidade de começar de novo de maneira mais inteligente."
>
> **Henry Ford**

Levando-se em conta e trabalhando-se sob os seguintes princípios:

1. Ter a consciência de quem é que vale mais do que a venda.
2. Ter capacidade para se relacionar (é a chave para o êxito).

3. Começar a transformação pela cabeça de cada um.
4. Atuar eticamente (é sempre rentável).
5. Saber que tem que vender mais processos do que ações.
6. Considerar a necessidade do cliente mais importante do que a própria.
7. Saber que o êxito não vem sem esforço, e que a recusa ou perda de um cliente somente significa que deve continuar insistindo.

Responsabilidades do consultor-agenciador

a) Em relação à sua carteira de clientes:

> "Os consumidores escolhem os vendedores, cada vez mais, tendo por base o valor a longo prazo, não a história de longo prazo."
>
> Anônimo

- Conhecer os clientes que compõem a carteira, suas necessidades atuais e futuras.
- Incrementar os volumes de negócio e a fidelidade dos clientes, por meio de um assessoramento pessoal, que se adiante e lhes satisfaça as necessidades com uma visão integral.
- Contatar, periodicamente, tanto os clientes atuais como os potenciais.
- Atender e gerir as ocorrências, queixas, reclamações ou aspectos, não previsíveis, que possam surgir no decorrer do processo de aprendizagem.
- Detectar, de forma contínua, possíveis necessidades do cliente, que permitam oferecer-lhe novas soluções ou processos.

b) Em relação à captação de novos clientes:

- Buscar e captar informação do entorno, em especial dos setores a que pertençam os clientes de sua carteira, quando o mercado for segmentado.
- Conhecer o mais possível a concorrência, especialmente os novos produtos-serviços-soluções, preços e estratégias de atuação.
- Executar os planos de ação elaborados especificamente para a captação de novos clientes.

Segundo o modelo de Ana María Pepe[14], tendo por base os variáveis hábitos de compra dos clientes e a forma de vender dos agenciadores, distinguem-se quatro estereótipos de agenciadores: dois caçadores e dois pastores, segundo sejam captadores ou mantenedores.

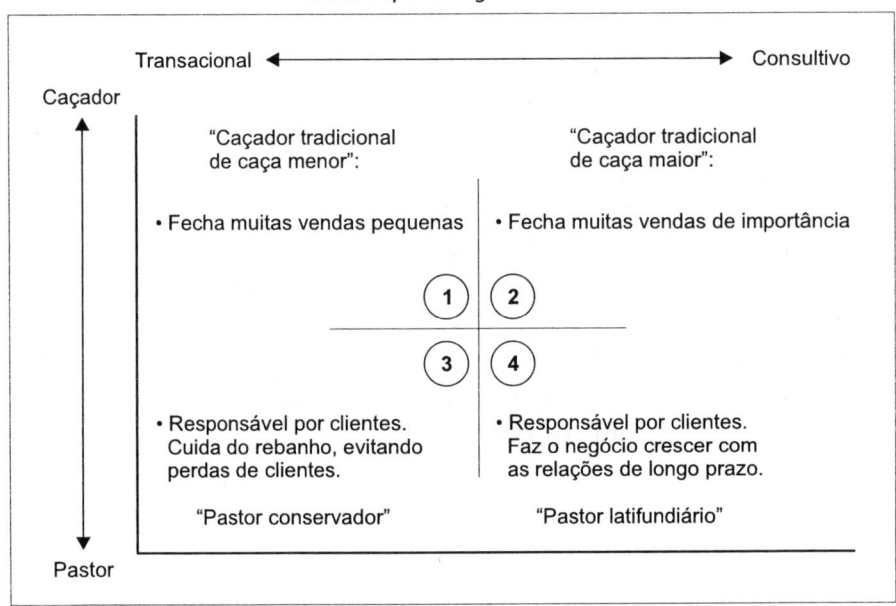

FIGURA 3.7
Estereótipos de agenciadores

	Transacional	Consultivo
Caçador	"Caçador tradicional de caça menor": • Fecha muitas vendas pequenas (1)	"Caçador tradicional de caça maior": • Fecha muitas vendas de importância (2)
	(3) • Responsável por clientes. Cuida do rebanho, evitando perdas de clientes. "Pastor conservador"	(4) • Responsável por clientes. Faz o negócio crescer com as relações de longo prazo. "Pastor latifundiário"
Pastor		

Fonte: Ana María Pepe e adaptação própria.

Quanto ao comportamento de compra dos clientes, existe uma diferença entre as vendas transacionais, que são produtos-serviços com um valor conhecido pelo cliente e um ciclo curto de vendas (como pode ser um programa de formação estandardizado), e a venda consultiva, na qual nem sempre fica fechado o preço total de compra e venda, tratando-se mais de um processo do que de um produto. Poderíamos falar de um processo de mudança, no qual pode haver uma atividade, como,

---

[14] Pepe, A. M. (2001): *Opinión de Ideas de Towers Perrin*, agosto.

por exemplo, um diagnóstico, ações de sensibilização e formação, implantação de sistemas, *coaching* etc.

Ainda assim, pode-se atribuir habilidades aos quatro perfis resultantes (ver Figura 3.8).

FIGURA 3.8
Competências

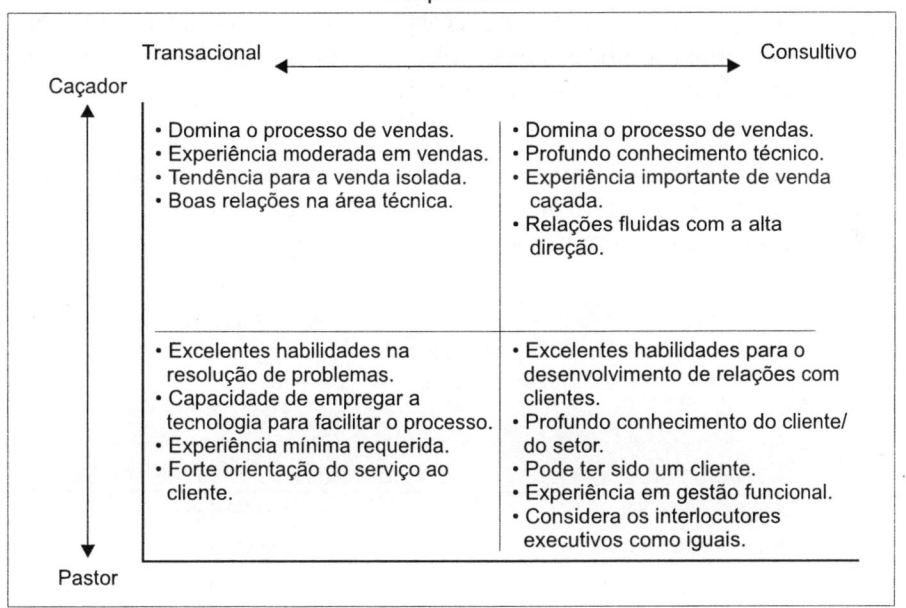

Caçador	Transacional ←————————————→ Consultivo	
	• Domina o processo de vendas. • Experiência moderada em vendas. • Tendência para a venda isolada. • Boas relações na área técnica.	• Domina o processo de vendas. • Profundo conhecimento técnico. • Experiência importante de venda caçada. • Relações fluidas com a alta direção.
Pastor	• Excelentes habilidades na resolução de problemas. • Capacidade de empregar a tecnologia para facilitar o processo. • Experiência mínima requerida. • Forte orientação do serviço ao cliente.	• Excelentes habilidades para o desenvolvimento de relações com clientes. • Profundo conhecimento do cliente/do setor. • Pode ter sido um cliente. • Experiência em gestão funcional. • Considera os interlocutores executivos como iguais.

3.15. O cliente como o centro da venda

Há pouco tempo, li um artigo no qual Kevin Davies[15] determinava oito papéis para o vendedor, os quais podem ser ilustrativos e aplicáveis à venda da formação de executivos, devido ao seu questionamento metafórico. Davies questiona e diferencia, de início, algo muito interessante para o nosso caso, que são as maneiras como as pessoas compram:

---
[15] Davies, K. (1999): *Venta centrada en el cliente, Executive Excellence* (edição espanhola), junho.

1) O que *compra sabendo* – aqui se refere àquele que compra e sabe perfeitamente do que necessita, dispensando ajuda, assessoria, ou incitação a comprar.

2) O que *compra aprendendo* – é quando não se dispõe de toda a informação e do conhecimento para poder tomar a decisão adequada. Sem dúvida, a grande quantidade de alternativas que continuamente tem sob seus olhos, como opções de compras repetitivas e cíclicas, incita cada vez mais dúvidas e incertezas ao comprador. A cada vez necessita de mais assessoramento e ajuda. Uma das chaves nesse tipo de processo será a confiança, da qual falaremos adiante neste livro.

Davies detecta oito passos, no decorrer do processo de compra e venda, que correspondem aos oito papéis que metaforicamente são fixados para o vendedor, em nosso caso o consultor-professor-agenciador:

TABELA 3.2
Passos no processo de compra e venda

Compra	Venda
	Papel
Fase 1. Mudança	O estudante
Fase 2. Insatisfação	O médico
Fase 3. Busca	O arquiteto
Fase 4. Comparação	O treinador
Fase 5. Temores	O psicólogo
Fase 6. Compromisso	O negociador
Fase 7. Expectativas	O mestre
Fase 8. Satisfação	O pastor

Fase 1

É o momento de estudar as mudanças que estão acontecendo ao redor do cliente e que vão exigir outra maneira de agir, para poder contribuir com idéias, serviços e soluções.

Fase 2

É uma atuação como médico, elaborando-se um diagnóstico que permita determinar onde o cliente está e o que significa essa situação que implica uma insatisfação para ele, cliente.

Fase 3

É nessa fase que o trabalho do vendedor é mais o de um estruturador de soluções, de um arquiteto, que sabe exatamente o que quer e com o que conta, para elaborar o modelo a ser seguido, junto com o cliente.

Fase 4

Aqui, o vendedor trabalha como o treinador que trata de produzir vantagens competitivas mediante a análise e a visão, olhando detidamente a situação para, em seguida, oferecer o diferencial que permita superar a oferta da concorrência.

Fase 5

Nesta fase o vendedor será o psicólogo que percebe os temores e dúvidas do comprador. Sua atuação será fazer a revisão do processo até o momento, achar possíveis compensações e fazer o cliente se sentir seguro sobre a sua decisão.

Fase 6

Neste momento do processo, o vendedor tenta chegar a um compromisso mútuo entre ele mesmo e o cliente. Atua como um negociador que questiona uma relação, tendo por base ganhar não só a curto prazo, mas também com vistas ao futuro.

Fase 7

Aqui, o vendedor atua como o mestre que mostra ao cliente até que ponto este satisfez suas expectativas e necessidades e de que forma pode tirar o máximo proveito do que comprou.

Fase 8

Neste momento, o vendedor é como o pastor que cultiva a satisfação, para conseguir que a relação com o cliente se reforce a cada dia e re-

196 MARKETING & FORMAÇÃO DE EXECUTIVOS

percuta diretamente no aumento da conta. Não somente consiste em saber aquilo que percebemos nessa relação, mas também perguntar como o cliente se sente em cada momento.

Ainda que essa forma de estruturar o processo de venda tenha sentido em âmbito universal, não há dúvida de que, para cada situação, cada cliente exige um tratamento diferencial e uma atenção especial.

Em nossa experiência profissional na venda de formação de executivos, aparecem como críticas as fases em que o vendedor-assessor-consultor-agenciador-professor atua como médico e como psicólogo.

3.15.1. As mínimas exigências do cliente

Tal como já indicamos anteriormente, o excesso de oferta de FdD faz com que o nível de exigência, por parte do cliente, seja cada vez maior e selecione, com base no nível técnico que leve em conta aspectos emocionais e políticos extraídos de suas percepções e realidades.

Quando o cliente pensa em processo, não busca somente um programa de formação, mas sim um apoio ao processo que ele já possa ter definido, ou não; para isso, quer a seu lado alguém que possua os atributos mínimos que assinalamos na figura, ainda que, certamente, em cada caso, cada pessoa tenha sensibilidades e exigências específicas (Figura 3.9).

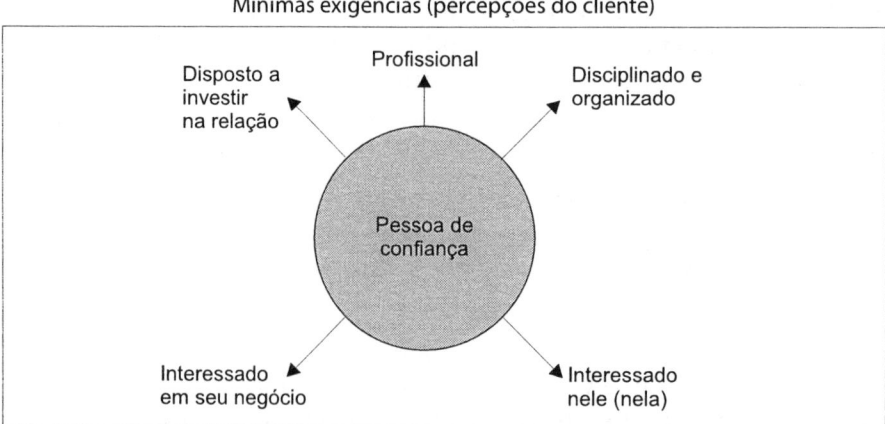

FIGURA 3.9
Mínimas exigências (percepções do cliente)

3.16. Como ser empático com o cliente

Cada vez que nos encontramos diante de um cliente, ou possível cliente, a primeira coisa que se deve fazer é mudar a posição e pôr-se no seu lugar.

Pôr-se no seu lugar significa perceber a situação de sua realidade, a qual não está isenta de inquietudes, inseguranças e medos inerentes a qualquer tomada de decisão.

Além disso, nem sempre o cliente, ou qualquer pessoa que vá tomar a decisão de compra, tem o conhecimento apropriado para distinguir e calcular valores de custo/qualidade ou investimento/benefício, no que se refere a projetos ou programas de aprendizagem propostos pelo consultor.

Como em qualquer setor econômico, nem sempre a qualidade da embalagem (*webs*, folhetos, apresentações, marca etc.) corresponde à qualidade dos conteúdos, consultores, eficiência da formação, resultados de mudança real no posto de trabalho. Por outro lado, a oferta de formação de executivos é muito variada e imensa, desde gurus internacionais, institutos universitários etc., até profissionais ou aficcionados, autoproclamados consultores especialistas na formação de executivos. Não existe praticamente qualquer barreira de entrada, e, em princípio, aparentemente existe mercado para todos. Existem empresas que preferem diversificar seus provedores, ou que elegem trabalhar com provedores de prestígio, ou melhor, com consultores conhecidos e comparados, ainda que estejam em pequenas ou medianas empresas de consultoria. Às vezes buscam pacotes e outras vezes uma elaboração trabalhada conjuntamente por provedor-cliente. Cada situação, cada cliente, cada setor vai exigir soluções diferentes. A variedade é quase infinita. Depois disso, vêm as seguintes metodologias: *assessment, coaching, outdoor, e-learning, workshops*, simuladores etc.

Não é estranho que a decisão de compra seja cada vez mais difícil.

Como se sente o cliente, ou preceptor, que precisa escolher entre diversas alternativas?

Superior aos seus oferentes: "Eu lhes dou de comer, para ver o que eles me oferecem, que os outros não façam".

Rápido: "Depois de amanhã quero a sua oferta-proposta. Certamente por um preço que não passe... porque eu é que determino o preço, independentemente do preço do mercado, que praticamente não existe".

Cético: "No momento de oferecer, todos parecem maravilhosos. Depois acontece o que já se sabe. A qualidade do sócio não é a mesma do consultor júnior que vai aparecer para substituí-lo. Além disso, isto acontece a toda hora, e podemos fazer como sempre foi feito: avisar a um consultor que já nos conheça bem para que nos ajude..."

> "O pessimismo da razão é o otimismo da vontade."
> Gramisci

Preocupado: Nesta alternativa, certamente, costuma preocupar-se por não saber se o interlocutor (se for a pessoa que lhe interessa) vai gastar o tempo necessário para entender o seu problema, estruturar o processo adequado e seguir as diferentes fases do mesmo, como se fosse um processo próprio. "Não quero que depois da proposta aprovada você desapareça."

Inseguro: Na hora de escolher a melhor alternativa, não existindo critérios absolutos, sabendo que se trata de otimizar uma função multivariável, com algumas das variáveis convertidas em parâmetros fixos, como são os preços, e às vezes datas de realização da formação, prazo máximo de realização, idiomas de comunicação etc., reage com: "Que garantia tenho de que tudo vai funcionar bem"?

Assumindo risco: "Se o resultado do projeto não é o esperado pela organização ou pelos participantes do projeto de formação, o primeiro responsável serei eu, que deleguei para você o desenvolvimento do projeto".

Pressionado: "Sinto-me pressionado pelo meu chefe, pela própria organização que está debruçada sobre os resultados e não entendem que a formação possa repercutir positiva e diretamente sobre ela. Pela necessidade de dar identidade e valor agregado ao meu papel... ou pela necessidade de proteger um salário que não foi fácil conseguir".

Talvez, perceber como está se sentindo esse porta-voz e interlocutor do cliente seja demais, mas o que se faz cada dia mais necessário é desenvolver a capacidade de penetrar em seu mundo profissional e ver através de seus olhos. A ótica da busca implica prestar atenção a ele, servi-lo, buscar soluções para ele, etc.

Atuar sob a premissa de "eu sou o grande provedor, coloco meus produtos (se é que o cliente é digno disso), sinalizo quando vou poder dar uma formação-pacote e fixo o preço que vão me pagar", creio definir uma posição de prepotência, que dificilmente vai poder se manter no tempo, ainda que alguma escola de negócios famosa pense o contrário e continue agindo dessa forma, freqüentemente.

3.17. Gestão de relações

No nosso trato com o cliente mesclam-se razões e emoções diferentes.

Segundo Covey,[16] existem entretanto umas linhas de atuação que facilitam a inter-relação. Delas, destacamos:

> "A arte da diplomacia política é que o outro 'entre na tua'."
> Clara López de Letona

- Buscar um trato pessoa a pessoa: Isso significa que a relação pode tratar de temas estritamente profissionais, assim como agir considerando a sensibilidade da outra parte e permitindo um conhecimento mútuo.

- Tratar de encontrar o que se tem em comum: Quando buscamos, certamente vamos encontrar sincronicidades, pontos de encontro, valores, expectativas. Inclusive é significativo, na relação, conhecer pessoas com boa ou má relação com as duas partes.

- Liberar-se dos preconceitos, sobretudo os negativos: Achar que existe uma possível dificuldade de ser aceito pela outra pessoa; de que é apenas uma perda de tempo; de que não se tem categoria suficiente... Quase sempre, esses tipos de preconceito são resultantes de nossa insegurança ou baixa auto-estima. O outro, para você, é simplesmente o outro, assim como você, para ele, desempenha o mesmo papel, sempre e quando atue profissionalmente, em um marco ético.

---

[16] Covey, S. R. (1993): *El liderazgo centrado em principios*. Barcelona: Paidós.

- Valorizar a integridade da outra pessoa: Como já comentamos anteriormente, o outro é o legítimo outro, o que significa respeitá-lo, considerá-lo e aceitar os próprios erros, quando os tiver, e desculpar-se quando for necessário.

- Ser empático, o que significa pôr-se na pele do outro: A quantos agenciadores de produtos-serviços, como os nossos, nosso cliente recebeu esta semana? Até que ponto está sendo educado e não está nem um pouco interessado no que lhe oferecemos? Escolhemos o momento adequado?

- Esclarecer as coisas diante de uma agressão: Em lugar de responder e agredir, mantendo um fogo cruzado, tentemos, num primeiro momento, suavizar a relação, para depois lhe perguntar e dar-lhe argumentos na linha que possa interessar a ele.

- Evitar discussões: Exceto se o que pretendemos seja preservar nosso ego. Em uma discussão com o cliente, ganha-se e perde-se, e uma perda pode ser muita perda.

3.18. Permanência, fidelidade e intensificação de clientes

O objetivo fundamental é a satisfação contínua do cliente.

Podemos elaborar um modelo dinâmico que se realmente continuamente (Figura 3.10).

Existem variadas formas de manter os nossos clientes. De início, devemos estar atentos às suas possíveis necessidades e agir efetivamente diante delas. Além disso, interessa ressaltar:

1. A inovação contínua dos produtos oferecidos aos nossos clientes. Nesse mercado, a aparição de novos concorrentes é contínua. A sensação dos clientes é de que grande parte do mercado oferece praticamente a mesma coisa. A busca da diferenciação está na inovação contínua de produtos, serviços e soluções.

2. A personalização máxima de nossos produtos. A mudança de estratégia sobre o cliente já não se produz a cada cinco ou dez anos, havendo hoje mudanças significativas a curto prazo. Tal situação exige que, a todo momento, estejamos investigando

FIGURA 3.10
Gestão do cliente

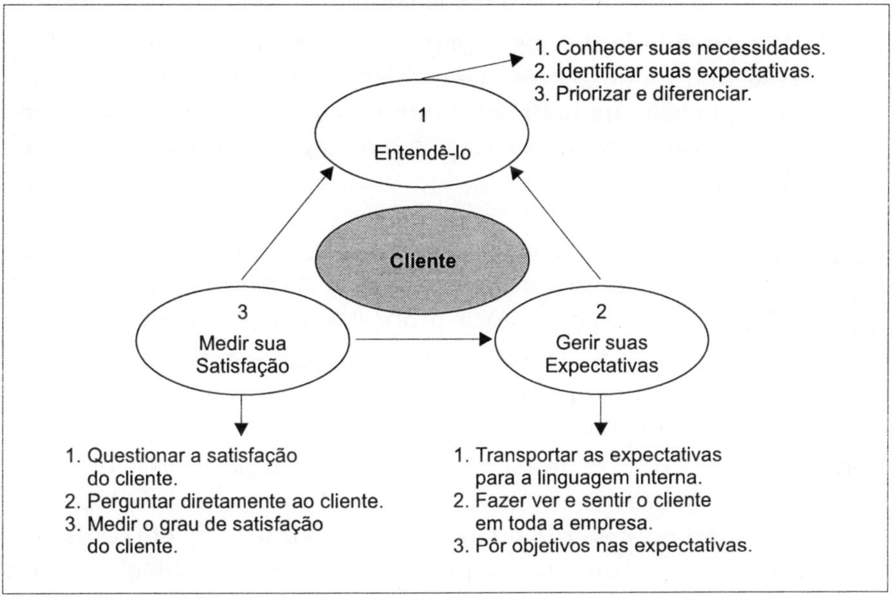

```
                    1
                Entendê-lo          → 1. Conhecer suas necessidades.
                                      2. Identificar suas expectativas.
                                      3. Priorizar e diferenciar.

                   Cliente

        3                              2
    Medir sua      →              Gerir suas
    Satisfação                   Expectativas
```

1. Questionar a satisfação do cliente.
2. Perguntar diretamente ao cliente.
3. Medir o grau de satisfação do cliente.

1. Transportar as expectativas para a linguagem interna.
2. Fazer ver e sentir o cliente em toda a empresa.
3. Pôr objetivos nas expectativas.

quais possam ser as novas exigências, no âmbito executivo, que possam requerer nossos serviços.

3. A participação dos clientes nos nossos lucros. A relação de manutenção e reforço do cliente exige uma postura, a todo momento, de: "se você ganha, eu ganho".

4. A implantação do projeto do cliente implicará os mesmos riscos que corremos na implantação de qualquer projeto. Se "viajamos" com um cliente, num processo a médio ou longo prazo, é lógico que devemos arriscar com ele, aparecendo como sócios do mesmo projeto e limitando ou condicionando, ao menos, uma parte do faturamento ao êxito medido em cada projeto.

5. O conhecimento máximo do negócio atual e futuro do cliente. Estar ao seu lado, compartilhando de sua equipe, permite prever e, junto com ele, ir traçando parte do seu futuro.

6. A interação com o cliente tem que ser biunívoca, ou seja, também devemos nos dar a conhecer o mais profundamente possí-

vel. O conhecimento que o cliente possa ter de nosso trabalho vai facilitar e incrementar sua confiança na nossa atuação.
7. A necessidade da nossa presença, sem que se sinta cercado. Não se trata de querer que o cliente se torne dependente, mas sim que haja um interesse contínuo e a conveniência de contar com nossos serviços. Um laço suave e agradável deve existir entre as duas partes.

> "A qualidade se dá quando nossos clientes voltam e nossos produtos não."
>
> Lema de qualidade da Siemens

Os clientes usuais são compradores potenciais, tendo maior probabilidade de formulação de encargos e aceitação de propostas do que os novos clientes.

Sobre eles existe uma grande influência, devido a terem alcançado uma confiança, na qual se costuma basear a relação.

O problema, às vezes, é cair no excesso de confiança, ou na confiança que traz acomodação. Corremos o risco de perder o estado de alerta necessário quando sentimos que o cliente confia em nós. Além disso, costuma haver mais entusiasmo na captação de um novo cliente do que na manutenção de um atual; tendemos a gastar mais energia no novo, do que no usual.

Em cada caso, dependendo do *portfolio*, da distribuição e do número de clientes, deve-se instrumentalizar diferentes políticas comerciais, para alcançar os objetivos desejados.

Para dar uma certa atenção aos clientes usuais é conveniente destinar um orçamento de *marketing* e determinar um plano de ação com objetivos (novos programas, faturamento adicional etc.), prazos e responsável.

Como ações concretas desse plano podemos mencionar:

- Melhorar a qualidade das apresentações.
- Oferecer maior acessibilidade e disposição de consultores-chave.
- Estar em contato, regularmente, por *e-mail* ou telefone.
- Visitar, sempre que uma oportunidade se apresente.
- Apresentar o cliente a outros consultores-chave.
- Ajudar o cliente a fazer contato com outros clientes.

- Organizar conversas ou seminários gratuitos para o pessoal do cliente.
- Oferecer alguma ação de pré-diagnóstico ou assessoramento gratuito.
- Enviar, ao cliente, artigos de pesquisas do interesse dele.
- Envolver o cliente com pesquisas do setor ou funções, nas quais ele possa ter interesse em participar.
- Convidar o cliente para algum evento que tenha um caráter especial.
- Conviver com o pessoal do cliente, em todos os níveis.
- Fazer com que o cliente questione todas as próprias formas usuais de ação – *coaching*.

3.19. Criação de uma unidade de atendimento aos clientes

> "É mais fácil julgar o talento de um homem por suas perguntas, que por suas respostas."
>
> Duque de Levis

O processo sistemático de atualização e gestão da informação compreende entender os clientes: seu negócio, seus desejos, suas necessidades.

Como estão evoluindo as necessidades e inquietudes de nossos clientes? Como podemos ajudá-los?

Perguntar diretamente aos clientes sobre eles e sobre nós: "Como vêem o nosso serviço? Que gostariam de receber, mas não temos feito a contento? Qual a nossa deficiência em relação ao concorrente? Por que continuam trabalhando conosco?"

Como ouvir o cliente?

1. Através do conselho de clientes.
2. Através de seminários abertos.
3. Através de seminários ou apresentações específicas.
4. Através de reuniões no setor do cliente.
5. Através de pesquisa de mercado.
6. Através do *feedback* sobre aplicações.

3.19.1. Conselho de clientes

Pode-se reunir um grupo de clientes (de 7 a 9 pessoas) duas a três vezes ao ano, convidando-as para um almoço, e depois lhes apresentar um plano de atuação, produtos, metodologias... pedindo-lhes que opinem a respeito, assim como sobre outros aspectos da relação provedor-cliente.

Uma variante dessa metodologia de escuta é a criação de um Conselho Assessor que pode se reunir até uma vez por mês e, nessa ocasião, convidar um especialista ou pessoa relevante para que fale ao Conselho sobre determinado tema.

3.19.2. Seminários abertos

Essa modalidade de atendimento consiste em assistir a seminários abertos, nos quais um cliente faz a apresentação da empresa ou de algum projeto ou política que esteja implantando ou desenvolvendo.

Algumas vezes, pode-se aproveitar para fazer uma apresentação, junto com um cliente.

3.19.3. Seminários ou apresentações específicas

Trata-se de conseguir que, por nosso pedido ou pela iniciativa do cliente, este faça uma apresentação daquilo que pensa que sejam suas necessidades de aprender, no âmbito executivo, ou faça a exposição de uma possível situação que possa exigir um projeto de desenvolvimento ou aprendizagem.

Em nossa cultura não é fácil convidar um cliente para que fale da própria situação; é costume que a proposta venha dele, mas seria um caminho interessante, porque indicaria a atenção que se tem pelo cliente e por sua problemática.

3.19.4. Reuniões no setor do cliente

Cada vez mais o cliente busca soluções *ad hoc*. É preciso aproximar-se dele, para conhecer e entender o que se passa no seu setor. Assistir às reuniões permite-nos estar em dia quanto às estratégias, tecnologias, processos e políticas que estão sendo aplicados.

3.19.5. Pesquisa de mercado (painéis de clientes)

É uma metodologia no estilo do Conselho de Clientes; entretanto, ela busca uma amostragem de clientes para uma única vez, com o fim de comparar inquietude, problemas, mudanças que tenham surgido por conta do segmento de clientes escolhido (não há por que escolher o setor econômico, que, inclusive, pode estar baseado em fatores como a internacionalização, tecnologia, âmbito geográfico etc.)

> "O primeiro sentimento que desejo partilhar com vocês é aquele de que desfruto quando realmente posso ouvir alguém. Ouvir alguém me põe em contato com ele, enriquece a minha vida. Através da escuta, aprendi tudo aquilo que sei dos indivíduos, da personalidade e das relações interpessoais. Creio que fui mais afortunado que muitos, quando encontrei indivíduos capazes de ouvir os meus sentimentos, tão profundamente como eu os conhecia, sem me julgar nem avaliar."
>
> CARL ROGERS

3.19.6. Feedback sobre aplicações

É muito importante conhecer a fundo o resultado das pesquisas quanto à eficiência e ao grau de satisfação dos preceptores e destinatários da formação que se tenha trabalhado. Nesse sentido, não nos podemos conformar com as reações depois da aula, e sim quando estivermos de posse da informação sobre a aplicação no local de trabalho. Para isso, pode-se criar equipes de avaliação, nas quais intervenham tanto os clientes como os provedores da formação (consultora, instituto, escola de negócios etc.).

3.20. Como tratar clientes difíceis

> "Gente pode se cansar de tudo, menos de compreender."
> Virgilio

Talvez, a primeira coisa que se deva fazer quando se encontra um cliente difícil é buscar onde pode estar a dificuldade: se nele, na percepção que você tem dele como agenciador, ou na percepção que ele tem de você.

Além disso, rever a nossa psicocibernética, termo usado nos anos 60 e que se referia ao autoconvencimento de que sou capaz de conseguir aquilo a que me propus, ou seja, auto-estima e fé ao mesmo tempo. Porém há dias em que parecemos arriados (como bateria do carro) e temos que dar carga. Às vezes a captação de um cliente difícil pode ser a ocasião!

Recordo-me que nos primeiros passos como consultor-formador viajei para a capital de uma província (daquele tempo, já há mais de vinte e cinco anos) e no percurso, sem aviso prévio, me dirigi ao banco local e perguntei se o Diretor de Pessoal, do qual nem sabia o nome, me receberia. Disseram que sim, mas eu teria que esperá-lo numa ante-sala. Meia hora, cinqüenta minutos e nada... Resolvi que esperaria no máximo uma hora e meia. Uma hora e quinze minutos depois, me recebeu e a sua cara dizia: "E este, quem será?! O que será que ele quer? E eu com todo este trabalho!"

Contei que era um consultor-formador, que dava seminários de formação de dirigentes e executivos nas áreas comerciais e de recursos humanos (comunicação, trabalho em equipe, criatividade etc.) e que já estava fazendo isso em dois bancos: o Popular e o Hispano. Ele me olhava impassível, parecia de pedra.

Depois, deixei-o falar e ele disse pouca coisa: nunca tinham feito qualquer ação formativa nessas áreas e não havia previsão. Afinal, depois de estar com ele por mais de hora e meia, saí do escritório com o encargo de fazer um seminário, que foi o primeiro de muitos outros. Foi difícil, mas aprendi bastante. Aprendi a necessidade de preparar as entrevistas, e de não me deixar levar pelas aparentes dificuldades.

Um colega, o professor García Carbonell, por quem tenho grande respeito e carinho, sempre explicava a técnica do "bife", para ser aplicada no tratamento de clientes que parecessem difíceis, que não dessem para "engolir". Segundo ele, quando se olhasse para o indivíduo, devia-se imaginá-lo como um bife bem saboroso e apetitoso, tentando não "voar" sobre ele. Dessa forma acontece um efeito psicológico, com a produção de alguma enzima que produz atratividade.

Sem analisar profundamente a técnica, sua base científica e seus resultados, o que parece não deixar dúvida é a influência que nossa atitude tem sobre a atitude do outro.

> "O talento, em boa medida, é uma questão de insistência."
> Francisco Umbral

Se formos educados, agradáveis, se tratarmos de ajudar, é difícil que sejamos repelidos. Certamente, outra coisa é fazer negócio. Esta é a segunda parte.

Na situação do mercado atual, encontramos clientes que realmente estão fartos de ter que receber tantos agenciadores de produtos relacionados com a formação de executivos. Têm que receber mais agenciadores do que gostariam, porque às vezes estes são enviados por superiores.

A oferta desse tipo de produto é superior à demanda, determinando que, em qualquer situação de desequilíbrio entre oferta e demanda, uma das partes, neste caso a demanda, se posicione nas alturas (psicológicas e profissionais), o que freqüentemente não corresponde à realidade. Muitas vezes utiliza-se o preço como elemento de pressão e exigência pela parte que se vê mais forte. Tendo tal número de agenciadores, com preços diferentes e com escassos elementos de juízo a respeito da qualidade e eficiência do produto, o mais fácil é exigir o menor preço. Quem tem algum tempo no mercado sabe que isso, depois, pode custar caro.

Não é somente com o preço que se pressiona, mas também com o prazo, a atividade de um determinado consultor ou a elaboração de vários informes, em alguns casos sem destino claro.

Deve-se ter em conta que os compradores da FdD costumam ser os de DRH e DF que, por sua vez, estão muito pressionados no que se refere a orçamentos e, com freqüência, já têm uma parte importante dos mesmos assinalados para determinados programas que, por questões de política interna, são de alto custo.

O primeiro nível executivo de qualquer empresa grande exige um investimento muito alto no componente imagem e prestígio da empresa.

Além disso, é importante considerar, dentro do mundo da formação, e como meio de comunicação pessoal, o nível de satisfação dos ex-alunos de cada centro, já que esses se tornam os melhores preceptores de qualquer novo programa dirigido a eles mesmos ou a companheiros de sua empresa.

Tendo por base o que averiguamos de nossos clientes e o que sabemos deles, agora devemos personalizar o modo como os tratamos e também tratamos os produtos e serviços que lhes oferecemos, sejam clientes individuais ou grupos de clientes de características similares.

No campo da FdD, a atenção personalizada, com o estabelecimento de uma relação prolongada, é um fator-chave e fundamental para o seu desenvolvimento. Os programas de formação que são oferecidos e a conseqüente relação, a cada dia vão-se adequando às necessidades detectadas individualmente e às tendências de cada um dos clientes, com o fim de presenteá-los com um excelente serviço. Trabalha-se mais desde dentro da organização.

Nesse sentido, derivado dos sistemas CRM, existe o que veio a se chamar de CLV (*Customer Lifetime Value*), que serve para estimar o valor que representa, para a empresa, a relação com um cliente, no decorrer da dita relação.

É um instrumento de interesses para o produto de que estamos tratando neste livro, já que o foco, nesse tipo de negócio, tende a aumentar a cota de clientes e não tanto a cota de mercado.

3.21. O componente ético da ação comercial

A ética sempre é rentável, embora a cada dia se vejam comportamentos não éticos e vantajosos.

Não se trata de recordar os mais elementares princípios éticos, mas, sim, enumerar alguns aspectos da relação profissional, a qual pode ser feita de uma ou outra forma, mais eticamente ou com menos escrúpulos.

Aspectos a cuidar:

- *Qualidade:* Ter por base a necessidade do cliente, sua expectativa e oferecimento apresentado.

- *Relação justa entre preço e qualidade:* Não se aproveitar de vantagens monopolistas, nem informativas para colocar um preço que não esteja de acordo com o produto que se oferece.

- *Informação verdadeira e clara sobre os produtos:* Ao ser um produto complexo, com múltiplos elementos, a transparência e veracidade têm que se dar em cada um deles.

- *Serviço pós-venda:* Não deixar o cliente com o processo sem terminar; ele deve saber que não se pode deixar o processo em aberto.

- *Respeito às regras da livre concorrência:* Não difundir informações falsas sobre os concorrentes.

- *Respeito à propriedade intelectual:* Não usurpar modelos e ferramentas de outros, sem a sua autorização; não será usurpação, se houver autorização.

- *Cumprimento dos compromissos:* Realizar no tempo prometido, com o preço e a qualidade combinados, por exemplo, sem enviar consultor júnior pelo preço do sênior.

3.22. O *whistle blowing* ("Pôr a boca no trombone" para denunciar)

A consciência ética tem que se estender por toda a organização.

Até que ponto a nossa fidelidade à empresa nos leva a fechar os olhos diante de atuações não éticas da mesma? Até onde chega nossa co-responsabilidade, a respeito da atuação não ética de um companheiro e que não se denuncia?

Até onde chegam os corporativismos ou os simples "jogos de compadres"?

E nossos medos de perder o emprego ou que nos tachem de "Judas"?

É como se nos sistemas sociais ou nos processos grupais temporais, com os quais concordamos, a denúncia de algo anormal tivesse que vir de fora, por existir uma maior objetividade e independência. Por isso, a cada dia existem mais auditorias e arbitragens.

A denúncia que vem de dentro do sistema se denomina *whistle blowing* (pôr a boca no trombone). Alguém descobre uma ação claramente condenável que é ocultada, e a denuncia.

Em realidade, seu significado pode ser o de chamar a atenção, em público, sobre práticas incorretas nas empresas.

Temos o caso muito recente do escândalo da Enron. A denúncia proveio do interior da empresa. No início de fevereiro de 2002, houve em Capitol Hill uma audiência muito extensa, na qual se descobriu que pelo menos seis delatores levavam muito tempo querendo chamar a atenção sobre trapaças financeiras obscuras. E todos foram vítimas de atitudes hostis. A vice-presidente Sherron Watkins avisou ao presidente Kenneth Lay que poderia surgir uma série de escândalos contábeis.

Dois dias depois, foi notificada do confisco de seu computador e levada para outro escritório, fora do departamento de contabilidade.

Certamente, a Enron tinha o seu código de ética.

Indubitavelmente, quase diariamente vemos coisas de que não gostamos, na organização em que trabalhamos, e seguramente existem maneiras de se contribuir com idéias e questionar atuações. O que acontece é que qualquer denúncia, sobretudo quando se refere a um superior, implica risco difícil de ser assumido por alguém. Além disso, existe o fator subjetividade, e a falta de informação pode fazer aquilo parecer ilegal ou irregular, mas nem sempre é assim. Por isso, não se pode "pôr a boca no trombone" continuamente. Essa atuação terá sentido quando:

- *Existir uma certa constância:* Não se deve tratar de mera suposição; deve-se poder provar tudo com dados comparados.
- *For utilizada como último recurso:* Devem ser utilizados os procedimentos normais, antes de ser feita a denúncia.
- *For sempre uma atuação sistemática:* Não se deve tratar de algo circunstancial ou acidental, mas, sim, de uma atuação premeditada e continuada.
- *Forem constatados danos a terceiros:* Provedores, clientes, meio ambiente ou administração; esses danos podem ser reais ou potenciais, vindos de dentro ou de fora da organização.

Não é fácil aparecer como um rebelde, ainda que seja com causa, numa organização da qual se depende para sobreviver, na maioria das vezes. Mas o perigo é fechar os olhos, deixando-se levar, contanto que não se prejudique.

O que costumam dizer dos delatores?

Coisas como: são uns "dedos-duros", ou são uns frustrados, ou são uns oportunistas, ou são uns radicais que a única coisa que pretendem é chamar a atenção.

O que costumam fazer com eles?

O repertório de respostas é muito variado, ainda que o mais freqüente seja colocá-los na berlinda, contribuindo com alguma informação falsa, ou influir na sua atuação profissional, ou ameaçá-los pessoal e profissionalmente.

Ainda assim, como em caso de *mobbing*, de acuação moral, a tendência é humilhar e isolar o denunciante, semeando boatos e buscando o seu fracasso profissional com tarefas impossíveis, ou então diminuindo radicalmente suas obrigações e responsabilidades.

3.23. Venda interna da formação

Cada vez ficam menos clientes cativos! Ou se demonstra eficácia e rentabilidade em tudo que se faz, ou qualquer dia procuram outros que resolvam seu problema. Os departamentos e unidades *staff* são muito questionados, ainda mais se demonstram uma rentabilidade e influência positiva na conta de resultados.

As unidades de formação da empresa têm que estar muito conscientes de que o cliente é que manda, tenha ou não tenha razão; então, a ótica a aplicar, desde a unidade, deve ser de preferência a ótica da demanda. Mas todos sabemos que a busca nem sempre é espontânea, nem possui realmente a informação necessária, para solicitar aquilo que realmente lhe possa interessar. Para isso existem os especialistas.

É importante então contar com argumentos que mostrem, ao nosso cliente interno, que vantagens e benefícios pode lhe trazer a formação.

Na Figura 3.11,[17] aparecem alguns deles.

De que maneira argumentamos internamente, no momento de captar executivos para nossos processos formativos?

Cada vez mais é necessário demonstrar que a existência, na empresa, de uma unidade dedicada à formação e aprendizagem dos executivos tem sentido, é rentável, valendo a pena lhe dedicar recursos.

Para isso é preciso, no mínimo, aprofundar-se e alinhar-se com três vetores:

1. Os planos, processos e atividades de formação e aprendizagem têm que estar alinhados com a estratégia e os objetivos da empresa.

---

[17] *Factbook Recursos Humanos* (2000): Aranzadi & Thomson, Navarra.

FIGURA 3.11
Argumentos de venda da FdD

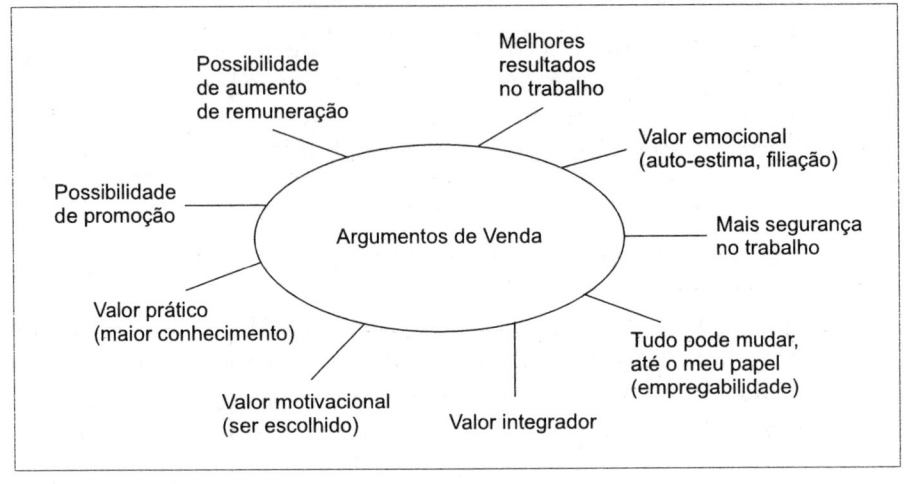

- Possibilidade de aumento de remuneração
- Melhores resultados no trabalho
- Valor emocional (auto-estima, filiação)
- Possibilidade de promoção
- Argumentos de Venda
- Mais segurança no trabalho
- Valor prático (maior conhecimento)
- Tudo pode mudar, até o meu papel (empregabilidade)
- Valor motivacional (ser escolhido)
- Valor integrador

2. A chefia, necessariamente, deve estar envolvida na formação de executivos, tanto como em qualquer outro projeto de aprendizagem.
3. A disposição de indicadores, para medir e avaliar a eficiência e a eficácia dos projetos formativos, é imprescindível.

A unidade que dirige esse tipo de aprendizagem tem que estar sempre atenta ao equilíbrio entre conhecimentos, habilidades e atitudes de cada unidade da empresa.

3.23.1. Estratégia de comunicação impessoal

Com essa estratégia, o que as organizações pretendem é levar uma mensagem interna, por área de interesse, sobre a importância de uma formação contínua, para o desenvolvimento pessoal dos profissionais, podendo fazê-lo de várias maneiras.

3.23.1.1. Comunicação indireta

- *Imprensa escrita:* Consiste em boletins, informes ou revistas corporativas que se entregam com certa periodicidade dentro do grupo de empregados, com temas e artigos de interesse, contendo pesquisas, ofertas e possibilidades para a formação, notícias de desenvolvimentos e avanços de outros grupos através da formação, entrevistas com outros executivos de empresas, líderes de opinião e outros.

- *Intranets corporativas:* Onde se pode divulgar o mesmo tipo de informação que mencionávamos anteriormente, inclusive agregando certos cursos e programas curtos *on-line*.

3.23.1.2. Comunicação direta

- Reuniões e sessões para a apresentação de programas formativos para diferentes grupos, dentro da organização, em especial com os chamados gestores da mudança: preceptores e informadores.
- Seminários curtos e ilustrativos, para falar sobre a importância da formação dentro da organização.

3.23.2. Diferenciar os clientes

> "Concentrar-se significa definir melhor, desde o princípio, seus mercados e construir as relações necessárias, uma a uma, para abrir todas as portas que estejam fechadas."
>
> C. Richard Weylaman

Quando se faz a diferenciação dos clientes, pode-se saber o que cada cliente vale para a sua organização, podendo assim identificar o que eles necessitam da mesma.

A importância de diferenciar uns clientes dos outros está em identificá-los, para estabelecer o modo como a sua organização vai-se comportar em relação a cada um deles; estabelecer o valor de cada cliente, em relação a outros, permite que a empresa priorize esforços e dedique mais recursos aos que considerar mais valiosos, para aumentar seu valor e sua lealdade. Freqüentemente, ser valioso relaciona-se com a capacidade de influenciar os outros.

O processo de diferenciação de clientes deveria contar com duas fases:

- Classificar os clientes pelo seu valor.
- Diferenciar os clientes segundo as suas necessidades.

3.23.3. Interagir com os clientes

Nessa interação busca-se estabelecer um diálogo continuado com os clientes, para conhecer cada vez mais seus interesses, necessidades e prioridades particulares, com o fim de alcançar, com os mesmos, uma relação a longo prazo.

Esse é um tipo de gestão dinâmica que pode compreender aspectos como[18]:

1. Detectar qual pode ser a unidade que está prestes a necessitar de algum projeto de aprendizagem. Quais as unidades que passaram despercebidas ou há muito tempo não são focos de atenção? Quais sofreram mudanças na tecnologia, no processo ou mesmo na equipe executiva, sendo agora o momento certo para iniciar um processo formativo? Qual pode ser a unidade-piloto mais adequada num projeto de longo alcance?
2. Entrar em contato com a pessoa-chave para, através dela, descobrir as necessidades e os problemas que precisam de algum projeto formativo ou de aprendizagem.
3. Pesquisar os envolvidos. Perguntar e detectar a realidade obtendo informações, tanto de pessoas de dentro da unidade como de outras pessoas que se relacionem com ela: clientes internos, externos, provedores etc.
4. Estruturar a proposta de forma que seja comprada pelos envolvidos e que isso traga soluções práticas e a proposta não seja formada somente pelas idéias teóricas que embelezam o documento.
5. Chegar a um acordo não somente com um cliente interno, para o qual o projeto está dirigido, mas com todos aqueles que, de forma indireta, também vão estar envolvidos.
6. Desenvolver e dar continuidade ao projeto levando em conta o processo de aprendizagem sem esquecer que o projeto também deve estar alinhado, a todo momento, com a estratégia da empresa.

Queremos terminar o capítulo com dois questionários que podem corresponder a dois tipos de auditoria:

---

[18] Meyer, P. (1998): *The Training Proyect*, HR/OD Report AMA, julho/agosto.

- Auditoria de qualidade na relação com o cliente (Tabela 3.3).
- Auditoria de *marketing* da FdD (Tabela 3.4).

3.24. Auditoria de qualidade na relação com o cliente

Cada contato com o cliente é uma "hora da verdade" na qual existe a oportunidade de intensificar a relação, vender-lhe algum projeto, conseguir informação significativa, obter uma indicação de outro possível cliente etc.

Entretanto, tudo pode se transformar em portas fechadas.

De qualquer forma, deverá procurar saber qual foi o valor agregado para o cliente.

Como provedores/sócios podemos nos perguntar:

TABELA 3.3
Auditoria de qualidade

- Tivemos a preocupação de entender o que era de especial interesse para a empresa cliente e seus representantes?
- Escutamos com atenção o que o cliente tinha a dizer e necessitava ou tratamos de persuadi-lo com as nossas idéias e soluções antes de compreender a realidade?
- Ajudamos o cliente a encontrar a solução ou o seu caminho?
- Comprovamos se nossos questionamentos foram entendidos pelo cliente ou estavam alinhados com a problemática detectada?
- Fomos acessíveis e disponíveis diante dos questionamentos e solicitações do cliente?
- Cumprimos os prazos prometidos ao cliente?
- Fizemos com que o cliente se sentisse importante durante o processo? Apoiamos suas relações internas?
- Fomos conscientes, sistematicamente, durante todo o processo, desde o primeiro contato com o cliente, do seu significado, sua importância e colaboração no pagamento dos nossos salários?
- Incrementamos a confiança que o cliente tem em nós depois da nossa última parceria?
- Mantivemos o nosso cliente informado com pontualidade?
- Conhecemos a qualidade de nossos competidores? Sabemos qual é a nossa qualidade em relação à deles?
- Conhecemos todos os detalhes e momentos (etapas) que influenciam a nossa percepção de qualidade por parte do cliente?
- Sabemos como continuar melhorando a qualidade que proporcionamos aos nossos clientes?
- Sabemos qual seria a qualificação que nossos clientes dariam aos nossos serviços?
- Controlamos a qualidade do serviço dos nossos clientes?

TABELA 3.4
Auditoria de *marketing* da FdD

- Quais são nossos pontos fortes e fracos?
- Qual é a nossa cota de mercado e qual é a tendência de nossos concorrentes?
- O que poderá ocorrer com a introdução do *e-learning*?
- Quais são as tendências do mercado de *free-lances*?
- Qual é o órgão existente ou pessoa encarregada de estimular e desenvolver as atividades de *marketing* e relações com os clientes?
- Qual o tipo de CRM existente que pode estar adequado para proporcionar a informação precisa, suficiente e pontual sobre a evolução do mercado e sobre a relação com cada cliente em particular?
- Como realizam as previsões de vendas adequadas? O potencial do mercado está avaliado corretamente?
- Como fixaram as cotas de venda? É a forma adequada?
- Como o sistema de controle de gestão adotado permite analisar continuamente a rentabilidade dos diferentes programas, clientes, unidades, zonas etc.?
- Qual é a unidade disponível, mesmo que seja virtual, encarregada de recolher informações, idéias e conhecimentos que possam vir a gerar novos produtos ou projetos?
- Como se deve agir para concluir uma pesquisa adequada antes de assumir novos riscos?
- Qual deve ser a postura da empresa ao introduzir-se em novos segmentos de negócio: reduzir o âmbito em algum segmento ou retirar-se totalmente em alguns casos? Quais as conseqüências para a imagem, margens, disponibilidade de recursos etc.?
- Como agir para saber se o orçamento destinado ao *marketing* da FdD foi o ideal? O *portfolio* de atividades de *marketing* é o que interessa para esse mercado nesse momento? Convém investir em *marketing* de programas ou *marketing* de instituições? Os custos estão disparando?
- Qual o programa de formação que deveria ser eliminado ou transformado radicalmente? Há um equilíbrio entre as ofertas de programas? Há um aproveitamento das avaliações para a introdução de melhoras nos programas?
- Quais são a estratégia, a política e os procedimentos utilizados na fixação de preços? Quais os critérios que estamos considerando: custos, demandas, margem, competitividade, posicionamento?
- Qual é a opinião dos clientes sobre os nossos preços? É interessante que tenham essa opinião? O preço corresponde ao valor do benefício? Temos consciência da elasticidade de preços que existe nesse mercado? Os diferentes segmentos de executivos funcionam da mesma maneira quanto ao preço?
- Como se utilizam eficazmente os possíveis descontos, as promoções, as determinações de prazos etc.?
- Como está constituída a equipe de vendas? Cada membro da equipe tem um objetivo?
- Quais as qualidades e a dimensão que a equipe apresenta? São os requisitos necessários para a venda da FdD?

(continua)

TABELA 3.4
Auditoria de *marketing* da FdD (continuação)

• Quais são as funções dos professores, consultores, vendedores? Qual o nível de atuação? Com que preceptores?
• Como é a venda da concorrência? E a nossa?
• Onde estão as chaves da nossa comunicação? É interessante para a empresa todos os dias estar na mídia?
• Estamos na mídia certa? Com que freqüência?
• Quem é o responsável por redigir os artigos e livros?
• Quem é o responsável pela divulgação dos resultados das pesquisas para o público?
• Qual a nossa avaliação da comparação entre a nossa página na *web* e a do nosso concorrente ou nosso referente internacional?

3.25. Auditoria de *marketing*

Uma auditoria não é apenas para detectar a situação da empresa em função dos parâmetros auditados, mas, sim, buscar oportunidades de novos desenvolvimentos e atuações.

Uma auditoria de *marketing*[19] questiona, além dos componentes de *marketing*, os aspectos relativos ao entorno, estratégia, estrutura, tecnologia, cultura etc.

Queremos aqui apresentar algumas reflexões que, restritas ao marketing da FdD, parecem interessantes tê-las em conta e talvez nos questionarmos de tempos em tempos:

- Qual é a percepção dos clientes reais e potenciais de nossa empresa e seus concorrentes nos seguintes aspectos:
  • Prestígio e valor da marca.
  • Qualidade dos programas e projetos de formação.
  • Serviço durante os processos e depois dos mesmos.
  • Equipe comercial.
  • Preço.
  • Equipe de professores-consultores.

---
[19] Kotler, P., Gregor, W. T. e Rodgers III, W. H. (1994): *Cómo analizar los resultados del departamento de marketing y ventas* (I, II), HDMK y Vtas., janeiro (I), abril (II).

- Quem toma a decisão de compra em cada tipo de cliente? Como isso é feito?
    - Empresa transnacional ou global.
    - Grande empresa doméstica ou familiar.
    - Pequena empresa.
    - Administração Pública.
- Como os clientes estão evoluindo quanto às necessidades e expectativas a respeito da FdD?
    - Quais os novos produtos ou serviços que buscam?
    - Como estão usando as novas tecnologias?
- Quem são os principais concorrentes?
    - Consultores.
    - Escolas de negócio.
    - Institutos públicos e privados.
    - Outros tipos de organização.
    - Quais são as principais estratégias de cada um deles?
        - Fusões.
        - Alianças.
        - Diversificação de mercados, produtos etc.
        - Expansão internacional.
        - Oferta de serviços de terceirização.
        - Concentração em clientes-chave.
        - Concentração em produtos apoiados tecnologicamente.
        - Etc.

Questionário de revisão

- Qual é a importância da decisão estratégica de uma boa comunicação de um programa de formação?

- Quais são a principal função e a natureza da comunicação dentro da estratégia de *marketing* da formação?
- Que meios de comunicação podem ser usados para promover a formação?
- Qual é a estratégia de comunicação interna da FdD?
- Qual é a estratégia de comunicação externa da FdD?
- Como seria um processo de personalização e fidelidade de seus clientes ao produto FdD?
- Como é a estratégia de comunicação massiva e que meios podem ser usados para realizar a FdD?
- Que outros meios também podem ser usados para levar a mensagem desejada ao seu público-meta levando em conta o produto FdD?
- Como se mede o nível de qualidade?
- Qual o certificado de qualidade de FdD que se conseguiu?

4 A Venda pela Confiança (VPC)

4.1. A gestão pela confiança (GPC)

> "O comerciante mostra a pior mercadoria pensando em vendê-la; se não consegue, mostra a melhor, porque assim brilha ainda mais."
>
> *Troilo y Cresida* (Shakespeare)

No momento de tomar decisões e de gerir a relação com o cliente, em um mercado cada vez mais competitivo, mais exigente e no qual os que oferecem serviços se multiplicam e pressionam os preços, é preciso se apoiar em algo intocável, como a confiança. Diante de tanta oferta, torna-se ainda mais real um dos princípios básicos do *marketing*, sobre o qual já comentamos: o da ignorância essencial do consumidor, ainda que se trate de compradores especialistas, já que a variedade de características que rodeiam o produto é cada vez mais complexa.

O preço desempenha um papel primordial nessa variedade, porque, sendo um dos poucos fatores tangíveis, tende a ser considerado um elemento crítico, superior a uma qualidade difícil de quantificar. Quer dizer, a relação qualidade/preço está significativamente condicionada ao objetivo nítido que é o preço. A qualidade é avaliada, tomando-se por base parâmetros menos mensuráveis, como, por exemplo, a beleza estética, o luxo dos folhetos, conteúdos dos programas, *seniority* do professorado, possível imagem da empresa etc.

Se não existir confiança profissional, baseada no conhecimento direto (experiência prévia) e o reconhecimento da marca, seguramente o preço será o indicador mais relevante ou, ao menos, o aspecto básico da negociação entre provedor e cliente.

Isso nos leva, às vezes, a negociações totalmente equivocadas, porque da mesa de negociações não costumam fazer parte profissionais especialistas em formação-aprendizagem. Pelo contrário, costumam ser profissionais especialistas em compras, com objetivo muito claro: diminuir o custo de aquisição. O resultado costuma ser uma grande compra com preço baixo, sem garantias de qualidade. Essa é a oportunidade dos jovens bolsistas, sempre dispostos a atuar, como especialistas consultores-professores, numa empresa de prestígio. Todos sabemos que o professorado é um dos fatores mais diretamente relacionados com a qualidade e a efetividade do processo de aprendizagem; ao avaliarmos se o programa é feito adequadamente, vamos nos dar conta de como o barato pode sair caro.

Quando se trata de um executivo, ainda pode sair mais caro, pois, como já têm uma certa idade, sobretudo uma vasta experiência, não é fácil que aceitem uma pessoa muito mais jovem, com menos conhecimento e valor profissional do que eles, para ser seu facilitador-professor. Para o executivo experiente, é difícil acreditar que tal pessoa possa contribuir com algum valor que compense o investimento, em tempo, dedicação e dinheiro.

> "A confiança é o líquido lubrificante que torna possível o funcionamento das organizações."
> Warren Bennis

Por outro lado, quando está centrada, metodologicamente, em um processo de formação-ação geral, a experiência do professor-consultor é muito conveniente, já que o conhecimento vai emergindo do próprio processo e é importante poder ir comparando com outras situações já vividas.

A confiança facilita e simplifica a interação provedor-cliente, pois evita que se esteja continuamente tratando de descobrir o que existe por trás dos iluminados discursos e apresentações. Evitam-se controles, suspeições e retenções de informações.

4.2. Conceito de confiança

O que significa confiar?

Vamos analisar algumas definições que nos permitam extrair os elementos-chave, sobre os quais se deveria atuar para estruturar uma gestão por confiança (GPC).

> **Confiar (do latim *confidare*)**
> 1. Encarregar ou pôr algum negócio ou alguma coisa ao cuidado de alguém.
> 2. Depositar em alguém, sem qualquer segurança além da boa-fé e da opinião que se tem dele, o segredo ou qualquer outra coisa.
> 3. Dar esperança a alguém de que vai conseguir o que deseja.
>
> REAL ACADEMIA ESPAÑOLA

Complementando com definições de diferentes autores[1]:

> **Confiança**
> - Resulta da experiência vivida até agora e da esperança na bondade do homem (Schottlaender, 1957). Para cada um de nós, a experiência vai mostrando como é conveniente atuarmos, para nos protegermos da realidade que vai aparecendo ou que vamos criando com a nossa ação.
>
> > "Aqueles que escolhem o caminho mais seguro nunca cruzarão o abismo. Ficarão de pé no lado errado."
> > J. Carlson
>
> - Refere-se a ações futuras, dos outros, que dificultam o próprio controle e por isso implicam incerteza e risco (Schlenker e outros, 1973). Confiar é arriscar; significa desproteger-nos diante da crença de que o outro não vai tirar vantagem da nossa disposição. Ficamos vulneráveis; podemos perder algo que, se não confiássemos, seguramente protegeríamos de alguma forma.
> - Reduz a complexidade da atuação humana, amplia ao mesmo tempo a possibilidade da experiência e da atuação e segurança (Luhmann, 1973). Quando confiamos, não prestamos atenção aos elementos que se relacionam com tudo em que confiamos.
> - Mostra-se disposto a falar de temas que potencialmente podem provocar desaprovação e recusa e que, portanto, apresentam risco para o cliente (Johnson e Matross, 1977). Se confiamos, podemos expressar-nos livremente, com afirmação, sem temer que nossa franqueza possa incomodar o outro.

---

[1] Esta parte utiliza diversos documentos de pesquisa de Iñaki Piñuel (Universidad de Alcalá de Henares).

Podemos pensar em um sistema organizacional que tradicionalmente se conduza e gere através do controle; a confiança facilita e possibilita a diminuição do mesmo. Neste sentido,

$$C + C = C,$$

ou seja:

Controle + Confiança = Constante

Vivemos, entretanto, na cultura da desconfiança e do impessoal, ou melhor, são sistemas cada vez mais abertos e orgulhosos de si?

Faz sentido atualmente que se peça às pessoas para que se comprometam com a organização ou empresa? Até onde esse compromisso significa confiança?

Até que ponto a empresa pode devolver essa confiança e o compromisso que se tem nela? Não será uma mentira? Pode-se considerar que a organização se confunde com as pessoas, sendo pessoas concretas, com nomes próprios? Sem dúvida, então, a confiança estará muito ligada à relação e ao conhecimento mútuo, quer dizer, com a personificação (humanização) da empresa.

Qual a base de nossa confiança em outra pessoa? É uma confiança sem limites, ou depende de cada situação à qual estejamos nos referindo?

> A confiança nasce quando a outra pessoa confia em nós.

Cada um de nós sabe em quem e para que pode confiar. Não depende somente de quem confia (o confiante); sua própria experiência ou forma de ser vai tornar mais fácil ou difícil confiar no outro. Também depende desse outro e da atividade ou tipo de relação à qual possamos nos referir, em cada caso.

4.3. Variáveis da confiança

Existem umas variáveis, podemos dizer, do confiante e outras que se relacionam com a pessoa na qual se confia (acreditado)[2].

Todos conhecemos pessoas mais acreditadas do que outras, como mais e menos otimistas. De onde pode vir a disposição de confiar ou não?

---

[2] Piñuel, I. (2001): *Mobbing: cómo sobrevivir al acoso psicológico en el trabajo*. Santander: Sal Terrae.

Surgem variáveis que atuam sem que ninguém possa controlar (nível não consciente) e que estão relacionadas à personalidade e à cultura (há povos mais desconfiados do que outros).

Por outro lado, cada personalidade concreta é analisada conscientemente pelo confiante, que adota uma postura concreta, no que diz respeito à confiança. Os riscos percebidos, assim como o que seja favorável ao entorno e à situação, vão influir na disposição que cada um tenha para confiar. Podemos dizer que cada situação possui condições objetivas que, quando não consideradas, podem incrementar proporcionalmente o risco que corremos. Todos estamos conscientes de que no âmbito empresarial a confiança, tendo por base um entorno determinado, seja diferente de quando estamos falando, por exemplo, da União Européia ou de algum país da África. Mas quando confiamos em alguém, por que o fazemos? Quais são as variáveis que levamos em conta?

Podemos encontrar ao menos três níveis:

> "A confiança como um sentimento presente está tremendamente relacionada com a alegria."
>
> Fernández López[3]

1. Refere-se à disposição relacional de cada pessoa, que é de ordem genérica e não circunstancial, no que diz respeito aos demais e que poderíamos enquadrar em algo semelhante a bondade, generosidade e desprendimento.

2. Refere-se à perícia, à competência ou à habilidade demonstradas em alguma área do conhecimento. Quando confiamos em Arturo, para que nos leve em seu carro numa viagem de 1.000 km, seguramente, mesmo de co-pilotos, não iremos pisando no freio.

3. Incluem-se, no conjunto de variáveis, os seguintes aspectos:

    a) O cumprimento de compromissos, promessas etc.

    b) A transparência, não ocultação de dados.

    c) O não-oportunismo a curto prazo (a não especulação).

    d) O sentido de justiça, acima do próprio egoísmo ou da conveniência.

---

[3] Fernández López, J. e outros (2001): *Liderando con emoción*. Madri: Griker-Orgemer.

e) A valentia para ser autêntico e não se deixar levar pela moda, boatos etc.
f) A consistência das atuações passadas (não fazer logo grandes mudanças quanto aos seus valores).
g) A coerência e a congruência que refletem as atuações (discursos alinhados com os próprios comportamentos).

> "Necessitamos refazer nossos vínculos humanos. Não serve para nada trabalharmos de sol a sol em um lugar onde não temos amigos e chegarmos cansados a um lar no qual ninguém se interessa em saber como fomos."
>
> Anônimo

Seguramente, estamos pedindo demais ao ser humano que, hoje em dia, geralmente está imerso em um entorno competitivo que lhe exige atuar de determinada maneira, se quer fazer carreira. O que acontece é que, em algum momento, cada um deverá decidir se continua ou não nessa profissão, que sabe intimamente não ser a sua inclinação. Até onde decidimos continuar sacrificando nossa integridade como seres humanos? Será que as exigências à representação do papel repercutem negativamente em nosso próprio equilíbrio como ser humano, como pai, esposo, amigo etc.?

Um elemento que não comentamos ainda, mas que, sem dúvida, influenciará nessas variáveis da confiança é a autoconfiança, tanto em si mesmo como em âmbito integral (que seguramente estará ligada aos próprios princípios e valores).

> "Um ser humano é um ser finito, e sua liberdade é restrita. Não se trata de liberar-se das condições, falamos da liberdade de tomar uma postura diante dessas condições."
>
> Victor E. Frankl

Como é difícil não se violentar, quando à sua volta são descobertas tantas injustiças, enganos, manipulações! Podemos ficar impassíveis, enquanto não nos envolvam? Podemos aceitar os discursos vazios ou aqueles que falam de ética e atuam tendo por base (geralmente em busca de dinheiro e poder) que os fins justificam os meios?

Minha experiência mostrou que precisamente sobre este tema — a ética — alguns costumam levantar essa bandeira, como baluarte identificativo, e a portam exatamente para esconder possíveis suspeitas sobre suas atuações, às vezes nada claras. Será um paradoxo ou uma estratégia?

> "No futuro as transformações de maquiagem nas organizações não serão válidas; somente uma mudança nos seres humanos que as constituem."
>
> Julio Olalla

Temos que aceitar a idéia de que "o poder tudo pode" e que mais vale calar-se que ser destruído? Até quando? Para quê? Para sobreviver, dividido por dentro? O que se tenta manter a todo custo: o posto de trabalho, o dinheiro ou o poder conseguido?

A confiança é necessária quando falamos de pessoas e não de recursos humanos, quando pretendemos dar uma continuidade na relação, sem a necessidade de recorrer a controles sem fim.

Strickland propõe aquilo que ele chama "o dilema do supervisor": "A implantação de vigilância, monitoração e controle, pelos supervisores, leva à desconfiança desses a seus subordinados e a uma necessidade cada vez maior de supervisão e controle", ou seja, o sistema se realimenta: quanto mais se desconfia, mais controles se devem impor e, quantos mais existam, mais se vai desconfiar. Trata-se de um círculo vicioso, que impedirá o crescimento e a auto-responsabilidade do outro.

Além disso, se sabemos que existe alguém para corrigir nossos erros, por que vamos evitá-los? Esse é o problema implícito, que as unidades de controle de qualidade levam. Existem, porque se esperam as falhas e, mesmo que não existam, terão que ser encontradas, porque senão a unidade deixará de existir. O erro e a falha são a razão de sua existência.

Quando a situação que nos envolve exige a colaboração de todos, faz-se necessário que os relacionamentos se estabeleçam numa cultura de confiança, que possibilite dedicar as energias ao objetivo do negócio, e que não possibilite a colocação de barreiras e proteções diante dos demais. Fukuyama[4] aplica o mesmo conceito em âmbito mundial como fator de competitividade: O êxito econômico dos diversos países vem determinado pelo grau de confiança existente em sua cultura, a qual se fixou ao longo dos séculos.

Que fatores, no âmbito executivo, criam confiança e quais a destroem?

Refletimos, aqui, uma pesquisa de opinião realizada nos Estados Unidos, em âmbito executivo.

---

[4] Fukuyama, F. (1995): *La confianza*. Barcelona: Ediciones B.

> "Teríamos caído em uma das falhas mais básicas que uma empresa pode cometer: prometer uma coisa e fazer outra."
> J. Carlson

4.4. Fatores que geram e destroem a confiança[5]

Fatores criadores de confiança

1. Manter a integridade 58%
2. Comunicar abertamente a visão e os valores 51%
3. Demonstrar respeito pelos colaboradores 47%
4. Centrar em objetivos partilhados, mais do que em agendas pessoais 38%
5. Agir corretamente, sem levar em conta o risco que acarreta.... 36%
6. Escutar com a mente aberta 33%
7. Demonstrar compaixão 22%
8. Guardar confidências 15%

Fatores destruidores de confiança

1. Atuar sem coerência entre o que se diz e o que se faz 69%
2. Buscar lucro pessoal, antes do lucro dividido 41%
3. Reter informação 34%
4. Mentir ou dizer meias verdades 33%
5. Ter a mente cerrada 29%
6. Faltar com respeito aos colaboradores 28%
7. Não apoiar os colaboradores 16%
8. Romper as promessas 14%
9. Não guardar confidências 13%

---

[5] Venís, W., Blanchard, K., Covey, S. e outros (2002): *Foins on Leadership*. Nova York: John Wiley and Sons.

> "That lies like truth" (mente como se dissesse a verdade).
>
> É o presságio das bruxas em Macbeth (Shakespeare)

Observamos que, de uma forma destacada, a incoerência se destaca como elemento destruidor da confiança. Talvez por estarmos atualmente pressionados pelo curto prazo, pela superficialidade, pelo vitrinismo: o externo, o aparentemente brilhante (preciosas apresentações de luz e som) que depois têm muito pouco de concreto. O importante é vender a fachada; se depois descobrirem, vou para o outro lado; o importante é o hoje, o depois ainda não existe.

Com esses questionamentos, não é preciso prestar atenção e exigir para que aquilo que se disse coincida com o que se faz.

Além disso, as organizações agüentam tudo, ou quase tudo, e, com poder suficiente ou vinculação direta ao primeiro nível, o tema não tem grande importância.

Continuamos tentando? Conseguir que os outros confiem em nós exige uma série de atitudes.

4.5. Atitudes básicas da confiança

O modelo que propomos exige trabalhar aspectos básicos da inteligência emocional e espiritual.

Com vistas à atuação do executivo frente à aplicação na empresa, escolhemos este modelo de oito fatores de atitudes (Figura 4.1).

FIGURA 4.1
Atitudes básicas da confiança

- Atitude de Serviço
- Paciência
- Afabilidade
- Humildade
- Respeito
- Generosidade
- Honradez
- Compromisso

4.5.1. Atitude de Serviço

Servimos aos outros, quando identificamos e satisfazemos suas necessidades. Paradoxalmente, ao servir, ganhamos em autoridade e respeito.

Um modelo que tem muitos destes predicados, com essa atitude para a confiança, é o líder como servidor[6], modelo do qual podemos destacar cinco parâmetros sobre os quais atuar:

1. Escutar sem julgar:
   - Escuta, reformulação e disposição.

2. Ser autêntico:
   - Admitir os resultados, tanto os positivos como os negativos.

3. Fomentar um sentido de comunidade:
   - Reconhecimento e desenvolvimento da equipe.

4. Dividir o poder:
   - Distribuí-lo e abrir os limites dos sistemas.

5. Atuar como se fosse grande, sendo pequeno, e modestamente, sendo grande:
   - Tecnologia e cooperação para as pequenas empresas.
   - Rapidez e proximidade para as grandes.

4.5.2. Paciência

Temos paciência, quando mostramos a nós mesmos e aos outros um autodomínio.

4.5.3. Afabilidade

Somos afáveis, quando apreciamos e animamos o outro, dando-lhe atenção.

---

[6] Pesquisa de Manchester Consulting (Bala Cynwyd, Pa) entre executivos de 215 empresas.

4.5.4. Humildade

Somos humildes, quando reconhecemos nossa ignorância em coisas concretas, quando somos autênticos.

4.5.5. Respeito

O outro se sente respeitado quando o tratamos como pessoa, ou seja, como alguém importante (digno de ser meu interlocutor).

4.5.6. Generosidade

Parecemos generosos quando buscamos satisfazer as necessidades do outro. Não basta dar o que sobra, nem esperar que peçam.

4.5.7. Honradez

Significa estar livre de enganos, sendo assertivos, dando retroalimentação, buscando justiça.

4.5.8. Compromisso

Significa lutar pelo projeto e pelas pessoas nele envolvidas. O compromisso existe, quando se respeita a escolha de cada um.

A *confiança* é difícil de ser transmitida e conseguida, durante um tempo, somente através de palavras ou de lógica. É necessário reforçar essa mensagem, através de comportamentos e comunicação, mais além da razão. Falamos de algo mais do que uma confiança mecânica ou tecnológica.

Em minha experiência, encontrei organizações nas quais o capital confiança era muito baixo; em outras, deu-se o contrário, correspondendo geralmente a uma cultura mais aberta e participativa ou à atuação dos líderes da organização. Dentre os comportamentos mais destacados como criadores de confiança, estão:

1. Gestão das expectativas

Tanto esclarecendo o que se espera de cada um, ainda que isso pareça o óbvio, como reconhecendo o maior ou menor alcance dessas expectativas.

2. Papéis

Significa a sinalização do papel de cada um, determinando-se os limites das responsabilidades, ainda que sabendo de sua expansibilidade. Não é fácil acontecer nas organizações onde exista complexidade e ambigüidade; entretanto, acontece em quase todas.

3. Delegação

O que delegar, a quem, quando e, principalmente, por quê, tudo acompanhando o poder e os recursos, para que se possa assumir a nova responsabilidade.

4. Bilateralidade no empenho

Se o colaborador sente o apoio do chefe, estará mais inclinado a apoiá-lo; em contrapartida, o chefe terá que reconhecer que sua onipotência e a necessidade de ajuda não vão lhe tirar a sensação de solidão que um chefe costuma sentir.

5. Sinceridade, formalidade, coerência

O que está claro é que a mentira, o não cumprimento do prometido, o atuar de forma diferente da combinada, rompem de forma contundente com a confiança que até então poderia ter sido criada.

A exigência da flexibilidade deve ser explicada, argumentada e vendida através de conversas contínuas.

4.6. A venda pela confiança (VPC)

"Conhece-se o homem por suas obras e não por suas palavras, e sua amizade se mostra mais claramente nos seus olhos do que em sua língua."

CONFÚCIO

> "Não perca o tino, cobre em espécie. Não confie em ninguém. Os juramentos são palha e a boa-fé, rosquinhas!"
>
> Henrique V
> (Shakespeare)

Comentamos que a venda é fundamentalmente um processo de relação (com grande focalização na relação interpessoal); a confiança se transforma em eixo da dita relação, sobretudo se trabalhamos a médio e longo prazos e não apenas para cumprir as metas anuais.

Esse é um dos principais problemas que encontramos em algumas empresas consultoras, quando se vêem submetidas às equipes de consultores que, com grande pressão, os impele a conseguir um faturamento fixado quase sem limite (de qualidade, de meios etc.).

Uma atuação que tenha por base a confiança exige um questionamento básico do ganhar-ganhar, sabendo-se que mais ganhe o nosso cliente, mas nós também vamos ganhar.

Na Figura 4.2 aparece um mapa de relações, no qual se refletem os elementos críticos sobre os quais atuar, em busca de duradouras relações de confiança.

> Nós nos identificamos facilmente com aqueles nos quais confiamos.

Não há dúvida de que a compra por impulso existe, como a compra por preço ou por marca; depois aparecem os resultados, a realidade. Pode ser interessante atuar por critérios primários, em ocasiões certas, mas quando se trata de produtos-serviços, de processo longo como a formação de executivos, o importante é o conhecimento mais profundo do que compõe o produto-serviço de formação. Ter fé em que a qualidade percebida em outras ocasiões será mantida. Já estamos falando de confiança.

Confiança é a chave para a relação e o compromisso. Temos na empresa uma atividade que nos leva cada vez mais à multi-relação. Indubitavelmente, todas as relações são sustentadas em diferentes níveis de confiança.

O fator confiança ainda é mais crítico quando nos referimos a serviços, devido à intangibilidade dos mesmos. É crer no que não se vê, ainda que haja apresentações e unidades-modelo.

Estamos em uma sociedade em que a confiança é moeda comum? Claro que não. Menos ainda no mundo dos negócios, no qual a situação se agrava por estarmos em contínuo movimento, tornando-se difícil manter-se de pé, tal como havíamos proposto.

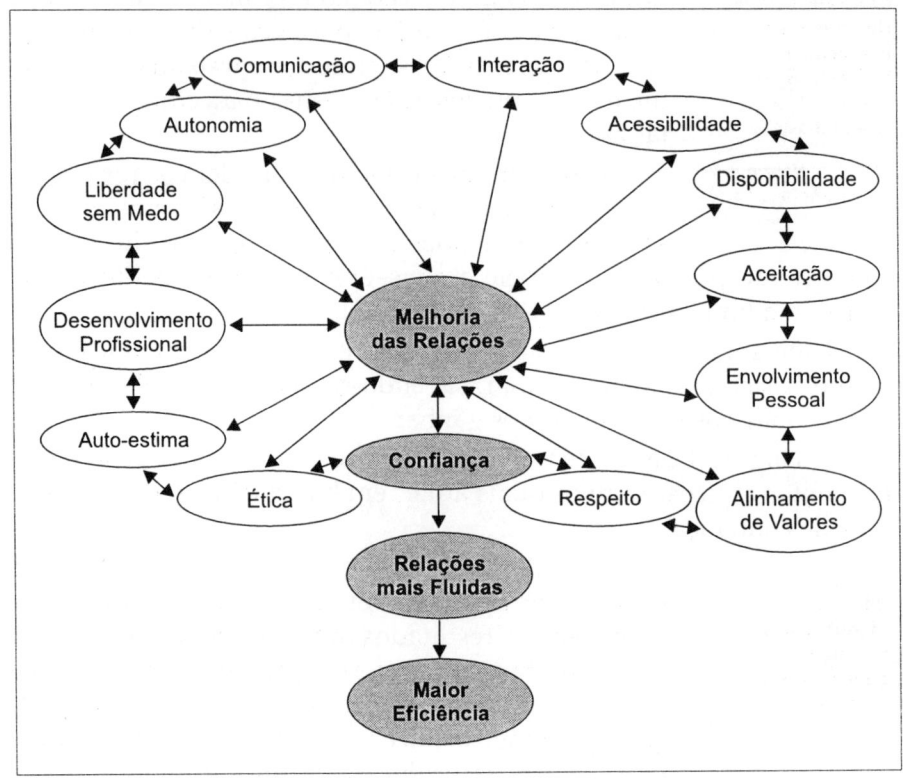

FIGURA 4.2
Mapa de relações baseando-se na confiança

```
                    Comunicação ←→ Interação
            Autonomia                      Acessibilidade
    Liberdade                                  Disponibilidade
    sem Medo
                                                   Aceitação
    Desenvolvimento      Melhoria
    Profissional         das Relações
                                              Envolvimento
                                              Pessoal
    Auto-estima
                         Confiança
              Ética              Respeito    Alinhamento
                                             de Valores
                         Relações
                         mais Fluidas

                         Maior
                         Eficiência
```

Entretanto, o questionamento e a realidade atuais têm suas origens muito antes:

> "Maldito é o homem que confia em outro homem."
>
> ANTIGO TESTAMENTO

De onde vem tal conceito, e qual o significado de confiança? Como pode ser aplicado à oferta-venda (econômica ou de idéias) de um projeto de FdD?

Atualmente, são cada vez maiores a complexidade e os riscos, mesmo indesejáveis, que aparecem na ordem do dia. Assim sendo, a confiança é a única solução para uma tomada de decisão eficiente. Sem a confiança, é difícil ser eficiente, pois temos um trabalho infinito na busca de informações comparadas, na imposição de inúmeros controles e no acompanhamento contínuo, supervisionando a atuação do outro.

Podemos definir confiança como a crença de que um certo controle da situação, onde outros participem, não nos levará a qualquer tipo de prejuízo ou mal.

Segundo José Antonio Marina, gerar confiança supõe infundir a fé de que acontecerá algo de bom.

Confiar significa também esperar. Os profissionais que desejam conseguir isso, tendo por base a confiança, têm que se convencer de que suas expectativas não serão defraudadas, e que, na verdade, continuarão a ser pessoas consideradas e valorizadas na organização. O sentimento de propriedade, base da integridade, facilita que os profissionais de uma organização continuem confiando em um futuro comum dentro dela.

Mas, como se pode inspirar confiança neste caso?

Sem dúvida, os elementos que facilitam e criam confiança em outra pessoa – elementos esses em grande parte universais, mesmo dependendo da personalidade, aspectos culturais, exigências de cada setor econômico – podem ser encontrados nos elementos subjetivos e particulares da confiança.

> "Assim, tudo o que vós quereis que os homens vos façam, fazei-o também vós a eles; esta é a lei dos profetas."
>
> MATEUS 7:12

A falta de confiança provém da nossa cultura, da nossa própria experiência, seguramente cheia de desencantos, e, além disso, pode ter elementos de subjetividade, baseados na personalidade de cada um ou no ambiente que nos cerca.

A confiança, tendo por base o compromisso, potencializa e abre o surgimento de expectativas (conta-se com o outro) e cria uma predisposição que permite dirigir energia, não para assegurar e controlar, mas, sim, para buscar a maior eficiência de um processo que permitirá desenvolver, conjuntamente, a confiança entre o acreditado e o confiante.

Tal como está a pressão da concorrência, com a necessidade de se adiantar aos demais, de oferecer novas soluções, de não ficar para trás, corre-se o risco de agir com tal velocidade que vamos deixar de captar o cliente, vamos perder a sensibilidade necessária para entender sua realidade.

> Como disse Juan Carlos Cubeiro[7], "é como se tivéssemos uma pressa enorme de implantar as coisas, fazê-las bruscamente. Necessita-se certa paciência, perseverança e prudência, como num jogo de tabuleiro".

Por certo é recomendável a leitura do livro de Cubeiro, já que nos fala das competências do líder, desenvolvendo uma lição autêntica de pedagogia metafórica.

Que comportamentos vão reforçar o nível de confiança entre o vendedor-consultor do programa de formação e o comprador do mesmo?

Se acreditarmos que uma relação com o cliente baseia-se na manutenção de uma relação de confiança, e que essa confiança vai sendo criada a partir da nossa forma de agir com ele, então concluímos que a relação com os colaboradores não se pode chocar com a forma de nos relacionarmos.

"O capitalismo começa dando."

Riqueza e pobreza (George Gilder)

Nossa imagem externa tem que estar alinhada com a imagem feita no interior da empresa.

Isto é o que chamamos de gestão por confiança (GPC), cuja diretriz é dar (D) e servir (S), para receber (R).

Então:

$$D + S = R$$

Apontamos aqui 20 variáveis no modelo que vamos mostrar, considerando que as dez primeiras podem constituir os elementos básicos

---

[7] Cubeiro, J. (2001): *El bosque del líder*. Madri: Prentice-Hall.

da venda por confiança, e o total constitui o modelo integral da gestão por confiança.

Este é o modelo normativo, que apresentamos na Figura 4.3.

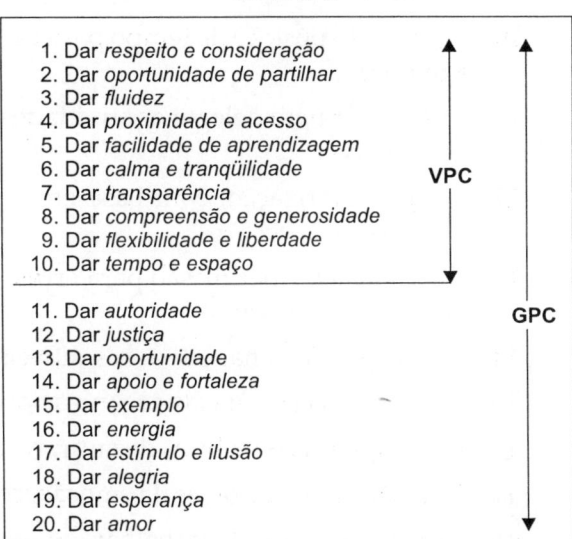

FIGURA 4.3
GPC e VPC

"As normas do espírito se abrem para fora."

Kierkgaard

| 1. Dar *respeito e consideração* |
| 2. Dar *oportunidade de partilhar* |
| 3. Dar *fluidez* |
| 4. Dar *proximidade e acesso* |
| 5. Dar *facilidade de aprendizagem* |
| 6. Dar *calma e tranqüilidade* |
| 7. Dar *transparência* |
| 8. Dar *compreensão e generosidade* |
| 9. Dar *flexibilidade e liberdade* |
| 10. Dar *tempo e espaço* |

VPC

| 11. Dar *autoridade* |
| 12. Dar *justiça* |
| 13. Dar *oportunidade* |
| 14. Dar *apoio e fortaleza* |
| 15. Dar *exemplo* |
| 16. Dar *energia* |
| 17. Dar *estímulo e ilusão* |
| 18. Dar *alegria* |
| 19. Dar *esperança* |
| 20. Dar *amor* |

GPC

Ressaltando o significado, as atitudes seriam:

1. *Respeito*: aos seres humanos portadores de uma inteligência, um saber fazer e um saber como fazer.
2. *Partilha de*: preocupações, idéias, decisões, êxitos e fracassos.
3. *Fluidez*: dar fluidez à organização, uma contínua organização dos processos, das pessoas, da relação com o cliente.
4. *Acesso*: disponibilidade para ser interrogado, encontrado, questionado.
5. *Aprendizagem*: possibilitar caminhos e oportunidades, tanto interna como externamente. Ser vendedor de FdD implica facilitar a aprendizagem do cliente.

6. *Tranqüilidade*: nos momentos de turbulência, porque infunde segurança aos demais.
7. *Transparência*: nas inter-relações, decisões e resultados.
8. *Compreensão*: no tratamento das desavenças e conflitos.
9. *Flexibilidade*: nas formas de atuação, com vistas a um único resultado.
10. *Espaços*: disposição de tempo para pensar, inovar, experimentar e dialogar.
11. *Autoridade*: para delegar as atividades que ajudem os outros a se desenvolver.
12. *Justiça*: valorização, com base em critérios preestabelecidos e partilhados.
13. *Oportunidades*: permissão para erros, quando se trate de aprender, buscar, inovar.
14. *Apoio e fortaleza*: nas situações difíceis.
15. *Exemplo*: nas exigências organizacionais.
16. *Energia*: para contribuir, discutir, reclamar e aprender.
17. *Estímulo e ilusão*: através da emoção, como fluido organizacional.
18. *Alegria*: de viver, de trabalhar, de ser.
19. *Esperança*: de que o futuro será melhor do que o presente, porque será mais humano.
20. *Amor*: dar-se para os outros.

    Mesmo que tudo pareça utópico, acho que mostra uma direção: sair de si mesmo para encontrar o outro e assim se reencontrar. Parece um pouco forte falar de amor, quando estamos falando de *management*? Vamos deixar isso para quando? Somente para depois das nove da noite?

    Imbuídos do nosso exemplo mecanicista, continuamos pensando que trabalhar seja fundamentalmente cumprir ordens e, talvez, em certos momentos, aplicar a razão e o senso comum. Quando tomaremos consciência de que, hoje em dia, a empresa não é só isso, mas sim, fundamentalmente, relações e comunicação entre seres humanos, com valores, sentimentos, emoções, pensamentos e, o mais visível, comportamentos?

Quando nos conscientizaremos de que maximizar o resultado econômico não pode ser o objetivo prioritário e desafiador de nossas ações?

Quando entenderemos que a empresa não é um ser isolado, e que a sobrevivência exige dar, para depois receber?

É preciso assumir mais compromisso e a chave está em dar-se.

A venda por confiança (VPC) baseia-se na atuação das dez primeiras variáveis. Intensificar a nossa forma de agir, baseados nelas, nos possibilitará mais relações a longo prazo com nossos clientes.

Quero terminar este capítulo com um diálogo atribuído a Abdel Azíz el-Alamí, fundador do Banco Comercial do Marrocos.

E disseram: pensa primeiro em ti mesmo.
Respondi: os demais são importantes.

E disseram: as mulheres não valem nada.
Respondi: a mim me fizeram muito bem.

E disseram: deves te aproveitar dos homens.
Respondi: conheço muitos excelentes.

E disseram: és demasiado generoso.
Respondi: nunca se é demasiado bondoso com os demais.

E disseram: estás louco.
Respondi: Oxalá seja sempre assim!

ABDEL AZÍZ EL-ALAMÍ
(Fundador do Banco Comercial do Marrocos)

Questionário de revisão

- Como fazer um cliente se sentir confiante?
- Quanto tempo é necessário para se ter a confiança do cliente?
- E para perdê-la?

- Por que alguns clientes desaparecem?
- Como conseguir que um cliente nos diga o que lhe agrada e o que não lhe agrada?
- Como agir para que uma empresa pareça confiável?
- Qual o nosso nível de autoconfiança?
- Qual a nossa imagem no mercado?
- O que se pode sacrificar em prol da confiança?
- O que cria a desconfiança no cliente?
- Como reforçar a confiança no dia-a-dia?
- O que inspira a confiança em você?

5 A Oferta da Formação de Executivos

Introdução

Neste capítulo, vamos refletir sobre os principais vendedores de formação, no mercado espanhol, de programas e projetos para a aprendizagem e a formação de novos executivos.

Discutiremos também o conceito e a realidade das universidades corporativas, como um novo concorrente de soluções formativas, embora isso seja feito mais no âmbito interno, do que externamente.

Quem está nesse mercado?

A primeira coisa a dizer é que não existe barreira para entrar no mercado e se oferecer como formador ou consultor, tanto no âmbito individual, como no organizacional. Não é preciso qualquer tipo de certificado para oferecer e vender esse tipo de produto-serviço-solução.

A mesma função pode ser exercida por executivos que esperam a concessão da aposentadoria. Os americanos costumam chamá-los de FOFCOM, *Fired on Friday, Consultant on Monday* ("afastado na sexta-feira, consultor na segunda-feira").

Isso cria, às vezes, uma grande diferença de preço, qualidade, nível de profissionalismo etc.

Além disso, a universidade pública, através de institutos ou fundações, passou a ser há algum tempo mais um competidor, no campo da formação de executivos.

Isso acontece também nas confederações de empresários, câmaras de comércio etc.

Ainda assim, as escolas de negócios oferecem programas abertos como programas sob medida e quase todos oferecem de tudo.

5.1. Tipos de vendedores de formação

1. Universidades e institutos universitários
2. Escolas de negócios
3. Centros de formação de executivos
4. Empresas consultoras
5. Associações empresariais
6. Organizações internacionais de formação de executivos
7. Universidades corporativas

5.1.1. Universidades e institutos universitários

Os objetivos a serem alcançados são:

- Profissionalização de estudantes recém-graduados através dos programas de *master* e cursos de pós-graduação.
- Atualização e especialização de executivos e profissionais, através de programas de *master* ou de seminários de aperfeiçoamento e atualização.

As universidades e os institutos universitários, exceto em algum caso concreto, foram incorporados relativamente há pouco tempo aos processos de formação de executivos.

Em princípio, o foco para a formação de pós-graduação foi dirigido aos recém-formados sem experiência, especialmente através dos cursos de *master*, título não reconhecido (no âmbito regular) na LRU (*Ley de Reforma Universitaria*), ainda que em vias de ser regularizado na LOU (*Ley de Ordenación Universitaria*).

Nos últimos anos o número de programas dirigidos a executivos se intensificou, tanto os programas de *master*, como os de curta duração.

O IADE (Instituto de Administración de Empresas), encaixado na Universidade Autônoma de Madri, fundado há mais de vinte anos, foi praticamente o primeiro que, dependendo de uma universidade pública de prestígio, apresentou um programa para estudantes de pós-graduação e profissionais.

Não foi fácil essa trajetória – da evolução da formação acadêmica até a formação do executivo – especialmente no que se refere ao papel do professorado e ao da metodologia a ser utilizada. Os conteúdos também precisaram de um questionamento dos modelos teóricos, para que chegassem a um modelo de aplicação prática, utilizando-se a aprendizagem ativo-participativa.

Uma das dificuldades superadas foi encontrar professores que, além da experiência acadêmica, tivessem experiência empresarial.

5.1.2. Escolas de negócios (EdeN)

Sempre foram e continuam sendo as grandes protagonistas da formação de executivos, na modalidade de programas abertos. Seu grande êxito consistiu em buscar metodologias ativo-participativas que facilitaram a assimilação de conhecimentos por parte de profissionais que, em sua maioria, não haviam freqüentado a universidade; neste caso específico, falamos dos executivos de trinta anos atrás.

O método de caso, desenvolvido pela Universidade de Harvard, é utilizado exaustivamente ou parcialmente pelas diferentes escolas de negócios, mas, além disso, utilizam-se outras metodologias ativas, tais como simuladores, *role playing*s vídeos, jogos AICAN (aplicação imediata do conhecimento ao negócio) etc.

Um dos grandes benefícios da formação aberta é a participação nos programas profissionais de diferentes empresas que, entretanto, ocupam posições e têm experiências e nível de conhecimentos mais ou menos homogêneos. É importante um grau equilibrado de experiência e conhecimento, coisa que se conseguirá através de um processo de seleção exigente e com critérios claros, processo esse que permita a configuração de grupos adequados a alcançarem uma aprendizagem eficiente.

Uma escola de negócios se diferencia de outra, fundamentalmente, no nível do professorado e na capacidade de captação de participantes, de forma que se criem grupos homogêneos tendo procedências diversas e vindo de setores diferentes (será ainda melhor quando o grupo apresentar diferença de procedência internacional).

A formação, nesse tipo de instituição, não deve se transformar somente em uma oportunidade de conhecer e relacionar-se com colegas de outras organizações. Tem que se sentir a necessidade de investir tempo nas atividades extraclasses. Para isso, é importante, no caso de programas presenciais, a existência de avaliações dos participantes, além da exigência de freqüência às aulas.

Há muitos anos, praticamente todos os programas presenciais têm um caminho e reforço que passam pelo *e-learning*.

Ainda assim encontramos programas que desenvolvem vários módulos, cada um deles em um país diferente.

Tal situação, parecida com outras, leva-nos à intensificação dos programas ministrados em língua inglesa.

Nesse sentido, uma das instituições pioneiras, na Espanha, foi uma escola de negócios chamada Euroforum Escorial, que funcionou até janeiro de 2001 como uma escola de negócios que, através da sua aliança com o INSEAD (talvez a EdeN mais famosa na Europa), trabalhava com programas de atualização e desenvolvimento executivo, ministrados em inglês, por professores internacionais.

As escolas de negócios e a formação *in company*.

Atualmente a formação "sob medida" representa mais de 50% do faturamento das grandes EdeN.

Entretanto, esta pode ser uma nova situação, embora as EdeN tenham sido introduzidas há quase dez anos, quando o mercado praticamente correspondia às empresas consultoras.

> "As técnicas aprendidas nas escolas de negócios são muito úteis e de grande importância, mas o verdadeiro *core business* baseia-se numa mente clara, sistemática e simples."
>
> Carlos Llano

Essa evolução se deve ao fato de que as empresas continuam pensando, principalmente as grandes, no enriquecimento que é misturar seus executivos com outros de procedências e áreas de conhecimento distintas, embora isso possa ser encontrado dentro da própria empresa, devido à diversidade de negócios, divisões e tipos de mercado que cabem dentro de uma mesma empresa.

Algumas EdeN, tanto nacionais como as de âmbito internacional, tiveram dificuldades para conseguir que o professorado se adaptasse a um papel diferente daquele que desempenhava quando trabalhava na formação aberta. A formação *in company* exige um papel extra do professor, que é o de facilitador de processos de aprendizagem, relacionando os modelos mais teóricos com as situações reais da empresa.

Não se trata de seguir trabalhando com os casos de sempre, mas, sim, moldar-se às ferramentas *ad hoc* para cada empresa e cada situação.

Os programas ministrados pelas EdeN têm um marco de variabilidade muito grande quanto à duração e aos preços, podendo oscilar entre seminários de um dia, até programas de *master*, de 1.400 horas.

Um dos aspectos básicos que repercute muito sensivelmente na qualidade de uma EdeN é a sua política de investimento em pesquisa. Futuramente, talvez seja este um dos fatores diferenciadores mais relevantes. Infelizmente, na Espanha, são poucas as EdeN que hoje em dia apostam nesta linha e as que já o fazem ainda têm uma produção escassa, quando comparadas às EdeN internacionais.

Entretanto, cada vez mais, nossas EdeN se internacionalizam e optam por várias fórmulas simultâneas:

1. Potencializando a participação de alunos e professores estrangeiros.
2. Realizando programas em outros países.
3. Alinhavando alianças com outras EdeN internacionais, preferencialmente americanas (sejam norte-americanas ou sul-americanas).
4. Realizando programas em inglês.

Sem dúvida, essa abertura beneficiará a qualidade e a eficiência, sobretudo pela inovação (conteúdos, metodologias, processos, tecnologias etc.).

Existem também grandes diferenças nos preços, como já comentamos quando falamos da busca e, muitas vezes, a qualidade percebida não justifica a diferença. O prestígio da marca costuma ativar o efeito *Pigmatión* e é válido para motivar a participação na formação, especialmente no segmento executivo.

Entretanto, outra coisa distinta é a aprendizagem conseguida. Esses preços transcendem aos argumentos técnicos e gerem-se politicamente.

> "A economia é política. A política nos invade a todos."
> J. Borrell

Existem ajudas financeiras aos diferentes programas, mas, no caso dos executivos, normalmente a empresa arca com todos os gastos inerentes ao processo de aprendizagem.

Outro aspecto discutível é a *residencialidade*. Sendo o relacionamento entre executivos um dos benefícios claros dos programas de desenvolvimento de executivos, sejam eles da mesma empresa, ou não, tal relacionamento promove uma interação mais profunda, a qual em alguns casos se estende a uma parte do professorado. Entretanto, dependendo da área do conhecimento que se esteja trabalhando, a *residencialidade* produzirá sinergias maiores ou menores. Está claro que, quando se tratar de comportamento organizacional, a matéria vai ser mais propícia e interativa do que quando se tratar de finanças ou operações.

O fator *residencialidade* relaciona-se, às vezes, com a duração. Não é fácil manter um executivo longe do seu local de trabalho durante muito tempo. A tendência, quando se trata de executivo, é modular sua aprendizagem, de forma que não tenha aula muitos dias seguidos. São freqüentes os módulos de dois dias complementados à distância, no período entre um módulo e outro.

5.1.3. Centros de formação de executivos

Não existem grandes diferenças entre as EdeN, exceto em nível de prestígio, de categoria, de qualidade dos programas, em especial os de *master* de longa duração. Não regulamentada por lei, a duração desses programas é variável, podendo o programa de *master* chegar a 200 horas.

Em alguns casos, encontramos centros de formação especializados por matérias (finanças, idiomas, *marketing* etc.) ou por setores (seguros, bancário, telecomunicações etc.).

Outra diferença entre eles e as EdeN é o mínimo de docentes desses centros com dedicação exclusiva. Costuma-se recorrer a executivos, consultores e especialistas.

5.1.4. Empresas consultoras

Existem de todos os tamanhos e procedências. Umas trabalham em âmbito internacional; outras em escala nacional; algumas em âmbito local e outras, inclusive, com um só cliente. Além das empresas, existem os profissionais que trabalham como consultores.

No final dos anos 60, comecei a trabalhar em uma empresa chamada Bedaux. Naquela época, a Espanha tinha meia dúzia de empresas consultoras, entre as quais estavam, além da já citada, a Sofemasa, a ICSA, a TEA, a CEGOS, a Bernard Krieff, a Orgemer e alguma outra.

Não se sabia exatamente qual era o seu papel. Somente as grandes empresas recorriam a elas.

Hoje, tudo mudou.

A única carreira que continua sem existência oficial é a de consultor; não existe nem a regulamentação da profissão. As portas estão abertas, tanto para os recém-formados como para os recém-aposentados.

Em relação à formação de executivos, as consultoras realizaram poucos programas abertos e se especializaram, desde o primeiro momento, na formação *in company* adaptando ao máximo seus programas já pré-estruturados. Trata-se, pois, de um processo de aprendizagem executiva com o cliente e partindo do cliente, no qual qualquer programa começa com a realização de um diagnóstico que sirva para identificar, clarear necessidades, assim como conhecer linguagens, realidades e dificuldades que os executivos encontrem em seu dia-a-dia. Além disso, é de suma importância o envolvimento dos executivos no traçado e na regulamentação do programa.

Por outro lado, a empresa consultora tem um papel muito importante diante do preceptor da empresa (diretor de RH ou de FdD), facilitando seu trabalho em um momento crítico, tal como pode ser o da venda para a alta direção da empresa.

A diferença da EdeN reside precisamente no tempo e na disponibilidade do consultor para analisar, estudar e identificar cada situação de aprendizagem, desenhando, acompanhando e reforçando todo o processo. O consultor trabalha *com o cliente*, não *para o cliente*.

5.1.5. Associações empresariais e outras instituições de desenvolvimento executivo

Existem, na Espanha, numerosas instituições, tanto públicas como particulares, com natureza de associações, fundações, institutos, confederações, agrupamentos, colégios etc., que entre suas variadas funções recorrem também à formação na empresa e, em muitos casos, à formação de executivos.

Dada por uma instituição como esta, a formação em algumas ocasiões é gratuita, contando com subvenções públicas (da Europa, da Comunidade Autônoma ou da Prefeitura correspondente) além de subvenções privadas.

Em algumas ocasiões, contratam escolas de negócios ou empresas consultoras, para desenvolver alguns de seus programas.

Podemos encontrar, aqui, a câmara de comércio, confederações de empresários, associações profissionais, entidades privadas, como a ADP (Asociación para el Progreso de la Dirección), o IIR (International Institute Research), o Capital Humano, a AEDIPE (Asociación Española de Directores de Personal), a APDO (Asociación de Profesionales de Desarrollo Organizacional), o Círculo de Progreso etc.

5.1.6. Organizações internacionais de formação de executivos

Como acontece no âmbito nacional, existe uma grande quantidade de entidades que, no âmbito internacional, se dedica a promover ou estimular a aprendizagem de executivos.

Desde associações como a IFTDO (International Federation of Training and Development) ou a ASTD (American Society of Training and Development) a FIACYD (Federación Iberoaméricana de Formación y Desarrollo), a IODA (International Organizational Development Association), até outras como a EFMD (European Foundation for Management Development), a UNICON (International University Consortium for Executive Education) e o MCE (Management Centre Europe), dos quais falaremos a seguir, um pouco mais, devido à sua influência sobre as empresas e instituições espanholas. Estas informações foram obtidas em suas respectivas páginas da *web*.

European Foundation for Management Development (EFMD)

Fundação estabelecida em Bruxelas (Bélgica), a European Foundation for Management Development é um foro permanente de informação, pesquisa, redes de trabalho e diálogo, nas melhores práticas e inovações em desenvolvimento executivo (*management*).

Missão
- É uma rede européia de organizações e indivíduos interessados no desenvolvimento executivo das organizações e pessoas, uma ponte entre as diferentes culturas e outras redes de interesse ao redor do mundo.

- É uma promotora da qualidade da educação para a melhoria da direção de organizações e uma estimuladora da aprendizagem, da inovação e do desenvolvimento das pessoas.
- É base e porta-voz, para o público europeu e internacional, do desenvolvimento executivo organizacional e individual.

A rede da EFMD inclui cerca de 390 organizações, com membros em 40 países diferentes, incluindo-se:

- Principais escolas de negócios e centros de desenvolvimento executivo.
- Companhias representadas principalmente pelos diretores de RH e de Formação.
- Agências de treinamento e de serviços públicos, consultoras especializadas no setor público.
- Centros de direção de empresas e instituições dirigidas a pequenas e médias empresas.
- Centros de formação executiva das câmaras de comércio e associações de empregados.
- Empresas consultoras com uma boa reputação na formação de direção.
- Membros individuais com certa experiência e competência no campo do desenvolvimento executivo.

Objetivos

- Liderar idéias e práticas inovadoras de todos os integrantes e interessados na educação de direção, treinamento e desenvolvimento executivo.
- Liderar o diálogo sobre os principais desafios dos executivos de organizações e como enfrentá-los.
- Prover seus membros e interessados com a informação mais atualizada, sobre a pesquisa das melhores práticas em desenvolvimento executivo.

- Promover uma estreita relação e aliança entre instituições educativas e empresas, tanto do setor privado como do público, através da comunicação e de projetos comuns.

- Melhoria contínua das instituições educativas de direção, através do *benchmarking* internacional, apoiando e desenvolvendo professores e materiais de treinamento.

- Promover a cooperação com associações de desenvolvimento executivo ao redor do mundo, como, por exemplo, com a American Assembly Collegiate Schools of Business (AACSB) ou a South American Association (CLADEA), a Indian Management Association (AIMS) e outras.

Serviços da EFMD

- Serviços de educação e desenvolvimento executivo.
- Serviços corporativos.
- Desenvolvimento executivo do setor público.
- Serviços de competição na elaboração de casos de estudo.
- Serviços de enlace entre os membros da EFMD.

International University Consortium for Executive Education (UNICON)

A UNICON é uma organização formada entre as principais escolas de negócios ao redor do mundo, com o sério compromisso de desenvolver a educação de direção ou Management Education.

Através da UNICON, mais de 75 instituições de educação de direção ou escolas de negócios, ao redor do mundo, mantêm o foco na teoria e na aplicação das melhores práticas para a educação executiva.

Fundada em 1972 como uma associação de diretores de programas de formação de executivos, a UNICON evoluiu de um grupo informal, interessado em temas executivos, para uma organização internacional sem fins lucrativos, comprometida em desenvolver o campo da formação de executivos, campo esse patrocinado por universidades ou escolas de negócios famosas.

Por que existe a UNICON?

- Para ajudar as escolas de negócios, membros do órgão, a se manterem atualizadas nas novas tendências para o desenvolvimento do executivo.
- Para ajudar a transferir os serviços, dos membros para clientes corporativos.

Quem são os membros da UNICON?

- Mais de 75 escolas de negócios ao redor do mundo, em países como os Estados Unidos, Austrália, Canadá, China, Costa Rica, Grã-Bretanha, França, México, Paquistão, Filipinas, Espanha, Suécia e Suíça.

O que faz a UNICON?

- Patrocina duas conferências por ano. Uma, na primavera, aberta a todos os seus membros e diretores corporativos, para discutir temas mais atualizados que visem ao desenvolvimento executivo. Outra, no outono, exclusiva para seus membros, na qual enfoca a oferta de provedores de educação executiva.
- Apóia uma agenda de pesquisa e *benchmarking*, em temas de desenvolvimento e educação para executivos.
- Publica um guia do *staff* de apoio, entre seus membros, além de oferecer oportunidades de trabalho para profissionais na área de educação e desenvolvimento executivo.

Management Centre Europe (MCE)

Por mais de quarenta anos, o Management Centre Europe (MCE), centro de formação de executivos, tem sido uma fonte de informação para soluções de negócios através de seus seminários, conferências, livros e jornais de grande prestígio.

Como profissionais da formação de executivos, o MCE sabe que o desenvolvimento de pessoas, dentro e fora das organizações, não é um evento casual, mas faz parte de um processo que se expande através de toda uma vida de trabalho profissional, ou seja, uma formação continuada.

Além de um extenso programa de seminários e conferências presenciais *on-line*, o MCE conta com um programa de associação para as organizações que assim o desejem (*Corporate Membership*), no qual se oferece um constante acesso *on-line* para a melhor informação do mercado dos negócios, idéias e conselhos, dos melhores líderes e pensadores da direção de empresas, em âmbito mundial.

Missão do MCE

Ao redor do mundo, o MCE cria valor para os indivíduos e para as organizações, orientando sua formação e seu desenvolvimento, para alcançar vastos objetivos de negócio através de uma comunidade global de especialistas.

Feitos-chave

- O MCE é a filial européia da American Management Association (AMA).
- O MCE foi estabelecido em Bruxelas, em 1961.
- Cento e vinte profissionais de formação trabalham ativamente em Bruxelas.
- O MCE organiza 500 seminários e conferências por ano.
- Dez mil chefes e executivos participam anualmente dos seminários.
- Vinte mil chefes e executivos participam anualmente dos programas *on-site*.
- Os participantes do seminário do ano 2000 vieram de 87 países diferentes.

O MCE em sua função

O Management Centre Europe (MCE) tem a capacidade de desenvolver as soluções de aprendizagem e os processos de negócio apropriados, baseando-se na estratégia de sua empresa e em suas necessidades individuais dentro da organização.

O MCE pode ajudar a alcançar uma grande vantagem competitiva através do desenvolvimento das pessoas de sua organização, implementando uma contínua aprendizagem baseada nas melhores experiências.

O MCE cria uma plataforma de aprendizagem, para sua organização, baseada em várias soluções, como seminários, conferências e soluções de aprendizagem personalizadas, disponíveis através de vários canais como salas de aula, aprendizagem à distância, *e-learning, broadcast* via satélite, *coaching* no trabalho e muitos outros, dependendo das necessidades.

Para um verdadeiro retorno de seu investimento em formação, o MCE se oferece para:

- Incrementar as competências executivas.
- Desenvolver as habilidades e as lideranças.
- Incrementar sua base de conhecimento.
- Criar comportamentos de mudança.
- Alinhar as pessoas com a estratégia do negócio.

Áreas de formação do MCE

- Direção geral.
- Estratégia e liderança.
- *Marketing* e vendas.
- Finanças.
- Assistentes de direção.
- Empresas farmacêuticas.
- Comunicação.
- Direção de projetos.
- Fundamentos de finanças.
- Recursos humanos.
- Direção de processos.

5.1.7. Universidades corporativas

O significado da formação na empresa, sua utilidade, necessidade, urgência e importância fazem expandir o âmbito do que se entendia por departamento ou unidade de formação. A aprendizagem alcança toda a organização e pode ser considerada o combustível da mesma.

Essa aprendizagem contínua exige uma filosofia, um questionamento e uma gestão diferentes dos que existiam há pouco tempo.

As organizações têm que responder rapidamente às mudanças contínuas e aos diferentes estímulos de cada situação e o conhecimento tem o ritmo do que está caindo em desuso; portanto, exige-se uma atualização contínua e primordial, porque cada vez mais tratamos com mercados globais.

Por outro lado, a explosão tecnológica é outro fator de grande influência nos processos de aprendizagem e educativos. A esse respeito, dentro da responsabilidade social da empresa está a de formar e potencializar seus empregados, não somente para poder exercitar sua atividade profissional na empresa, mas para incrementar sua empregabilidade.

Em muitos casos, no âmbito da investigação educacional, as universidades corporativas contam com o apoio de escolas de negócios e universidades.

Além disso, essa estratégia pode acarretar benefícios reais à imagem, se conseguir chegar a funcionar, na universidade, com sentido prático.

O que é uma universidade corporativa?

É uma organização educativa estabelecida e dirigida por uma empresa, enquadrando-se na estratégia e na cultura da própria empresa, cuja função vai além da mera formação dos empregados.

> "Uma empresa que aprende é uma organização que facilita a aprendizagem de todos os seus membros e continuamente se transforma a si mesma."
>
> M. Pedler

Tem como principal responsabilidade desenvolver e transmitir a cultura da organização. Desenvolver o capital intelectual e os ativos intangíveis, promovendo a aprendizagem, o pensamento criativo e a liderança, dentro da companhia, assim como estimular, a todo momento, o desenvolvimento das capacidades, competências e conhecimentos necessários aos profissionais da empresa.

Podemos dizer que a universidade corporativa é a empresa que ensina à empresa.

Missão

Sua missão é potencializar o crescimento do capital intelectual da empresa, tendo em conta as seguintes responsabilidades:

- Transmitir visão e estratégia.
- Adaptar a empresa à mudança de padrões e à nova cultura da aprendizagem.
- Servir de gancho ou traço de união, entre os objetivos do negócio e o desenvolvimento dos empregados.
- Dar aos empregados a oportunidade de aprender no próprio ambiente de trabalho.
- Transmitir e difundir os valores que dão forma à cultura da organização.
- Alinhar a cultura com a estratégia corporativa.
- Desenvolver as capacidades e as competências dos empregados, em todos os níveis.
- Investigar e inovar.
- Desenvolver a própria organização.
- Servir como distribuidora e facilitadora do uso do conhecimento, dentro da organização (estruturadora, estimuladora de processo de gestão do conhecimento).

Objetivos mais amplos

- Responder à filosofia de aprendizagem contínua, não somente dos empregados, como de todos aqueles que se relacionam com a companhia (provedores, distribuidores, agentes e clientes, *stakeholders* etc.).
- Ser a força motriz, para animar uma cultura comum e uma rede de contatos e experiências, entre todos os que formam a empresa.
- Desenvolver a empregabilidade dos empregados.

Elas se concebem como um centro de resultados

- Buscam resultados claros e mensuráveis: aumento da produtividade, incremento das vendas, melhoria dos processos etc.
- Devem estar diretamente relacionados com as competências básicas da empresa.

- Tratam de um negócio em si mesmo, auto-suficiente, que dá serviço interno à companhia.
- Diminuiu-se, entre 5 e 10%, o índice de rotatividade externa nas empresas com universidades corporativas.

Modalidades

- Formação interna, exclusivamente para empregados.
- Formação para empregados provedores e clientes.
- Formação para empregados provedores e clientes e empresas externas. Funciona como uma consultoria.
- Constituição única pela empresa que rege, ou através de alianças estratégicas com instituições educativas de prestígio: programas conjuntos.
- Combinação de formação presencial, com grande apoio em formação virtual (Internet ou intranet).

O funcionamento de uma universidade corporativa baseia-se em sete princípios-chave:

1. *Conectar* a formação (a aprendizagem) às necessidades estratégicas do negócio.
2. *Formar* toda a cadeia de provedores, colaboradores, clientes.
3. *Desenvolver* um currículo que incorpore os 3 C:
    a) Cidadania corporativa (forma especial de fazer as coisas).
    b) Contexto de referência (em que negócio estamos, como ganhamos dinheiro).
    c) Competências-chave (temos o que temos que ter, havendo um equilíbrio entre os 3 C aqui citados).
4. *Conceber* o modelo de universidade corporativa como um processo e não como um lugar (real ou virtual).
5. *Experimentar* novas formas de aprendizagem e de reforço à aprendizagem, que contribuam para o rendimento e resultado empresarial *(just in time learning, in job learning...)*

6. *Envolver* os executivos e chefes como gerentes da aprendizagem ligados aos resultados da sua unidade global.
7. *Estruturar* os planos de formação, como planos de melhoria da produtividade.

Na última década, fomos testemunhas de um grande aumento do número de universidades corporativas, em nível mundial.

Em 1990, existiam cerca de 400 dessas universidades; no ano de 2001, a cifra subiu para 2.100 universidades corporativas, das quais 350 fazem parte das 500 maiores empresas, segundo a revista *Fortune*.

TABELA 5.1
Comparação entre a universidade corporativa e a universidade convencional

Universidade convencional	Universidade corporativa
• Desenvolvimento das competências genéricas.	• Desenvolvimento das competências necessárias para o êxito do negócio.
• Aprendizagem baseada na formação conceitual universal.	• Aprendizagem baseada na experiência do trabalho.
• Formação regrada e normal.	• Formação dirigida pela empresa.
• Ensino de valores e crenças universais.	• Ensino de valores da empresa.
• Desenvolvimento de uma cultura acadêmica.	• Desenvolvimento de uma cultura empresarial.
• Formação de cidadãos competentes para o desenvolvimento da sociedade.	• Formação de empregados competentes para o êxito da empresa.

Podemos dizer que as universidades corporativas, em sua concepção, objetivos e atividades se diferenciam claramente dos departamentos de formação e das universidades convencionais, mesmo que, em alguns casos, a universidade seja apenas uma classificação. A missão da universidade convencional é, e sempre será, criar conhecimento. A universidade corporativa não cria conhecimento, só o dissemina.

Por outro lado, sua criação e seus objetivos dependem de uma decisão estratégica. Não é algo dependente dos recursos humanos, ainda que, em muitos casos, sejam estes que façam a sua gestão.

Obedecem a uma filosofia e cultura da organização que aprende e se compromete com o desenvolvimento de seu capital intelectual.

Exemplos de modelos de universidades corporativas

1. Hamburger University Corporation McDonald's

- É um centro mundial de formação em *management* para os empregados do McDonald's ou seus franqueados.
- Nasceu há quarenta anos, num local simples, para instruir os atendentes.
- Conta, hoje em dia, com uma assembléia permanente de 30 professores que podem dar aulas em 22 idiomas diferentes; por ali passam 50.000 *managers* de todos os McDonald's do mundo.
- Conta, atualmente, com filiais no Reino Unido, Japão, Alemanha e Austrália, além de um sistema de formação *on-line*.

2. Motorola University

- Oferece cursos de formação a seus empregados, clientes e provedores da Motorola.
- Tem como missão criar uma comunidade de excelência entre clientes, provedores e empregados.
- Tem por objetivo final aumentar a confiança de todos os *stakeholders* e transmitir a imagem de uma empresa ativa, em contínua transformação e criação de valor.
- É formada por 400 profissionais que dão aula de tecnologia, desenvolvimento de processos, liderança e criação de universidades corporativas.

Experiência espanhola

a) Unión Fenosa

- Conta com uma rede regional de centros, com aulas e pessoal docente próprios.
- Oferece serviços de formação às empresas do grupo Fenosa como uma instituição auto-suficiente.
- Conta com três centros completos, com salas de aulas, salas de reuniões, serviços tecnológicos e zona residencial.

- Tem por objetivo desenvolver os conhecimentos e as qualidades do seu capital humano.
- Pensa em implantar faculdades que correspondam às diferentes áreas da empresa como: distribuição, engenharia e telecomunicações.

b) Mondragon Unibertsittatea

É uma universidade privada, nascida dentro do grupo empresarial Mondragon Corporación Cooperativa. Começou suas atividades docentes em 1943, recuperando o piso da antiga Universidad de Oñati, de 1542. Sua missão é o serviço público educacional, oferecendo formação nas áreas de engenharia, eletrônica e industrial, além de formação nas áreas empresariais e humanas.

Dentro da universidade fica o instituto corporativo universitário, cuja missão é estimular o espírito, a ideologia e os valores da empresa corporativa, da qual a pessoa é o centro.

Questionário de revisão

- Qual a diferença entre uma consultora e uma escola de negócios?
- Qual pode ser a contribuição de uma organização internacional?
- Qual a diferença entre um departamento de formação e uma universidade corporativa?
- Como saber a qualidade de uma entidade que oferece formação de executivos?
- Para que servem os *rankings* de escolas de negócios?
- Quando a tradição quer dizer garantia? Pode também significar estar fora de moda?
- Como saber *a priori* a qualidade de um *master*?
- Qual a diferença entre a formação aberta e a formação *in company*?
- Qual a melhor opção na FdD: *residencialidade* ou *não-residencialidade*?
- Por que não existe um maior número de universidades corporativas na Espanha?

6 O *Marketing* da Formação (Aprendizagem) dos Executivos Visto pelos seus Protagonistas

Colhemos, neste capítulo, a opinião dos protagonistas no *marketing* da formação de executivos.

Escolhemos, para esta pesquisa qualitativa, um número considerável de grandes empresas, assim como todas as escolas de negócios espanholas, embora nem todas tenham concordado em participar do trabalho. Ainda assim, foram escolhidas as principais consultoras de RH e consultores de renome internacional.

Foram preparados dois questionários: um deles, dirigido a diretores de Recursos Humanos e Formação e Desenvolvimento e o outro, para diretores de escolas de negócios, consultoras, centros de formação e também consultores independentes.

Por problemas de espaço, apenas uma resposta de cada questionário foi selecionada, insistindo-se de modo especial na análise das barreiras que se apresentam diante da formação e do desenvolvimento de executivos.

As pessoas entrevistadas, ou que responderam ao questionário, foram:

Diretores de Recursos Humanos e de Formação e desenvolvimento:

AP: Antonio Peñalver, diretor de Formação e Desenvolvimento do SCH.

CG: Carlos González, diretor de Formação e Desenvolvimento da Caja Madrid.

CO: Carmen Ortí, diretora de Formação Estratégica da Caja Madrid.

CP: Carlos Pelegrín, diretor de Formação e Desenvolvimento da Telefónica España.

FB: Fermín Belzunegui, diretor de Recursos Humanos da Caja Laboral (Euskadiko Kutxa).

GM e AA: Guillermo Madame, diretor de Recursos Humanos da Coca-Cola e Alfredo Avendaño, diretor de Formação e Seleção.

IA: Isabel Alfaya, diretora de Recursos Humanos do Grupo Anaya.

JVP: José María Vázquez Pena, diretor de Recursos Humanos do Unión Fenosa.

LCC: Luis Carlos Collazos, diretor de Recursos Humanos de Hewllett Packard.

LP: Lorenzo Peribáñez, diretor de Projetos de Formação e Educação Interna da IBM.

LSN: Luis Sánchez Navarrete, diretor de Formação, Desenvolvimento e Seleção do Grupo BBVA.

MB: Mateo Borrás, diretor de Recursos Humanos da Nissan.

MDD: María Dolores Dancausa, diretora de Recursos Humanos da Línea Directa Aseguradora.

MRA: Manuel Rodríguez Aceijas, diretor de Formação e Desenvolvimento da Inditex (Zara).

RB: Rafael Barreda, diretor de Formação e Desenvolvimento da United Biscuits.

RT: Richard Tauton, diretor de Recursos Humanos do Grupo Coren.

Escolas de negócios, consultoras e centros de formação

AC: Adrián G. Cottín, vice-presidente da Pco's International Events (Venezuela).

AH: Antonio Hidalgo, secretário-geral do CEPADE, Centro de Estudos de Pós-graduação em Administração de Empresas.

AMR: Anna M. Rossi, consultora independente (Chile).

AS: Altina Sebastián, consultor independente.

CA: Cristina Antón, diretora da Divisão do IIR España.

CS: Ceferí Soler, consultor independente.

CT: Corinne Terrasse, consultor independente.

EE: Enrique Egea, diretor da E. N. Murcia.

ESL: Enrique Sánchez de Leon, diretor-geral da APD.

FBM: Fernando Bayón Mariné, diretor-gerente do Instituto Universitário Euroforum Escorial.

GC: Guillermo Cisneros, diretor-executivo da ESADE (Madri).

GM: Gloria Martínez, diretora do INAP.

JAC: José Antonio Carazo, diretor do Cisspraxis.

JAN: José Mario Álvarez de Novales, diretor-geral-adjunto do Instituto de Empresa.

JC: Julio Cantón, diretor de Formação do Otalora Centro de Formación.

JCC: Juan Carlos Cubeiro, sócio-diretor do Eurotalent.

JCH: Javier Cantera Herrero, sócio-diretor BLC Human.

JMB: José Manuel Blanco, consultor independente.

JMS: José María Suárez Campos, diretor acadêmico da ESIC.

LFR: Luis Fernando Rodríguez, diretor-geral do Grupo Desenvolvimento Organizacional.

MF: Marco Fernández, diretor na Espanha da EAP, European School of Management.

MHP: Martín Hernández Palacios, diretor-geral da Aliter.

MN: Marcelo Natalini, Conocimiento & Dirección (Argentina).

MS: Miguel Santesmases, catedrático da Universidad de Alcalá de Henares.

RE: Ricardo Esteban, sócio-diretor da Griker & Orgemer.

VM: Virginia Mendes, consultora independente (Brasil).

Sinteticamente, e aproveitando as respostas, apresentamos aqui o que há de mais representativo e os aspectos-chave relacionados ao *marketing* da formação de executivos (FdD).

Qual é o significado da FdD?

MS: A formação para mim não é um serviço externo, mas um processo de integração entre as organizações; não apenas uma compra ou transmissão de conhecimentos, mas um envolvimento dos participantes, quer dizer, para existir efetividade nos processos de formação de executivos deve existir uma inter-relação e integração das organizações, em nível pessoal.

Alguma chave para a FdD?

JMB: É necessário transmitir, ao indivíduo, a necessidade de formação da empresa. É o indivíduo que deve sentir a necessidade de se formar e, portanto, estar disposto a exigi-la da empresa, como parte de seu salário real ou emocional. Mas sempre, em qualquer caso, a necessidade da formação deve ser individual, ou seja, que o executivo possa sentir que seu futuro é independente do futuro da empresa.

LFR: O executivo é um profissional de alto nível, em qualquer organização e, por isso, ele é muito pressionado e possui padrões de exigência muito altos; portanto, suas ações têm sempre enorme relevância nas organizações.

Analisando três fatores – tensão, auto-exigência e influência organizacional – chegamos à conclusão de que o executivo não somente necessita, mas também gosta de aprender. Entretanto, precisa de tempo para essa tarefa; por isso, personalização e eficácia aparecem como palavras-chave em sua aprendizagem.

Em que pontos, em sua opinião, se baseiam hoje em dia as principais necessidades de formação dos executivos?

AC: Nas competências pessoais de criatividade, no trabalho em equipe, na liderança, na negociação, na ética e na aprendizagem.

JMS: Apesar de não ter uma opinião conclusiva, creio que os pontos se baseiem em diferentes necessidades. A formação aberta, em forma de cursos de desenvolvimento acadêmico, como os de *master* e cursos similares, é característica das escolas de negócios. Os seminários profissionais, os cursos curtos específicos, as jornadas para executivos e, geralmente, a formação em processos similares, são um terreno mais neutro, onde as escolas de negócios contam com a vantagem de sua tradição acadêmica, seu prestígio e a fortaleza de uma junta de professores importantes. Entretanto, as consultoras se mostram muito próximas da realidade, com grande experiência de trabalho especializado e com a possibilidade de reagir rapidamente às necessidades de formação detectadas para uma empresa concreta. Na formação personalizada, essa vantagem das consultoras é importante, embora as escolas reajam, mediante divisões ou organizações próprias, que funcionam como verdadeiras consultoras.

Quais os fatores-chave da aprendizagem dos executivos?

MRA: Para aprender, necessita-se experimentar e experimentar é muitas vezes fruto da necessidade. Creio que somente se aprende a partir da tensão criativa, da experiência e ação, uma ação que precisa ser analisada e interpretada, posteriormente, para que se possa parar, pensar e reinventar.

GM: Cumprimento de expectativas e necessidades de formação, contribuição de valor agregado à sua área de desempenho, relação com o seu desenvolvimento profissional e ajuste com suas agendas.

Quais as principais barreiras para uma aprendizagem eficiente?

MF: Durante os últimos trinta anos, as próprias escolas de negócios criaram um executivo a partir, basicamente, de uma perspectiva de consultoria. Para cada problema, uma solução. Por outro lado, dedicaram pouco tempo em formar executivos que pensassem, analisassem os problemas, que tivessem capacidade de reagir, capacidade de inovar. Tiveram muita culpa no tipo de formação dada, quando estereotiparam comportamentos e possíveis reações, diante de situações concretas. Criaram executivos independentes.

EE: Creio que o meio em que se desenvolvem e a idade são as principais barreiras. Quem está num setor dinâmico, com gente preparada e formada, tenta responder à competitividade e formar-se. Se o meio é muito tradicional e com baixa competência, acredita-se menos na formação. A idade também influi: os jovens executivos acreditam na formação e os maiores de 50 anos já não acreditam tanto nela.

CG: Eu destacaria talvez duas barreiras: a primeira é saber que muitos executivos precisam ter uma grande dedicação pessoal, no trabalho, para poder levar adiante projetos fundamentalmente orientados para resultados; a outra é encontrar tempo, no seu dia-a-dia, para o desenvolvimento pessoal, e isso é complicado.

São como ritmos distintos: a organização da rotina e o tempo que seria necessário para a própria aprendizagem; e creio haver uma certa dissonância entre eles. O segundo estaria muito associado aos aspectos culturais. Creio que desenvolvemos temas de trabalho em equipe, liderança, e pode haver alguma parte ainda, na organização, onde esses temas não sejam devidamente valorizados. Os executivos que iniciam sua carreira profissional nesse âmbito encontram-se diante dos questionamentos que lhes apresentamos: como dedicar tempo à sua equipe, dedicar tempo ao seu desenvolvimento pessoal e profissional. Talvez, em alguma parte da organização, esses valores ainda não se tenham manifestado plenamente.

RB: A prepotência do "já conheço tudo", a falta de disciplina em agendar tempo para a aprendizagem, o medo das mudanças, a importância que alguns profissionais, dedicados à busca de executivos e altos executivos, dão ao enfoque ação, em vez do enfoque reflexão.

FB: A motivação escassa, a falta de curiosidade, o não querer aprender, o medo da mudança, o desânimo diante do que se percebe como impossibilidade de mudança e, finalmente, a inconsciência incompetente; em suma, os bloqueios pessoais.

GC: Um executivo deveria ser capaz de colocar em questão a própria visão da realidade e os critérios para usar o melhor de sua experiência, abrindo novas expectativas na forma de dirigir. São sempre pessoas com uma grande curiosidade intelectual.

Há carência de uma atitude mental necessária para formar-se, além da falta de tempo.

ESL: Não tem importância para o anglo-saxão sentir-se inferiorizado numa situação de aprendizagem; entretanto, por uma razão estranha, o latino acha que sabe tudo em um determinado momento. A falta de humildade para aceitar que alguém lhe ensine, para sentar-se ao lado de outro que está na mesma situação executiva que ele, ou para sentar-se ao lado de outro que tem um cargo inferior ao dele. Entretanto, uma vez superada essa barreira, na hora de aplicar o aprendido, o executivo espanhol é tremendamente eficaz, porque tem o componente criativo que não existe em outras culturas. Falta a alguns executivos esse conhecimento ou essa sensação de necessidade da aprendizagem permanente.

VM: Paradigmas pessoais, medo de mudança e desafios, estratégias ineficazes. Resistências psíquicas que entorpecem o processo de desenvolvimento biopsicossocial.

Qual seria a sua proposta para estreitar o gap entre o que os executivos e as organizações necessitam e o que os provedores de FdD oferecem?

AS: Estreitar o *gap* entre a empresa e seus provedores de formação é uma necessidade que pode ser satisfeita através da realização de auditorias de formação. Nesse aspecto, as consultoras são o veículo adequado a identificar o que as organizações necessitam para alcançar seus objetivos estratégicos.

MB: Criar foros de encontro, *clusters* de conhecimento específico, colaborações com a universidade e outras instituições, conhecer, através de coletas de dados e entrevistas, as reais necessidades das organizações em seu campo de atuação.

RE: Proporia praticidade. Ações formativas, parte presencial, parte *on-line*, dirigidas unicamente ao aspecto aplicável do conhecimento, para que se possa fazê-lo em seu trabalho diário e, depois, copiar imediatamente. O executivo tem a obrigação de ser o responsável por uma parte da aprendizagem direta de certos grupos da sua empresa. Ao dedicar um mínimo de 10% do seu tempo como monitor, *coach* ou mero transmissor de conhecimentos, será obrigado a se atualizar sobre as novidades em seu campo, evitando perder-se num futuro incessante de técnicas, conhecimentos e ferramentas do mundo empresarial.

LCC: Deve ajustar as competências às necessidades concretas do negócio, ter o conceito permanente de estar toda a vida aprendendo. Que tenha uma formação interna e externa, uma mescla de ambas, em sala de aula, em leituras, em fazer *shadow in* com outro *manager*, quer dizer, pôr-se lado a lado com outro *manager*.

LFR: Existe um salto notável entre a formação que os executivos desejam e as necessidades de suas equipes e aquilo que o departamento de formação oferece. Portanto, o primeiro ponto a ser considerado sempre é que o melhor departamento de formação é o próprio executivo. Partindo dessa idéia, os serviços centrais se encarregarão de dar suporte e de transmitir às consultoras os requisitos demandados. Em qualquer caso, nunca se pode esquecer a necessidade de manter reuniões diretas com o próprio executivo responsável, para assegurar e garantir a qualidade e os resultados esperados pelo mesmo e por sua equipe.

Que método, na sua opinião, considera ótimo para alcançar a transferência, entre o aprendido e a prática?

RT: Creio que o *outdoor training* é bom quando acontecem os seguintes fatores: se antes do evento houver uma preparação, as pessoas vão tomando conhecimento do programa e o executivo lhes informa de que devem preparar questionários; então, elas vão começando a participar do programa e isso induz ao comprometimento. Há necessidade de eventos prévios à formação.

Para você, qual é a principal diferença entre uma escola de negócios e uma empresa consultora como provedora de formação?

CO: Creio que a consultora é mais ágil, próxima e flexível. As escolas de negócios se adequam menos à formação personalizada; creio que estão mais institucionalizadas.

JMS: Quando entendemos, de modo genérico, que necessidade de formação é o déficit de competências de uma pessoa, (ou, no seu conjunto, de uma empresa) e que isso a impede de cumprir adequadamente sua missão ou alcançar seus objetivos, esse déficit significa, definitivamente, carência ou insuficiência de conhecimentos, habilidades ou atitudes requeridos em cada caso.

Centrando-nos em executivos – e com diferenças específicas segundo seu nível de formação – há uma série de requisitos que integram, geralmente, o perfil de sua missão. Se o executivo tiver um maior nível de responsabilidade e autonomia na sua função, maior deverá ser a sua capacidade de analisar situações, tomar decisões, estabelecer metas, organizar meios disponíveis, conduzir, controlar e corrigir rumos de equipes humanas. Essas possibilidades de infinitas ações, clássicas na análise de atividades executivas, supõem um *mix* de conhecimentos (não somente da atividade da empresa, mas também de uma série de técnicas e métodos de direção), de habilidades executivas e, sobretudo, de atitudes e motivações. Além disso, qualquer situação, portanto qualquer problema, apresenta em uma empresa ao menos três aspectos: técnico, econômico e humano; a esses aspectos se referem os conhecimentos, habilidades e atitudes que já foram mencionados.

A formação é decisiva para melhorar as capacidades, assim entendidas, dos executivos e para salvar o possível *gap* a respeito das necessidades. Diria que, no momento, as principais necessidades observáveis se referem, principalmente, aos aspectos humanos, tão descuidados freqüentemente na formação prévia daqueles que se incorporam aos postos executivos.

Quais as chaves para vender formação a um diretor de RH ou Formação? Que instrumentos de marketing se utilizam?

FBM: Aceitar a subjetividade. *Feedback* constante e oportuna reformulação. Escutar, conhecer os objetivos do cliente e adaptar a formação para cada um deles.

AMR: A confiança que você possa gerar; oferecer algo que esteja dentro do processo de sua empresa e não um produto isolado; entender o processo do cliente e gerar com ele uma sociedade estratégica. A minha estratégia tem maior relação com contatos do que com a publicidade.

IA: A comunicação desse produto tem que ser buscar soluções diante dos problemas organizativos que afetam as pessoas. Não tenho receitas mágicas, não vou oferecer qualquer ação formativa concreta; vou me oferecer para colaborar com você na análise, quer dizer, creio que essa é a mensagem fundamental.

MDD: Primeiramente, destaco a recomendação entre profissionais. Também é importante a participação em seminários e jornadas reconhecidas; no caso dos organizadores desses eventos, é importante saber atrair pessoas de prestígio.

Como, em sua opinião, um diretor de RH ou de Formação pode vender formação ao âmbito onde se tomam as decisões e ao próprio executivo participante?

CA: Nesse caso há controvérsias, porque há uma certa resistência, por parte de alguns executivos, em receber formação; por outro lado, em muitos casos são os executivos os que pedem para assistir a certos cursos.

Se a formação não estiver voltada para a mudança, haverá muita resistência; por isso, comunicar bem e agressivamente a idéia, com objetivos claros, é fundamental, ainda que certamente possa causar problemas.

Quanto à alta direção, nunca deveria criar obstáculos quando essa formação estivesse alinhada com a estratégia global da empresa e com os objetivos pautados.

LP: Estímulo dado pela alta direção.

- Programas formais que obriguem ao planejamento da formação pessoal.
- Sistemas de auto-avaliação das competências, que proporcionem idéias para o desenvolvimento pessoal, nas áreas que necessitem.

CP: Os executivos gostam de fazer exatamente o mesmo que fazem os seus colaboradores. Essa é uma venda muito indicada, e já não vale que o consultor diga ser a oitava maravilha, ainda que às vezes seja melhor que o presidente de uma companhia famosa conte isso.

É básico completar uma primeira atuação que consiga um padrão de altíssima qualidade; no caso dos executivos, não se permitem falhas.

AP: Do ponto de vista interno, o prestígio da companhia em que você trabalha continua tendo peso. Mas o mais importante é o valor e a utilidade que a formação vai ter, dentro da organização. Para isso, publicamos internamente nossos programas, lançamos folhetos, fazemos nossas entrevistas internas de seleção e canalizamos tudo através dos executivos. Buscamos o envolvimento da alta direção e, por isso, é fundamental que o programa seja aberto ou fechado pelo presidente ou conselheiro. Trata-se de vendê-lo diretamente a quem necessita.

JCH: É importante renovar constantemente a oferta, tanto do ponto de vista do conteúdo, como da metodologia. Sendo difícil o acesso direto a esse coletivo, será bom trabalhar com os preceptores, os diretores de RH. Investir é arriscar, buscando não ganhar muito a curto prazo, sabendo que o importante é ganhar a longo prazo.

Deve-se atuar sempre a partir do critério da qualidade, tratando de trazer aprendizagem e mudança real.

JA: A formação é questionada pela alta direção e não costuma haver obstáculos; porém, se a iniciativa é da parte de um diretor de RH que detectou uma necessidade ou quer reforçar certas habilidades, considero que a criatividade do próprio executivo de RH, no que está sendo questionado, seja fundamental. Essa formação deve estar muito relacionada com a atividade concreta e com a prática imediata do negócio, além de estar alinhada com a estratégia global da empresa.

JAN: A força de vendas se baseia muitíssimo nos antigos alunos. A venda é mais um assessoramento; não é uma resposta a um pedido que foi feito, dando simplesmente o que nos foi pedido. Buscamos redefinir o projeto com o cliente, fazê-lo mais sofisticado, ambicioso.

AH: As chaves são saber o que se vende, para traçar o produto, pois quem o planeja e o formaliza geralmente conhece bem o produto. Para isso, é necessário considerar certos fatores como:

- Identificar as necessidades de formação, para logo criá-las na medida certa.
- Expor as vantagens e características do produto.
- Expor os inconvenientes.
- Utilizar um pessoal especializado em formação (formadores).
- Conhecer a empresa para a qual se vai vender o produto.

Qual a opção correta: vendedores-negociantes ou professores-consultores?

CB: Essa pergunta sempre foi debatida nas consultoras. As opções têm vantagens e desvantagens, segundo o contexto:

- Vendedores-negociantes: São eficazes, no caso de vendas de curso de formação com catálogo e para a abertura de mercado, quando se detectam necessidades e buscas implícitas.
- Consultores-especialistas: São necessários, quando se trata de uma questão técnica ou política. Devem intervir no momento em que se quer criar um projeto comum com o futuro cliente.

Qual a duração ideal dos projetos: curtos (2 a 6 dias) ou longos (2 a 6 meses)? Quanto ao regime residencial: sim ou não?

RB: Para mudar comportamentos, o ideal é combinar sessões curtas, de 2 ou 3 dias, não mais, intercalados com períodos nos quais os participantes apliquem os comportamentos aprendidos; esses períodos deveriam ser sistematizados, tutelados por um *coacher*, não liberados para o participante.

JCC: Preferimos ciclos de duração mais curtos, mais freqüentes e com mais vivência pessoal (regime residencial).

Que fatores são levados em conta, principalmente na hora de estudar o preço de um programa de formação? Deve-se relacionar preço com fator agregado?

LSN: O valor agregado é a essência na hora de decidir, ou não, pela realização da ação formativa, mas os preços devem estar ajustados ao mercado. Geralmente, existe uma tendência a inflacionar os preços, que, em alguns casos, ficam absolutamente fora de órbita.

Quanto tempo o executivo médio terá que dedicar à sua formação? Qual a estimativa de percentagem?

MN: 6 a 7%, cerca de cem horas anuais, em horário de trabalho e em tempo pessoal.

GM: Creio que o executivo deveria dedicar, atualmente, no mínimo 10 a 15% de seu tempo total de trabalho para a formação.

As pessoas constituem, na Europa, o principal capital da empresa; por isso deveriam ser o centro das políticas da União. Os sistemas de avaliação e formação devem se adaptar às novas realidades do século XXI; a educação permanente constitui uma política essencial ao desenvolvimento da cidadania, da coesão social e do emprego.

Nesse contexto, a FdD cobra um valor importantíssimo na sociedade atual.

CS: Penso que é uma excelente oportunidade para refletir e repensar a sua carreira profissional. Nas escolas de negócios do estado da Califórnia existe uma máxima: observa-se o currículo de todos os executivos; se no ano que passou não voltou à escola para refletir, sua carreira profissional vai ficar sob suspeita, porque o conhecimento operativo se torna rapidamente obsoleto.

Qual o sistema de avaliação utilizado e como se medem os resultados esperados e os conseguidos?

JMP: Utilizamos um sistema de avaliação com quatro fases. Uma de satisfação formativa, outra de aprendizagem, uma terceira de aplicação no posto de trabalho e a quarta sobre o impacto nos resultados de negócio.

7 Síntese e Conclusões

7.1. Algumas idéias-chave sobre a formação: o novo desafio do executivo

O executivo, sendo um ser humano inteligente e desenvolvido, tem diante de si o desafio de buscar sua própria identidade e reforçar sua autoconsciência, começando por planejar como quer que seja a sua existência, o seu viver e ainda sabendo que essa decisão, aparentemente livre, não o é, pois sabe que é responsável pelo aproveitamento de seus talentos, não somente para ele mesmo, como para a sociedade e o universo do qual faz parte.

Como nos disse magistralmente Patricia May[1]:

> "Não basta existir, mas saber que existe; não basta saber, mas saber que sabe. Com isso, inicia-se um caminho pleno de liberdade e criatividade, mas ao mesmo tempo de solidão, de dúvida e de confusão. O ser humano já não se deixa dominar pelas normas coletivas que lhe ditam a maneira como se constrói o universo, e começa a aprender através de ensaio e erro, a criar, a experimentar. Dentro da natureza, somente o ser humano tem o privilégio de poder errar para aprender. Poderíamos comparar com um adolescente que vai para o mundo deixando o jugo paterno, cheio de poder, rebeldia, agindo ao seu bel-prazer e, com o tempo, aprendendo com ele".

---

[1] May, P. (2002): "Nueva ciencia e influencias en la gestión de personas". Conferência no Congresso Internacional de Recursos Humanos, Gramado (Brasil), 22-23 de maio.

O executivo sabe que é necessário romper com os velhos paradigmas do linear, do homogêneo, do piramidal, e ele é, cada vez mais, responsável por estimular essa aprendizagem (mudança) em direção a esquemas mentais que pendem para a aceitação do complexo, da integração, da diversidade e das redes.

Sabemos que "o que está em cima está embaixo" (*El Kybalión*) e "o que está dentro, está fora". Sabemos também que aquilo que cada um pensa, sente ou é, enfim a nossa auto-imagem, influencia os outros a fazerem a nossa imagem melhor ou pior.

TABELA 7.1

Eu e o outro
• Se você se julga e se critica, outros o julgarão e criticarão.
• Se você se ofende, outros o ofenderão.
• Se você mente para você mesmo, outros lhe mentirão.
• Se você não é responsável por você mesmo, outros serão irresponsáveis com você.
• Se você se culpa, outros o culparão.
• Se você se violenta emocionalmente, outros o violentarão no emocional e também no físico.
• Se você não escuta os seus sentimentos, ninguém o fará por você.
• Se você se respeita, outros o respeitarão.
• Se confia em você mesmo, outros confiarão em você.
• Se você é amável e compassivo com você mesmo, outros o tratarão com amabilidade e compaixão.
• Se você se aprecia, outros o apreciarão.
• Se você é sincero com você mesmo, outros o serão com você.
• Se você se honra, outros o honrarão.
• Se você se ama, outros o amarão.

- A valorização do capital humano é cada vez maior nas organizações e a formação (aprendizagem) constitui uma forma clara de potencializá-lo.

- As necessidades específicas de cada pessoa, quanto à aprendizagem, estão relacionadas à sua formação, sua experiência, suas capacidades, atitudes e o papel que tem na empresa e, ainda assim, cada um tem seu próprio estilo e *momentum* de aprendizagem.

- O traçado de um processo de aprendizagem é importante e deve previamente:
  - Ser capaz de descobrir as necessidades de cada pessoa.
  - Saber como funcionam essas pessoas.
  - Descobrir o que fazer para aperfeiçoar a contribuição que cada pessoa traz para a empresa.
- A formação, hoje em dia, é algo mais do que dar treinamento. Trata-se também de ensinar a trabalhar melhor, quer dizer, a dar melhores resultados. Ainda assim, busca-se um desenvolvimento pessoal, além do profissional.
- A formação, estando num mundo de impactos de ações sem continuidade, paradoxalmente terá que ser um processo continuado de aprendizagem-trabalho-aprendizagem.
- A aprendizagem pode se converter em um fator de motivação de importância, se é feita de maneira atrativa, lúdica, vendo-se e sentindo-se o resultado de sua transferência para o trabalho.
- O novo papel do chefe, com relação à sua formação, é o de mestre e ao mesmo tempo de aprendiz.
- A qualidade e a medida dos resultados da formação são básicas para que a formação se considere dentro de qualquer pressuposto, mais como nuance de investimento do que de gasto.
- O desenvolvimento das pessoas acarreta a melhoria da possibilidade de sua empregabilidade e, além disso, faz crescer e desenvolver a organização.

O ponto de partida para aprender é querer:

Aprende-se o que se quer
Desenvolve-se o que se quer
Trabalha melhor quem quer
Cresce quem quer
O que se pode fazer com quem quer?
E com quem não quer?

- A sensação de necessidade seguramente precede o querer; por isso, a prepotência vai impedir qualquer aprendizagem. Para ser humilde, necessita-se, antes de tudo, de valentia.

7.2. Decálogo do executivo

Decálogo proposto pelo *Consortium for Research on Emotional Intelligence in Organizations:*

1. Centrar-se nas competências que demonstraram ser críticas para o êxito no posto.
2. Avaliar as competências pessoais, através de uma visão externa e objetiva, como, por exemplo, a avaliação 360°.
3. Identificar as fortalezas pessoais que servirão de cimento no processo de desenvolvimento, assim como as oportunidades de melhoria.
4. Aprender que as competências emocionais só ocorrem quando a mudança buscada ajuda o indivíduo a alcançar seus objetivos pessoais. Os adultos só aprendem quando têm uma motivação pessoal para isso.
5. Fazer um desenvolvimento autodirigido. Os programas de aprendizagem, a ajuda do chefe ou de um *coach* externo só podem orientar e apoiar os próprios esforços para aprender.
6. Centrar-se em objetivos de desenvolvimento realistas.
7. Definir um plano de atuação claro.
8. Melhorar as competências emocionais requer prática e tempo. Não existe qualquer curso que, em poucas horas ou dias, faça milagre. É difícil conseguir mudanças sustentáveis nos comportamentos, em menos de seis meses.
9. Proporcionar apoio externo que reforce, incentive e reconheça a prática dos novos comportamentos. Existem muitas fórmulas possíveis: *coaching* externo ou interno, grupo de apoio, seguir o chefe, sistema de incentivos etc.
10. Medir as mudanças das competências e o desempenho, através de métodos válidos.

7.3. Conclusões sobre a formação

- As necessidades de formação e desenvolvimento (FyD) devem ser detectadas com uma visão a longo prazo.
- A responsabilidade sobre FyD[2] corresponde tanto aos executivos de chefia como à função dos RH.
- Os executivos do primeiro escalão têm o papel fundamental de analisar o entorno, formular a estratégia e encontrar recursos para tal. Essas atividades darão um choque nos processos de FyD.
- Os executivos de chefia devem ter mais responsabilidade e mais compromisso com as atividades de FyD.
- A função dos RH, dentro da qual FyD desempenha um papel de assessor, deve integrar a estratégia de formação à estratégia do negócio.
- A comunicação clara é atitude fundamental em toda a organização.
- A experiência é importante no momento de estruturar os processos e atividades de aprendizagem.
- As tecnologias de informação e comunicação (TIC) têm um impacto cada vez maior sobre os processos de trabalho e sobre a formação no posto de trabalho.
- As organizações vão se transformando em organizações de aprendizagem, onde é fundamental aprender a aprender, depois de aprender a desaprender. Como dizia Kurt Lewin, "deve-se descongelar para tornar a congelar".
- A aprendizagem tem que ser estratégica (no âmbito da empresa) e continuada (no âmbito individual).
- Há necessidade de identificar as medidas de satisfação dos clientes internos de FdD.

7.4. Como tornar o produto da formação-aprendizagem do executivo mais eficiente?

Já comentamos os vários aspectos que esse produto deve ter. Vamos listar aqui os mais relevantes:

---

[2] N.T.: A sigla FyD significa formação e desenvolvimento e tem origem na expressão em Espanhol "Formación y Desarrollo".

- A utilização de consultores internos (especialmente na fase de diagnóstico) para vincular, ainda mais, os processos de aprendizagem aos processos do negócio, além de uma possível redução de custos.
- A aprendizagem, através do exemplo dos outros, envolvendo cada vez mais a cúpula em atividades de consultoria e formação interna.
- A migração da função de formação para outros departamentos: *mentoring/coaching*; identificação de necessidades, avaliação da formação. A unidade central funcionará mais como a formuladora de estratégias, como banco de dados e como buscadora de metodologias e especialistas.
- A redução da duração dos programas de formação de executivos, a um ou dois dias por módulo, intensificando a carga de trabalho antes e depois da ação presencial.
- A incorporação de áreas temáticas novas como, por exemplo, o executivo como formador-*coach*-mentor...o *mobbing*, gestão da diversidade cultural, gestão do risco, gestão da complexidade etc.
- A utilização do cliente externo como alimentador do processo de identificação de necessidades de formação.
- O aproveitamento dos programas de acolhida à empresa, como forma ativa de ensinar-aprender conhecimentos, habilidades, atitudes e valores.
- A transformação da atividade de formação em um centro de benefícios, através do valor agregado, da busca da relação com a conta de resultados da empresa, da medição das mudanças produzidas etc.
- O uso da Internet e intranet como instrumentos para a continuação de ações presenciais e formação individualizada.
- O estímulo à formação individualizada e à autoformação, buscando uma maior correlação com os resultados do negócio.
- A visão externa das atividades de formação, frente a provedores, clientes e *stakeholders* em geral.

- A utilização de metodologias que consigam reproduzir, o melhor possível, a realidade do trabalho, através de simuladores, formação-ação etc., dando ênfase às vivências.
- A avaliação das atividades de formação, focalizando-se dois parâmetros: o aprendido (processo) e os resultados (produto).
- A unidade central da formação, cada vez mais voltada para o resto da equipe em busca das diferenças competitivas: qualidade, inovação, novos processos, tempos etc.

7.5. Quais os aspectos do *marketing* e quais as ferramentas mais aplicáveis para a venda da formação de executivos?

O foco de uma estratégia de *marketing* aplicada à FdD tem que estar centrado:

1. Na potencialização da marca.
2. Em uma estratégia de relações.
3. Em uma potencialização do valor confiança.
4. Em um conhecimento, a fundo, das necessidades e preocupações do cliente.

7.5.1. A potencialização da marca

Trata-se de aumentar ao máximo os índices de popularidade e notoriedade, no segmento específico de FdD.

Para isso, tem que se conseguir que, da parte do cliente, tanto o que decide a compra como o usuário final (o executivo) percebam:

- Um valor de compra superior.
- Um valor de aplicação superior.
- Um valor de reforço permanente.

Neste mercado, o valor de compra superior se relaciona principalmente ao prestígio da marca, sem levar em conta o preço, quando se trata de um primeiro nível. O que interessa é:

- A segurança de uma qualidade continuada no processo.
- O valor do auto-reconhecimento e reconhecimento, por parte da organização, que em algumas ocasiões chega a se apresentar como bônus.

No primeiro escalão executivo, toda a embalagem do programa tem grande importância, antes, durante e depois.

Kotler[3], quando tratou do caso de uma empresa brasileira dedicada a dar seminários abertos de gestão, comentou alguns detalhes que envolveram a atuação de gurus como Peter Drucker, Alvin Tofler etc.

- Os cartazes pela cidade deram as boas-vindas aos assistentes, antes da conferência, e despediram-se deles no final da mesma.
- Os participantes tiveram, no pacote, chamadas telefônicas locais gratuitas, assim como ligações interurbanas.
- Os assistentes receberam blocos de notas para destros ou canhotos, adaptados às suas lateralidades predominantes, além de uma caneta esferográfica.
- Os assistentes retardatários receberam, no intervalo, um resumo da exposição que tinham perdido.
- Depois do almoço, antes da jornada da tarde, houve a atuação de um comediante famoso, durante 20 minutos.
- Os assistentes tiveram uma apólice de seguro médico, com validade no período da jornada, e uma ambulância se manteve próxima ao prédio, para atender a alguma emergência.
- Os participantes receberam, ao final do seminário, uma lembrança de homem ou de mulher, conforme a sua escolha.
- Os participantes tiveram a opção de passar a pertencer a um clube seleto, a partir da sexta inscrição, e isso lhes dá descontos em algumas lojas, livros autografados, convites para eventos especiais uma vez ao ano, agenda com o nome gravado, recebimento de artigos jornalísticos de interesse etc.

---

[3] Kotler, P. (2000): *El marketing según Kotler*. Barcelona: Paidós.

O contrato é ainda mais especial para os conferencistas, os quais, além de cobrar o valor correspondente, ainda recebem um acúmulo de atenção.

É um bom exemplo de valor de compra superior.

O valor de aplicação superior se refere ao ajuste entre a necessidade de formação detectada e a cobertura da mesma pelo programa em questão. Para isso, é fundamental o conhecimento que se tenha da empresa, de cada situação e do papel do executivo.

O valor de reforço permanente se relaciona com o contato que continue a ter com o cliente (tanto com quem decide, como com o usuário).

7.5.2. Estratégia de relações

Queremos destacar aqui três aspectos:

- Relações no mais alto nível.
- Relações com os que decidem (preceptores).
- Relações com os antigos alunos.

Dependendo do tipo de instituição, será dada maior ou menor importância a ela. Geralmente, é a gestão do *mix* (em especial as EdeN).

7.5.3. Potencialização do valor confiança

Fundamentalmente, os anos de trabalho conjunto, mantendo boas relações e alcançando resultados positivos nos programas, comprovam o profissionalismo, a acessibilidade, a honestidade e a especificidade.

Isso mostra que não se pode oferecer aquilo que não se tenha garantia de fazê-lo bem. É necessário cumprir o que se promete e reconhecer os erros, quando houver.

7.5.4. Conhecer a fundo as necessidades do cliente

Deve-se estar a par da evolução do cliente, ajudando-o nos aspectos não diretamente relacionados com a FdD.

Para terminar, quero ressaltar aqui três problemas que estimulam a formação de executivos e três leis que devem ser levadas em conta nessa formação.

Creio que a principal carência, quanto à FdD, é de ordem mental e conceitual.

Em muitos casos ainda se pensa que a formação é algo que só se deva fazer quando há tempo, quando apetece, quando há dinheiro (se for possível, procedente da Forcem ou de alguma outra fonte de subvenção); então, vamos nos formar.

Segundo problema: a formação se aplica muitas vezes como um bálsamo. Vale para tudo. Considera-se como uma espécie de aspirina mental que sempre cai bem e resolve quase todos os problemas.

Terceiro problema: o conteúdo da formação relaciona-se pouco com as mudanças pretendidas para o trabalho.

Como três leis básicas da formação na empresa, poderíamos enunciar:

1. Se não se consegue mudar algo, não houve aprendizagem.
2. Se a formação (a aprendizagem) é parte do trabalho, então não pode ser algo adicional ou complementar.
3. Se é preciso desaprender para tornar a aprender, então o saber ocupa um lugar, SIM, diferente do que valia antes.

Termino com um refrão espanhol:

"Ignorar para perguntar e perguntar para saber, isso é aprender."

Bibliografia

Alemany, C. (1996): "Relatos para el crecimiento personal", em *Serendipity*. Bilbao: Desclée de Brouwer.
Álvarez, R. (2000): *E-Change*. Barcelona: Granica.
Amponsem, H. (1991): *Organizational learning through internal systems, strategic alliances and networks*. Nekane Aramburu Goya. Universidad de Deusto, San Sebastián, 2002.
Arboníes, A. (2001): *Cómo evitar la monotonía en la gestión del conocimiento*. Madri: Díaz de Santos.
Argyris, C. (1990): *Overcoming Organizational Defenses*. Nova York: Allyn & Bacon.
Bassi, E. (1999): *Globalización de negocios*. México: Limusa.
Bennis, W. (2000): "Las cualidades del líder del futuro", *Global Perspectives*, primavera.
Brian, T. (1996): *Caminos hacia el progreso personal*. Barcelona: Paidós.
Carballo, R. (1999): *Innovando en la empresa*. Barcelona: Gestión 2000.
Cardona, P. (2002): "Las claves del talento", *Empresa Activa*, abril.
Casado, J. M. (2001): *El directivo del siglo XXI*. Barcelona: Gestión 2000.
Castells, M. (1998): *La era de la información: Economía, sociedad y cultura*, vols. 1, 2 e 3. Madri: Alianza.
Claxton, G. (1999): "Freeing Tacit Knowledge", *Knowledge Management*, fevereiro, vol. 2.
Clegg, B. (2000): *Cautive el corazón de sus clientes*. Madri: Prentice-Hall.
Collins, J. e Porras, J. (1994): *Feitas para durar*. São Paulo: Editora Rocco.
Comision Europea (1994): *Libro blanco sobre crecimiento, competitividad y empleo*. Bruxelas.
Covey, S. R. (1990): *El liderazgo centrado en principios*. Barcelona: Paidós.
Cubeiro, J. (1999): "El noble arte de emprender", *Boletín de Estudios Económicos*, vol. LIV, nº 167, pp. 211-240.
Cubeiro, J. (2001): *El bosque del líder*. Madri: Prentice-Hall.

Cubeiro, J. e Fernández, G. (coords.) (1996): *Las competencias: Clave para una gestión integrada de los recursos humanos.* Bilbao: Deusto.

Davies, K. (1999): "Venta centrada en el cliente", *Executive Excellence* (edição espanhola), junho.

Davis, S. M. (1987): *Future Perfect.* Nova York: Addison-Wesley.

Delors, J. (1996): *La educación,* informe da UNESCO. Madri: Santillana.

Després, C. e Chauvel, D. (1999): "Un mapa de la gestión del conocimiento", *Expansión Negocios,* 25 de novembro.

Diario *Cinco Días,* de 23 de fevereiro de 2002.

Diario *Expansión,* de 13 de maio de 2002.

Diario *Expansión,* de 22 de junho de 2002.

Diccionario de la Lengua Española, XX edição, Real Academia España.

Echeverría, R. (1998): *Ontología del lenguaje.* Santiago do Chile: Dolmen.

Ellis, K. (2001): "La lámpara mágica", *Empresa Activa.*

Escohotado, A. (1999): *Caos y orden.* Madri: Espasa Ensayo.

Factbook Recursos Humanos (2000): *HayGroup y SAP.* Aranzadi & Thomson.

Fernández, C. P.: "El proceso de formación en una empresa tecnológica". Fernández,V. (VP, Strategy and Systems, Kraft Foods) (1998): "*Career Strategies for the 21st Century",* Equal Opportunity, inverno.

Fernández Aguado, J. (2002): *Liderar.* Madri: Dossat 2000.

Fernández López, J. (2002): *Gestionar la confianza.* Madri: Prentice-Hall.

Fernández López, J. e outros (2001): *Liderando con emoción,* Madri: Griker-Orgemer.

Flores, F. (1996): *Creando organizaciones para el futuro.* Chile: Dolmen.

Freematle, D. (1998): *What customers like about you?* Nova York: Nicholas Brealey.

Fukuyama, F. (1995): *La confianza.* Barcelona: Ediciones B.

Garavaglia, P. L. (1999): "Los mandos como agentes de la transferencia de aprendizaje", *Cuadernos de mejora del rendimiento profesional.* Centro de Estudios Ramón Areces, fevereiro.

Garcia del Junco, J. e Casanueva, C. (2000): "La ABE y su aplicación a la formación de directivos", *Capital Humano,* nº 129, janeiro.

Gasalla, J. M. (1997): "La doble paradoja del cambio y el aprendizaje", *Revista de Economía gallega,* outubro.

Gasalla, J. M. (2001): *La nueva dirección de personas,* 5ª ed. Madri: Pirámide.

Ghoshal, S. e Bartlett, C. (1998): *El nuevo papel de la iniciativa individual en la empresa.* Barcelona: Paidós.

Gilley, J. W. e Boughton, N. W. (1996): *Stop managing, start coaching*. Chicago: Irwin.

Goldsmith, M. (2000): *Coaching. La última palabra en desarrollo de liderazgo*. Jossey-Bass/Pfeiffer.

Hale, J. (1999): *The Performance Consultan's Fieldbrok Tools and Techniques for Improving Organizations and People Pfeiffer*. São Francisco: Paperback.

Hale, J. (1999): *Guía para lograr el éxito como consultor de rendimiento* CERASA.

Hamel, G. (1998): "Strategy Innovation and the Quest for Value", *Sloan Management Review*, inverno, pp. 7-14.

Hamel, G. e Prahalad, C. K. (1985): "Do you really have a global strategy?", *Harvard Business Review*, 63(4), pp. 139-148.

Hamel, G. e Prahalad, C. K. (1989): "Strategic Intent", *Harvard Business Review*, maio-junho.

Hamel, G. e Prahalad, C. K. (1990): "The Core Competente of the Corporation", *Harvard Business Review*, maio-junho, pp. 79-91.

Hamel, G. e Prahalad, C. K. (1994): *Competing for the future*. Boston, MA: Harvard Business School Press.

Handfield-Jones, H. (1991): "How executives grow", *The McKinsey Quarterly*, nº 1, pp. 116-125.

Handy, C. (1985): *The Gods of Management*. Pan.

Handy, C. (1985): *Understanding Organizations*, Penguin, Business Publication.

Handy, C. (1989): *The Age of Unreason*. Cambridge, MA: Harvard Business School Press.

Handy, C. (1994): *The age of paradox*. Boston: Harvard Business School Press.

Handy, C. (1995): *Beyond Certainty-The Changing Words of Organizations*, Hutchinson.

Handy, C. (1998): *The Hungry Spirit: Beyond Capitalism. A Quest for Purpose in the Modern World*. Nova York: Broadway Books.

Handy, C. (2000): *"Los factores E o las fuerzas motivadoras"*, HDBR, nº 100. Deusto.

Heifetz, R. e Linsky, M. (2002): *Leadership on the line*. Harvard Business School Publishing.

Hofstede, G. (1980): *Culture's consequences: International differences in workrelated values*. Newbury Park, CA: Saga.

Hofstede, G. (1997): *Cultures and organizations: Software of the mind*. Nova York: McGraw-Hill.

Hofstede, G. e Bond, M. H. (1988): "Confucius & economic growth: New trends in culture's consequences", *Organizational Dynamics*, 16 (4), pp. 4-21.

Huete, L. (2002): "La gestión del talento de empresas orientadas al mercado". *Programa de Continuidade. Conferência-colóquio.* "Generando lealtad en nuestros empleados".

Instituto MVC (2001): O Futuro. *Boletim na área de Educação Corporativa.* Rio de Janeiro.

Investigación de Manchester Consulting (BALA CYNWYD, Pa) entre executivos de 215 companhias.

Jeannet, J. P. (2001): "Dirección de empresas con mentalidad global", Pearson Educación, Prentice-Hall/*Financial Times,* 15 de dezembro de 2000.

Kaplan, R. e Norton, D. (1996): *The Balanced Scorecard: Translating strategy into action.* Harvard Business School Press.

Kaplan, R. e Norton, D. (1996): *Cuadro de mando integral.* Barcelona: Gestión 2000.

Kirkpatrick, D. (1983): *A Practical Guide for Supervisory Training and Development,* 2ª ed., Reading, Massachusetts: Addison-Wesley.

Knowles, M. (1970): *The modern practices of adult education.* Nova York: Association Press.

Kotler, P. (1988): *Marketing para organizações que não visam lucro.* São Paulo: Atlas.

Kotler, P. (1992): *Marketing Management.* Turim: Isedi.

Kotler, P. (1994): *Marketing público.* São Paulo: Makron.

Kotler, P. (1996): *Administração de marketing: análise, planejamento, implementação e controle.* São Paulo: Atlas.

Kotler, P. (1998): *Dirección de Marketing,* 8ª ed. Madri: Prentice-Hall.

Kotler, P. (2000): *El marketing según Kotler.* Barcelona: Paidós.

Kotler, P. e Roberto, E. L. (1992): *Marketing social: estratégias para alterar o comportamento público.* Rio de Janeiro: Campus.

Kotler, P. Gregor, W. T. e Rodgers III, W. H. (1994): "Cómo analizar los resultados del departamento de marketing y ventas (I, II)". *HDMK y Vtas.,* janeiro (I), abril (II).

Kotler, P. e outros (2001): *El marketing más eficaz.* Barcelona: Planeta.

Llano, C.: "Caracterología del directivo al inicio del siglo XXI", *Empresa y Humanismo,* vol. 5, nº 2/02, Universidad de Navarra.

Maister, D. H. (2001): *Practice what you preach: What managers must do to create a higb achievement culture.* Simon & Schuster, Inc.

Maister, D. H. (2002): *Dirigir un despacho profesional.* Valencia: CISS.

Matrat, L. (2001): *Lección inaugural del Institut Superieur des Relations Publiques (ISERP).* Paris: Business Objects choisit Rumeur Publique (communiqué de presse).

Maturana, H. (1990): *Emociones y lenguajes en educación y política*. Chile: Dolmen.
May, P. (2002): "Nueva ciencia e influencias en la gestión de personas". *Conferência no Congresso Internacional de Recursos Humanos*. Gramado (Brasil), 22-23 de maio.
Medición del capital intelectual-Modelo Intelect. Madri: Instituto Universitario Euroforum, dezembro de 1998.
Meyer, P. (1998): "The Training Proyect", *HR/OD Report AMA*, julho-agosto.
Morán, J. M. (2000): "Innovación, calidad total y outsourcing", *Alta Dirección*, número monográfico: *outsourcing*, janeiro-fevereiro, pp. 29-36.
Morcillo, P. (1997): *Dirección estratégica de la tecnología e innovación*. Madri: Civitas.
Nasbitt, J. e Abuderne, P. (1998): *Megatendencias 2000: diez nuevos rumbos para los años 90*. Barcelona: Norma.
Nonaka, I. (1999): "Las sociedades del conocimiento", conferência organizada pelo Cluster de Conocimiento em Bilbao.
Ocampo, S. (1999-2000): *La gestión en la empresa*, manual de capacitação grupo ESCO. Catálogo 14. INCA – Chile.
Otto Walter España. Citado no artigo escrito por Mónica Andrade e publicado no suplemento *Negocios*, seção Gestión y Formación, *El País*, domingo 10 de dezembro de 2000.
Pepe, A. M. (2001): *Opinión de ideas de Towers Perrin*, agosto.
Peters, T. e Waterman, R. (2000): *En busca de la excelencia*. Chile: La Tercera Reporjartes. 6 de fevereiro. Copela, Chile.
Piñuel, I. (2002): *Mobbing. Cómo sobrevivir al acoso psicológico en el trabajo*. Santander: Sal Terrae.
Pont, A. M. (1994): "The role of the management development specialist", em A. Mumford (ed.), *Handbook of Management Development*. Aldershot: Gover.
Popcorn, F. (1992): *The Popcorn report*. Nova York: Harper Business.
Porter, M. E. (1982): *Estrategia competitiva*. México: CECSA.
Proyecto Meritum. *Directrices para la gestión y difusión de información sobre intangibles*, janeiro de 2002.
Quinn, J. B. (1996): "Making the most of the best", *HBR*, março-abril.
Reina, M. P. (2001): *Gestión de la formación en la empresa*. Madri: Pirámide.
Rhinesmith, S. H. (1991): *An agenda for globalization*. American Society for Training and Development. Alexandria, Virgínia, fevereiro.
Rifkin, J. (2001): *La era del acceso*. Barcelona: Paidós.
Rifkin, J. (2001): Conferência dada no Auditório do Palacio de Correos y Telecomunicaciones em 22 de outubro.
Ripoll, J. (2002): Prólogo do *Proyecto Meritum*.

Rivière, P. (2001): *Paracelso. Medico-alquimista.* De Vecchi.

Rolfe-Flet, A. (1996): *Tailor Made Mentoring for Organizations.* Kincumber South, N.S.W.: Synergetic Management.

Sánchez de León, E., De Mulder, E. e Jericó, P. (2001): *Informe de benchmarking de gestión de talento en la empresa española.* Hay Group e APD.

Santesmases, M. (1991): *Marketing: Conceptos y estrategias.* Madri: Pirámide.

Senge, P. (1992): *La quinta disciplina.* Barcelona: Granica.

Serin, G. (1986): *Nouvelles Ricard* nº 397, verão. Extraído de P. A. Boiry (1998), *Relaciones públicas o la estrategia de la confianza.* Barcelona: Gestión 2000.

Shea, G. (1999): *Mentoring: A Practical Guide,* Austrália: Crisp Publications.

Study of the emerging workforce. Saratoga Institute, Interim Services, Inc., 1997.

Tornabell, R. (1995): Trabalho da ESADE e Andersen Consulting sobre o executivo do futuro. Deusto.

Venís, W., Blanchard, K., Covey, S. e outros (2002): *Foins on Leadership.* Nova York: John Wiley and Sons.

Weisinger, H. D. (1998): *La inteligencia emocional en el trabajo.* Buenos Aires: J. Vergara.

Zeithmal, V. A. (1988): "Consumer perceptions of price, quality and value: a meansend model and synthesis of evidence", *Journal of Marketing,* vol. 52, julho, pp. 2-22.

Zeus. P. e Skiffington, S. (2002): *Guía completa de coaching en el trabajo.* Madri: McGraw-Hill.

Zohar, D. (2001): *Inteligencia espiritual.* Barcelona: Plaza & Janés.

http://www.pacomahon.net/rrhh/articulos/107.htm

http://www.revistamadridmasd.org/tribunes.asp

http://www.visiontecnologica.com

http://www.coachingempresarial.com

http://www.limglobal.com

http://www.newfieldconsulting.com

http://www.expansionyempleo.com

http://www.elmundo.es

http://www.elprisma.com

http://www.econolink.com

http://www.el-nacional.com

http://www.coachinuniversity.com

http://www.forja.com

http://www.bcentral.com

O Líder Cidadão

E a Nova Lógica do Lucro

ISBN 85-7303-448-3 / 228 págs.
16 x 23 cm / Cód. 533

Marco Aurélio Ferreira Vianna é consultor desde 1965, em Planejamento Estratégico e Recursos Humanos das organizações.

Neste livro, que vem somar-se ao longo trabalho do autor no sentido de humanizar o ambiente empresarial, você irá caminhar lado a lado com pensadores, filósofos, sábios e suas idéias rumo ao equilíbrio entre o homem e seu trabalho. Sem apelar para o ideologismo simplório, são apresentadas alternativas possíveis e reais para uma ampla reforma dos hábitos corporativos nocivos, bem como exemplos de empresas que já se encontram em outro plano de relacionamento humano.

**Conheça todas nossas obras no site
www.qualitymark.com.br**

Mudanças

O Fim é apenas o começo

ISBN 85-7303-422-X / 116 págs.
16 x 23 cm / Cód. 562

Ricardo Coutinho é engenheiro com pós-graduação em Engenharia e Organização Industrial pelo ITA, Marketing e Comércio Exterior pelo INPG e especialização em Gestão para Executivos pela Fundação Dom Cabral.

Ricardo Coutinho prova, neste livro, que os percalços pelos quais algumas empresas ou pessoas passaram ocorreram por falta, fundamentalmente, do envolvimento das PESSOAS certas e do entendimento da cultura vigente.

Um guia objetivo e didático sobre como mudar para sobreviver no mercado. E na vida.

Conheça todas nossas obras no site
www.qualitymark.com.br

DreamMakers

Fazedores de Sonho:
Visão & Valores em Ação

ISBN 85-7303-337-1 / 240 págs.
18,5 x 24 cm / Cód. 422

Michele Hunt é fundadora da Vision & Values, empresa com sede em Washington, altamente conceituada na área de consultoria.

A frustração, a ansiedade e o medo que sentia por viver nestes tempos de mudanças e transformações bruscas levaram a autora a escrever esta obra. Nela, 12 líderes contam, com suas palavras, como lideraram transformações organizacionais em larga escala, enfrentando resistência, medo e adversidades.

Além da história de líderes como Joe Brodecki, que levantou fundos para o United States Holocaust Memorial Museum, Marilyn King, ex-atleta olímpica e fundadora da Beyond Sports, o livro descreve em suas páginas comunidades e organizações que realizam sonhos tidos como impossíveis.

Conheça todas nossas obras no site
www.qualitymark.com.br

Entre em sintonia com o mundo

QualityPhone:
0800-263311
Ligação gratuita

Rua Teixeira Júnior, 441
São Cristóvão
20921-400 – Rio de Janeiro – RJ
Tel.: (0XX21) 3860-8422
Fax: (0XX21) 3860-8424

www.qualitymark.com.br
E-Mail: quality@qualitymark.com.br

Dados Técnicos

Formato: 16 X 23

Mancha: 12 x 19

Corpo: 11

Entrelinha: 13

Fonte: Book Antiqua

Total de Páginas: 316